Gerhard Wehr

Die großen Psychoanalytiker

Gerhard Wehr

Die großen Psychoanalytiker

Profile – Ideen – Schicksale

Patmos

Bibliographische Information Der Deutschen Bibliothek
Die Deutsche Bibliothek verzeichnet diese Publikation
in der Deutschen Nationalbibliographie;
detaillierte bibliographische Daten sind im Internet
über http://dnb.ddb.de abrufbar.

Titel der 1996 im Artemis & Winkler Verlag erschienenen Ausgabe:
Gründergestalten der Psychoanalyse

Umschlaggestaltung: H. O. pinxit
Printed in Germany
ISBN 3-491-69802-2
www.patmos.de

In memoriam
Manuela Jaeger
Käthe Weizsäcker
und
Wilhelm Bitter
in Dankbarkeit und Verehrung
Daniel 12,3

Inhalt

Anhang

Gruppenbild mit Damen

September 1911: Eine illustre Gesellschaft, größtenteils Ärzte des In- und Auslandes, trifft in der Musenstadt Weimar ein. Die meisten der 56 Personen logieren im ersten Hotel am Platze, im «Erbprinz», andere im «Elephant». Im »Erbprinz» ist für den 21. und 22. September 1911 die diesjährige Arbeitstagung anberaumt, zu der sie angereist sind. Es handelt sich um den 3. Jahreskongreß der Internationalen Psychoanalytischen Vereinigung. Eingeladen hat deren Präsident, der Zürcher Psychiater Dr. Carl Gustav Jung. Und das ist der Zweck der Vereinigung, die am Wohnort des jeweiligen Präsidenten ihren Sitz hat: Laut den im Jahr zuvor beschlossenen Statuten besteht die Aufgabe des Gremiums in der Pflege der von Sigmund Freud begründeten «psychoanalytischen Wissenschaft sowohl als reine Psychologie, als auch in ihrer Anwendung in der Medizin und den Geisteswissenschaften; gegenseitige Unterstützung der Mitglieder in allen Bestrebungen zum Erwerben und Verbreiten von psychoanalytischen Kenntnissen»[1]. Die weiteren Punkte betreffen die Mitgliedschaft, die Rechte und Pflichten der Mitglieder, die jährlichen bzw. zweijährlichen Kongresse, das monatlich erscheinende Korrespondenzblatt sowie Fragen von örtlichen Zweigvereinigungen und dergleichen. Aus der Aufgabenstellung ergibt sich, welche Themenbereiche die Verhandlungen in der Hauptsache zu bestimmen haben, nämlich Fragen der Medizin, der Psychologie bzw. Psychopathologie, spezielle psychoanalytische Behandlungsarten samt den damit gemachten Erfahrungen, auch welche praktischen Konsequenzen aus den von Freud und seinen Kollegen entwickelten Vorgehensweisen z. B. für die Kindererziehung sowie für andere gesellschaftliche und kulturelle Zusammenhänge zu ziehen sind.

Der Arbeitsrahmen dieser psychoanalytischen Vereinigung ist somit von Anfang an weit gespannt. Im Mittelpunkt steht der leidende Mensch und die von psychischen Defekten aller Art belastete Gesellschaft.

Aber werfen wir zuerst einen Blick auf die Weimarer Versammlung. Sie ist in einem längst auch allgemein bekannt gewordenen Gruppenfoto dokumentiert. Von den 47 der im Bild festgehaltenen Personen sind immerhin 40 exakt zu identifizieren. So kann man sich eine ungefähre Vorstellung bilden von den Gründergestalten der Psychoanalyse mit Sigmund Freud[2] und C. G. Jung[3] in ihrer Mitte. Zu den Anwesenden mit größerem Bekanntheitsgrad gehören die Wiener Analytiker Otto Rank, Paul Federn, Isidor Sadger und Wilhelm Stekel; aus Berlin sind Karl Abraham und Max Eitingon gekommen; aus Bu-

Der 3. Internationale Psychoanalytische Kongreß im September 1911 in Weimar; fünfte Person der ersten Reihe v. l.: Lou Andreas-Salomé, siebte: Emma Jung, dritte v. r.: Toni Wolff.

dapest Sandor Ferenczi; die Zürcher Gruppe ist neben Jung durch Alphonse Maeder, Adolf Keller, den Theologen Oskar Pfister, ferner durch Franz Riklin und Eugen Bleuler vertreten. Weitere Teilnehmer sind aus Dresden, Frankfurt, München und Hamburg angereist; die Niederlande, Schweden, Kanada und die USA haben ebenfalls einige Teilnehmer geschickt. Mit von der Partie ist Freuds erster wichtiger Biograph, Ernest Jones aus Toronto.[4]

Wenn in der ersten Reihe auch acht Damen Platz genommen haben, dann sind sie nicht etwa nur als weibliche Verzierung einer ernsten Männerriege zu verstehen. Man muß nur auf drei von ihnen besonders aufmerksam machen, um auch kollegiale Momente wahrzunehmen. Für das Jahr 1911 ist die Mitwirkung von Frauen in einer ärztlichen Vereinigung alles andere als eine Selbstverständlichkeit. Noch herrscht die allgemeine Überzeugung, daß außerordentliche geistige Leistungen nur vom männlichen Geschlecht zu erwarten seien. Wie es mit diesem Vorurteil in der Psychoanalyse steht?

Beginnen wir mit Emma Jung. Sie erschien eben nicht nur als die Ehefrau des Präsidenten, sondern sie ist in späteren Jahren auch als Verfasserin tiefenpsychologischer Untersuchungen hervorgetreten; wer sie näher kennenlernte, Sigmund Freud etwa, dem wurde bald klar, welchen Anteil sie an der Entschlüsselung des kollektiven Unbewußten hatte. Jedenfalls hatte C. G. Jung hierbei eine Gefährtin nötig, die die von Erschütterungen begleiteten inneren Erfahrungen verstehend mittrug.

Antonia (Toni) Wolff, Zürich, an der Seite C. G. Jungs selbst analytisch tätig, hat sich als Autorin von Studien zur Analytischen Psychologie einen Namen gemacht.

Lou Andreas-Salomé aus Göttingen durfte in diesem Gremium nicht fehlen, nachdem sie Anschluß an die Wiener Analytikergruppe gefunden hatte. Wir verdanken dieser Freundin von Friedrich Nietzsche und R. M. Rilke aufschlußreiche Protokolle zu Beobachtungen, die sie «In der Schule bei Freud» – so der Titel ihrer Tagebuchaufzeichnungen für die Jahre 1912/13 – machen konnte.[5] Was Martha Freud betrifft, so darf sie an dieser Stelle nicht vermißt werden. Der hilfreichen Gattin war es jedenfalls nicht gegeben, dem analytischen Geschäft besonderes Interesse entgegenzubringen. Manche meinen, Frau Freud habe es mit jenen gehalten, denen die mit Sexualität besetzte Sache einigermaßen anrüchig vorkam: Ihr Mann ein Pornograph?

Nun pflegen Gruppenfotos in der Regel nicht alle Personen zu erfassen, die aus gegebenem Anlaß erwartet werden können; so auch hier. Es fehlt beispielsweise Alfred Adler aus Wien. Er hatte sich zwar schon um 1900 Freud angeschlossen und als ein wichtiger Gefolgsmann erwiesen. Aber ein Jahrzehnt später, in besagtem Jahr 1911, kam es zur ominösen «Sezession», der bald einige weitere folgen sollten; schon wenige Jahre danach sollte sich die Trennung zwischen Freud und C. G. Jung als unumgänglich erweisen. Im Foto wie auch in der Internationalen Psychoanalytischen Vereinigung sollte Jung noch kurze Zeit eine zentrale Stellung innehaben. So gesehen können Fotos dieser Art bestenfalls eine äußere Gemeinsamkeit suggerieren. Tatsächlich aber birgt das Weimarer Gruppenbild mit Damen mancherlei Divergenzen, Zündstoff für teils bekannte, teils in diesem Augenblick noch unerkannte Gegensätzlichkeiten. Sie gehören zur Geschichte der Psychoanalyse und ihrer Gründergestalten, seien es Männer oder Frauen. So ganz daneben griff Karl Kraus, der auf seine Art analysierende Wiener Zeitgenosse, vielleicht doch nicht, als er die Behandlungsweise Freuds und seiner Schüler bzw. Schülerinnen für die Krankheit hielt, als deren Therapie sie sich zu begreifen suchte.

Aber geht es lediglich um «Freud und seinen Kreis»? Wird der Eindruck zu recht erweckt, daß sich die Psychoanalyse einzig von ihm ableitet, wobei alle anderen nur als passive Rezipienten oder als umständebedingte Anhängsel zu betrachten sind? Daß Freud bei historischer Betrachtung am Anfang der an ihn anknüpfenden Therapierichtung steht, daß ihm eine Führerrolle zuerkannt werden mußte, wenngleich auch nicht widerspruchsfrei, dürfte schwerlich in Frage zu stellen sein. Was das psychoanalytische Denkmodell anlangt, so hatte und hat es heftige Erschütterungen zu bestehen. Jeder muß selbst entscheiden, ob er gewillt ist, mit Thomas Mann Wirkung und Bedeutung der Psychoanalyse in der Weise einzuschätzen, wie es der Romancier tat. Am 8. Mai 1936 äußerte er sich hierzu. Es geschah in Wien aus Anlaß von Freuds 80. Geburtstag. Mann sprach begeistert über den «menschheitlichen Heileffekt dieser (jungen) Wissenschaft» und meinte:

«Die analytische Einsicht ist weltverändernd; ein heiterer Argwohn ist mit ihr in die Welt gesetzt, ein entlarvender Verdacht, die Verstecktheiten und Machenschaften der Seele betreffend, welcher, einmal geweckt, nie wieder daraus verschwinden kann. Er infiltriert das Leben, untergräbt seine rohe Naivität, nimmt ihm das Pathos der Unwissenheit, betreibt seine Entpathetisierung, indem er zum Geschmack am ‹understatement› erzieht, wie die Engländer sagen, zum lieber untertreibenden als übertreibenden Ausdruck, zur Kultur des mittleren, unaufgeblasenen Wortes, das seine Kraft im Mäßigen sucht... Bescheidenheit – vergessen wir nicht, daß sie von ‹Bescheidwissen› kommt, daß ursprünglich das Wort diesen Sinn führte und erst über ihn den zweiten von ‹modestia›, ‹moderatio› angenommen hat. Bescheidenheit aus Bescheidwissen – nehmen wir an, daß das die Grundstimmung der heiter ernüchterten Friedenswelt sein wird, die mit herbeizuführen berufen die Wissenschaft vom Unbewußten sein mag...»[6]

Daß dem Freudschen Ansatz wie der Thomas Mannschen Annahme längst auf vielfältige Weise von Berufenen und weniger Berufenen widersprochen worden ist, bedarf freilich keiner besonderen Hervorhebung. Die Kunst der Psychoanalyse hat es seit ihren Anfängen schwer gehabt, ganz zu schweigen von dem Verdikt der Ideologen jeder Couleur. Und dem «Angriff auf das Reich des Königs Ödipus»[7] werden künftig gewiß weitere Waffengänge folgen. Wie radikal die Kritik von Fall zu Fall vorgetragen werden mag, auch der heftigste Kritiker am analytischen Methodenwildwuchs wird in einer Hinsicht mit dem Befürworter der modernen Tiefenpsychologie und Psychotherapie konform gehen: Beide wissen, daß sie im Streit zwischen Pro und Contra nicht unbeachtet lassen dürfen, aus welchen Wurzeln, aus welchen Anfängen diese Seelenkunde einst hervorgewachsen ist und welche Wandlungen sie zu bestehen hatte. Damit ist die Frage nach den Gründergestalten der Psychoanalyse gestellt.

Was das anlangt, so beneide man den Berichterstatter nicht, der diese Zeilen schreibt. Vor ihm haben das andere unternommen. Doch es kann nicht seine Sache sein, sich mit ihrer Darstellungskunst messen zu wollen. Die Standorte, von denen aus derartige Schilderungen versucht werden, sind so verschieden wie die Brillen, durch die wir blicken. Wer sagt denn, daß es die Brille sein müsse oder sein dürfe, die in Wiens Berggasse Nummer 19 als das Augenglas des Altmeisters vorgezeigt wird? Und wo beginnt der Gründerkreis, vor allem: wo endet er? Ist die Psychoanalyse nur Männersache? Wie groß ist der Anteil der Frauen, wie groß der Anteil der nichtärztlichen Analytiker und Analytikerinnen? Darf man – dies nicht zuletzt – die ersten Patienten und Patientinnen völlig beiseite lassen, als hätte es ihrer Leiden, ihrer Probleme nicht bedurft, um den Forscher zu seinen speziellen Resultaten zu führen und den therapeutischen Helfer zur Hilfeleistung anzuregen? Dies vorweg: Von seinen Patienten, insbesondere von seinen Patientinnen dachte Freud selbst nicht gering. Er wußte, daß das Eigentliche der psychoanalytischen Kunst weder auf den berühmten Schulen gelernt werden kann, die akademische Titulaturen verleihen, noch bei den Kapazitäten der Lehrstühle. So findet sich bereits in den frühen Briefen an seinen Berliner Freund und Kollegen Wilhelm Fließ eine Mitteilung, die als ein freimütiges Geständnis aufgefaßt werden darf. Da heißt es beispielsweise einmal, Frau Cäcilie M. (alias Anna von Lieben) sei seine derzeitige «Lehrmeisterin». Die Schwere und die Verwickeltheit ihres Leidens offenbarte ihrem Arzt sowohl eine tiefere Bedeutung ihrer Symptome als auch den Einsatz bestimmter therapeutischer Techniken, die vor ihm noch keiner angewandt hatte. Und natürlich war diese Frau nicht die einzige, auch nicht im Bewußtsein ihres Helfers. Auch das will bedacht sein. Freilich, eine Patienten-Geschichte der Psychoanalyse ist hier nicht zu schreiben. Aber interessant und aufschlußreich wäre es gewiß zu erfahren, wie sich die Hoffnungen und Enttäuschungen im Rückblick auf das gemeinsam Erlebte, gemeinsam Erlittene spiegeln.

Der Seele Grenzen abschreiten

Die Psychologie, mehr noch die Psychoanalyse, ist eine junge Wissenschaft – so wird immer wieder behauptet. Aber diese Feststellung trifft nur sehr bedingt zu. Wohl ist von Gründervätern (und -müttern!) der Psychoanalyse zu sprechen. Darüber sei aber nicht vergessen, auf welch eine lange Geschichte diese Disziplin zurückweist, bedenkt man, daß die Frage nach dem Wesen der menschlichen Seele so alt ist wie der Mensch, der über sich klarzuwerden versucht. Wie sähen im übrigen die geistig-religiösen Überlieferungen der Völker aus, vermöchte man all jene Offenbarungen, Hoffnungen und Sehnsüchte auszublenden, die sich mit dem Schicksalsweg der Seele, auch mit ihren Tiefen und Dunkelheiten beschäftigen! Natürlich stehen den alten Autoren nicht die heute üblichen Begriffe zu Gebote. So spricht der alttestamentliche Seher nicht von Analyse, aber er rechnet damit, daß einer da ist, der «Herz und Nieren» prüft – heute eine sprichwörtliche Formulierung. Und wenn der Bergprediger Jesus rät, man solle erst den Balken aus dem eigenen Auge entfernen, ehe man den Splitter aus dem Auge des Bruders entfernt (Matth. 7,5), dann setzt dies eine gewisse Kenntnis von Verdrängungs- und Projektionsmechanismen voraus, auch wenn darüber nicht weiter reflektiert oder theoretisiert wird. Der Vorgang als solcher scheint evident.

So könnte man weiterfahren und an den Bericht einer umfassenden Selbstanalyse erinnern, wie sie etwa der Kirchenvater Augustinus (4./5. Jahrhundert) in seinen «Confessiones» vollzogen hat. Statt weiterer Beispiele aber sei an das Wort des griechischen Philosophen Heraklit von Ephesus erinnert, der ein halbes Jahrtausend vor Christus wußte, daß der Seele Grenzen nicht auszumachen sind, auch wenn man alle Wege abzuschreiten sucht, weil die Seele eine unauslotbare Tiefe habe – die Tiefe und Untiefe des Unbewußten, wie immer man diese Dimension seelischer Wirklichkeit von Fall zu Fall bestimmen mag. Darüber seien die in «abergläubische» bzw. magische Vorstellungen gekleideten Praktiken der sogenannten Primitiven nicht vergessen. Sie belegen einmal mehr, wie tief die Wurzeln der angeblich jungen Wissenschaft in die Geschichte der Menschheit hinabreichen. Schamanismus und Geisterbeschwörung, Seelenverlust und Tabuverletzung, Ahnenverehrung und sogenannte Hexerei samt den einst wie heute vollzogenen Akten eines «Gegenzaubers» müssen an dieser Stelle als Markierungspunkte genügen.

Aus neuzeitlicher Perspektive

Und wenn mit der Geburt der modernen Naturwissenschaft eine neue Einstellung zur äußeren Wirklichkeit errungen wurde, war auch in der Seelenkunde eine Neuorientierung unerläßlich geworden. Die bis dahin vorwiegend von Philosophen und Theologen betriebene Wissenschaft von der Psyche verlagerte sich mehr und mehr in die Praxis. Man begann die Seele zunächst als ein Naturphänomen zu begreifen, somit auch nach naturwissenschaftlichen Methoden zu untersuchen. Die Neuro-Psychiatrie entstand; die dynamische Psychiatrie entwickelte sich aus Anfängen heraus, die freilich vorwissenschaftliche Entwicklungsphasen zu passieren hatte.[8]

Als René Descartes (1596–1650) die These aufstellte, es gäbe nichts Nützlicheres zu erforschen, als was die menschliche Erkenntnis sei und wie weit sie sich erstrecke, setzte er sich und seinen Nachfolgern enge Grenzen. Sein Grundsatz «Cogito ergo sum» (ich denke, folglich bin ich) reduzierte das Erleben auf die Bereiche des Bewußtseins. Einer umfassenden Seelenkunde konnte diese Beschränkung, bei der die Dimensionen des mit dem Bewußtsein nicht Erfaßbaren unberücksichtigt blieben, nicht förderlich sein. So bedurfte es insbesondere einer energischen Reaktion von der Seite der romantischen Naturphilosophie, um diese Einseitigkeit zu überwinden.[9]

An dieser Stelle wären viele Namen zu nennen. Der goetheanische Arzt und Biologe Carl Gustav Carus (1789–1869)[10], der sich auch als Maler der Romantik einen Namen gemacht hat, hielt gegen Descartes: «Der Schlüssel zur Erkenntnis vom Wesen des bewußten Seelenlebens liegt in der Region des Unbewußtseins. Alle Schwierigkeit, ja alle scheinbare Unmöglichkeit eines wahren Verständnisses vom Geheimnis der Seele wird von hier aus deutlich. Wäre es eine absolute Unmöglichkeit, im Bewußten das Unbewußte zu finden, so müßte der Mensch verzweifeln, zum Erkennen seiner Seele, das heißt zur eigentlichen Selbsterkenntnis zu gelangen. Ist diese Unmöglichkeit nur eine scheinbare, so ist es die erste Aufgabe der Wissenschaft von der Seele, darzulegen, auf welche Weise der Geist des Menschen in diese Tiefen hinabzusteigen vermöge.»[11] Mit diesen Worten hat Carus sein Buch «Psyche. Zur Entwicklungsgeschichte der Seele» (1846) eröffnet. Den Begriff des Unbewußten kannten und benützten vor ihm auch andere, Schelling zum Beispiel und dessen Nachfahren. Der Naturphilosoph Gotthilf Heinrich Schubert (1780–1860) schrieb 1813/14 seine berühmt gewordene «Symbolik des Traumes»[12], der er eine «Geschichte der Seele» 1830 folgen ließ. In den Salons diskutierte man über Phänomene, die sich auf die «Nachtseite der Natur» beziehen. Von exakter empirischer Seelenforschung konnte bei alledem noch kaum die Rede sein. Man bewegte sich in den Sphären der «Ahndung», der Poesie, indem man mit Novalis die Außenwelt als eine «in Geheimniszustand» versetzte Innenwelt zu begreifen suchte. Man folgte – nicht ohne Widerspruch – Theosophen von der Geistesart eines Louis Claude de Saint-Martin (1743–1803)[13]; kein geringerer als Matthias Claudius hatte den französischen Illuminaten im deutschen Sprachraum bekannt gemacht. Weitere Übersetzer fanden sich rasch, zumal Saint-Martin seinen Geistesverwandten in Deutschland, den hier nahezu vergessenen «Erleuchteten von Görlitz», den protestantischen Theosophen und Mystiker Jakob Böhme (1575–1624), wiederentdecken half. Dieser schlichte Handwerker hatte als einfacher Schuhmacher keine hohe Schule besucht, er wurde aber wachen Geistes von inneren Schauungen heimgesucht. In seinem umfangreichen literarischen Werk, beginnend mit «Aurora oder die Morgenröte im Aufgang»[14] (1612), wußte er sehr wohl zu unterscheiden zwischen dem, was er gedanklich verfolgte, und dem, was er «ohne mein Bewußt», wie er sich ausdrückte, von einer inneren, zugleich übergeordneten Instanz als Inspiration empfing. Man könnte hier von einem «schauenden Bewußtsein» sprechen, bei dem man nicht mit den physischen Organen allein, sondern mit den «Augen des Geistes» (Goethe) wahrnimmt. Und wenn Sigmund Freud die These aufstellt, was «Es» sei, müsse «Ich» werden, so definierten Carus und andere bereits Psychologie als eine Wissenschaft, die sich mit den Werdeprozessen der Seele beschäftigt; dieser Prozeß verlaufe vom Unbewußten zum Bewußten; er führe aus dem Dunkel der Erkenntnistiefen zum Licht nüchterner Betrachtung. Sowohl Carus als auch der Philosoph Eduard von Hartmann unterschieden schon verschiedene Manifestationsweisen des Unbewußten. Es bedurfte lange Zeit eines mit einiger Sicherheit gangbaren Wegs (via regia), der von der einen Sphäre in die andere führt.

Ganz ohne Praxiserfahrung, ganz ohne Experiment oder Inszenierung mußten die Vorreiter der modernen Psychotherapie nicht auskommen. Nicht alles war nur Spekulation oder «Philosophie des Unbewußten» (Eduard von Hartmann). Man behalf sich mit verschiedenen «Kräften» und «Fähigkeiten», mit deren Hilfe man allerlei Wirkungen auszulösen wußte. Auch hierfür einige Beispiele:

Wundertäter in Aktion

Das Wissen um krankmachende Faktoren, die nicht somatischer, sondern seelischer Natur sind, ist uralt. Diesem Wissen und Vermuten entsprechen magisch bzw. exorzistisch zu nennende Formen der Behandlung. Sie stellten im 18. Jahrhundert einen Übergang zwischen zwei Bewußtseinsstufen dar. Zwar hatte man in der westlichen Welt bereits seit einigen Generationen die naturwissenschaftlichen Untersuchungsmethoden und die philosophischen Operationen der Aufklärung handhaben gelernt. Aber auf dem Gebiet seelischer Beeinflussung bedurfte es einstweilen einiger Notbehelfe in Gestalt von «Wundertätern», die über besondere Begabungen zu verfügen schienen.

Im Frühjahr 1775 machte der katholische Priester Joseph Gassner (1727–1779)[15] von sich reden. Er war ein solcher Wunderheiler, einer der erfolgreichsten – kann man den zeitgenössischen Berichten trauen, die immerhin auf offiziell beglaubigten Protokollen basieren. Scharen von Hilfesuchenden aus allen Ständen pilgerten ins württembergische Ellwangen. Ärzte und Geistliche beider Konfessionen waren zugegen, wenn Gassner kraft seines priesterlichen Amtes den Exorzismus ausübte. Denn, dies war seine pathologische Theorie: Was nicht ins Gebiet der allgemeinen Medizin gehört und somatisch zu behandeln ist, das unterliegt vielfach einem teuflischen Bann. Folglich gibt es nur eine Chance der Heilung: die Teufelsaustreibung, hier als eine seelenheilende Aktion zu verstehen, als «Psychotherapie». Frappierend waren die von Gassner bewirkten «Wunder». Er selbst begriff sich als einen Charismatiker, wie immer man dieses Charisma (göttliche Gnadengabe) im historischen Rückblick bewerten will.

Hatte der im Süddeutschen wirkende katholische Priester eine räumlich wie zeitlich begrenzte Bedeutung, so war der Radius des sogenannten Mesmerismus bedeutend größer. Sein Namensgeber, Franz Anton Mesmer (1734–1815)[16], stammte aus Iznang, einem kleinen Dorf am nördlichen Ufer des Bodensees. Er hatte sein Theologiestudium bei den Jesuiten durch philosophische, juristische und schließlich durch medizinische Studien ergänzt. Der in Wien niedergelassene Arzt konnte auf eine recht prominente Klientel verweisen, auf die Musiker Gluck, Haydn und selbst auf die Familie Mozart. Seine Theorie lautete: Es gibt eine besondere Kraft, ein Fluidum, von dem heilende Einflüsse ausgehen, genannt der animalische oder «tierische Magnetismus». Die Hinzunahme von Magneten sollte diese magnetische Kraft im Menschen verstärken und somit in bestimmten Fällen zur Anwendung kommen. Auch ihm waren erstaunliche Wirkungen nicht versagt; dies sehr zum Mißfallen der ärztlichen Zunft. Was freilich jenes magnetische Fluidum anlangte, von dem er überzeugt war und das er im Kontakt mit seinen Patienten anwandte, so ließ sich eine wissenschaftliche Kommission von deren Existenz nicht überzeugen. In Paris, wohin sich der Wunderarzt gewandt hatte, unterzog er sich dieser Prüfung. Trotz des negativen Ergebnisses und wechselnder Therapie-Erfolge erwuchsen der Magnetismus-Bewegung daraus keine Nachteile. Vielmehr fand Mesmer Schüler, unter ihnen der württembergische Dichter-Arzt Justinus Kerner (1786–1862) und der französische Marquis de Puységur (1751–1825). Kerners Patientin, die junge, medial begabte Friederike Hauffe (1801–29) ging als «Seherin von Prevorst» in die Geschichte ein. Prominente Zeitgenossen nahmen von ihr Notiz, unter ihnen Joseph Görres, Franz von Baader, Schelling, G. H. Schubert, auch die protestantischen Theologen David Friedrich Strauß und Schleiermacher. Die von Kerner in den «Blättern von Prevorst» (1831–39) und im

«Magikon» (1831–53) beschriebenen Phänomene weckten das Interesse an Bereichen, die heute der Parapsychologie zugewiesen werden. Bleibt nur noch anzumerken, daß der Mesmerismus, der vor der Jahrhundertmitte in den USA auftauchende Spiritismus und die in medizinischen Zusammenhängen durchgeführten hypnotischen Praktiken im Laufe des 19. Jahrhunderts als Zugangswege zu den Dunkelbereichen der Psyche benützt wurden. Insbesondere der Einsatz der Hypnose, von einem Großteil der Medizin ebenso abgelehnt wie der Magnetismus, sollte namentlich in Frankreich, an der berühmten Salpêtrière in Paris, Einsichten vermitteln, die sich die Gründerväter der Psychoanalyse zunutze zu machen wußten. Sowohl Freud als auch Jung gingen für kurze Zeit bei den Neurologen Jean-Martin Charcot (1825–1893) bzw. Pierre Janet (1859–1947) in die Schule. Für Einblicke in die Ätiologie (Lehre von den Ursachen) der Neurosen waren die dort zu gewinnenden Erkenntnisse für die Anfänge der Psychoanalyse unerläßlich.[17]

Philosophie des Unbewußten

Nicht unerwähnt dürfen zwei Denker bleiben, die je auf ihre Weise einer Philosophie des Unbewußten den Weg bereiten halfen: Arthur Schopenhauer (1788–1860) und Friedrich Nietzsche (1844–1900). Einer Spur Jakob Böhmes folgend, erkannte Schopenhauer (in: «Die Welt als Wille und Vorstellung», 1819) den Willen als die maßgebliche Antriebskraft, die nicht allein das Universum regiert, sondern als eine transrationale Potenz die Geschicke des Menschen lenkt. Selbsterhaltung und Fortpflanzung stellen demnach die leitenden Motive dieses «Willens» dar. Erfahrungsgemäß ist dieses Potential der Vorstellung übergeordnet, etwa eingedenk des Apostel-Wortes: Das Gute, das ich will, tue ich nicht; das Böse, das ich nicht will, das tue ich! – Nietzsche[18], der «Schopenhauer als Erzie-

Arthur Schopenhauer: Sigmund Freud vorwegnehmend sprach er die Überzeugung aus, daß die Geschlechtsliebe «nächst der Liebe zum Leben sich als die stärkste und tätigste aller Triebfedern erweist, die Hälfte der Kräfte und Gedanken des jüngeren Teils der Menschheit fortwährend in Anspruch nimmt und das letzte Ziel fast jedes menschlichen Bestrebens» sei.

her» zu schätzen wußte, verstand sich selbst als «Seelen-Errater», d.h. als einer, der in die Labyrinthe der Psyche hineintritt und dabei seine Entlarvungskünste betätigt. Wer einmal mit dem Blick auf die tiefenpsychologischen Einsichten Nietzsches dessen Werk durchgeht, wundert sich nicht, daß Männer wie Freud, Jung und Adler je auf ihre Weise beflissen waren, sich das Wissen dieses Seelen-Erraters anzueignen. Psychologisch aufschlußreich ist dabei, wie unterschiedlich die Genannten von ihrer Nietzsche-Kenntnis Gebrauch machten. So war beispielsweise Freud darauf bedacht, seine Priorität bei der Entdeckung seelischer Tatbestände zu wahren, um möglichst als von anderen unbeeinflußt zu erscheinen. Das behauptete er u. a. gegenüber Schopenhauer, bis sein Wiener Kollege Otto Rank ihn eines Tages vom Gegenteil der Freudschen Annahme überzeugte. Und was den Autor des «Zarathustra» betrifft, so bringt Freud in seinem Aufsatz «Zur Geschichte der psychoanalytischen Bewegung» (1914) zum Ausdruck, er habe sich den «hohen Genuß der Werke Nietzsches in späterer Zeit mit der bewußten Motivierung versagt», um in der Verarbeitung psychoanalytischer Eindrücke «durch keinerlei Erwartungsvorstellung» behindert zu sein. C. G. Jung hatte bezüglich seiner Kenntnis der Schriften Nietzsches keinerlei Skrupel. Im Gegenteil: Er gab ganz offen zu, wie wichtig gerade dieser «Seelen-Errater» für seine eigene psychologische Forschung war. Noch in seinem Todesjahr (1961) schrieb er einem amerikanischen Theologen, er hätte seine Jugend «in der Stadt (Basel) wo Nietzsche als Professor der klassischen Philologie gelebt hatte», verbracht.

Und nicht genug damit. C. G. Jung bekennt freimütig, daß er geradezu unter dem Eindruck der Inspiration Nietzsches gestanden habe. Er sei «restlos begeistert» gewesen, als er dessen «Also sprach Zarathustra» las. Neben Goethes «Faust» sei dies sein stärkstes Leseerlebnis in der Jugend gewesen. Man könnte anhand einzelner Schriften, angefangen von seiner medizinischen Doktorarbeit, zeigen, daß es immer wieder Bezüge zu Nietzsche und zu dessen Werk gewesen sind, die da in Erscheinung treten. Unschwer lassen sich solche Verbindungslinien von Nietzsches Begriffspaar des apollinischen bzw. des dionysischen Erlebens zu Jungs psychologischer Typenlehre ziehen, in der z. B. die sogenannten Einstellungstypen der Introversion und der Extraversion unterschieden werden. Was Nietzsche «dionysisch» nennt, läßt sich am ehesten auf eine extraversive, vornehmlich auf äußere Objekte gerichtete Gefühlsempfindung beziehen, während «apollinisch» dem Zustand der Introversion, als der Wendung nach innen, entspricht. Unnötig zu sagen, daß mit diesen und ähnlichen Vergleichen keine vordergründige Abhängigkeit konstruiert werden soll; das ließe sich auch nicht für Alfred Adler behaupten. Aber es gibt so etwas wie eine ideelle Traditionsfolge, in der die moderne Tiefenpsychologie hinsichtlich Nietzsches und der Lebensphilosophie des 19. Jahrhunderts steht.

Sigmund Freud an der Seite von Josef Breuer

«Wien, 13. Juli 1883, zwei Uhr nachts: ... Heute war der heißeste qualvollste Tag der ganzen Zeit, ich war wirklich schon kindisch vor Ermattung. Ich merkte, daß ich einer Erhebung bedurfte und war darum bei Breuer, von dem ich eben so spät komme. Er hatte Kopfschmerz, der Arme, nahm Salicyl. Das erste, was er tat, war mich in die Badewanne zu jagen, aus der ich verjüngt herausstieg. Mein Gedanke, als ich diese feuchte Gastfreundschaft annahm, war: Wenn Marthchen hier wäre, würde sie sagen: So wollen wir es uns auch einrichten. Gewiß, mein Mädchen, und wenn ich noch so viele Jahre bis dahin brauchen sollte, ich rechne auf kein anderes Wunder, als daß Du mich so lange leiden magst...»[19]

Spätestens an dieser Stelle wird deutlich, daß es sich um einen der eineinhalbtausend Brautbriefe handeln muß, die Sigmund Freud seiner Verlobten Martha Bernays während der vier Jahre des Wartenmüssens geschrieben hat. An eine alsbaldige Heirat mit der aus vornehmem jüdischen Hause stammenden Tochter konnte der junge Arzt so lange nicht denken, als seine Einkommensverhältnisse nicht geregelt waren. Die Anstellung als Assistenzarzt am Wiener Allgemeinen Krankenhaus war zunächst nicht mit einem Gehalt verbunden, das dem gerade Siebenundzwanzigjährigen die Gründung einer Familie gestattet hätte. Folglich mußten die beiden jungen Leute warten. Sie konnten einander in diesen Jahren nur sehr selten sehen. Um der konventionellen «Schicklichkeit» zu genügen, wurde Martha zu Verwandten ins nördliche Wandsbek bei Hamburg geschickt. Dieser Trennung verdanken wir das um-

Sigmund Freud mit seiner Verlobten Martha Bernays, 1885.

fangreiche Briefgut; und Freud war lebenslang ein ebenso begeisterter wie mitteilsamer Briefschreiber!

Der erfahrene Freund und Kollege

Freud wußte es im übrigen zu schätzen, daß der 14 Jahre ältere, in Wiener Bürgerkreisen eingeführte Dr. med. Josef Breuer mit Darlehen bei Bedarf mehrfach einsprang. Und wenn der von der Tagesarbeit hinreichend Gestreßte wie an jenem heißen Sommerabend eine «Erhebung» oder freundschaftlich-väterlichen Zuspruch nötig hatte, dann wußte er, an wen er sich wenden konnte, ehe er in die elterliche Wohnung ging, wo er alsbald in seinem Arbeitszimmer zu weiteren Studien verschwand. Breuer und Freud verband schon seit einigen Jahren eine kollegiale Freundschaft. Sie sollte noch länger als ein Jahrzehnt fortdauern. Das obige Zitat wäre an dieser Stelle jedoch kaum gerechtfertigt, tauchte in unserem Brief an anderer Stelle nicht auch Marthas Freundin auf, eine gewisse Bertha Pappenheim. Denn auch sie gehört in die Anfangsgeschichte der Psychoanalyse. Von ihr sagt der Briefschreiber: Diese Bertha Pappenheim «kam wieder aufs Tapet...» Der Ausdruck stellt eine bewußte Untertreibung dar, denn hier ist nicht gesellschaftliche Plauderei gemeint. Vielmehr ist Marthas Freundin als Patientin Gegenstand eines medizinischen Fachgesprächs. Mehr zu sagen verbietet die ärztliche Schweigepflicht. Die ist schon einigermaßen tangiert, weil im nächtlichen Kollegengespräch, so läßt Freud durchblicken, auch die «moral insanity» und Nervenkrankheiten berührt werden. Die beträchtlichen Belastungen können im Bekanntenkreis freilich nicht unbekannt geblieben sein.[20]

Mit anderen Worten: Dieser an sich unverfängliche Brautbrief berührt einen, wenn nicht *den* klassischen Fall der werdenden Psychoanalyse. Es ist der seitdem vielzitierte Fall der «Anna O.» Mit ihm ist Josef Breuer seit geraumer Zeit beschäftigt. Auch das verharmlost den Tatbestand, wenn man klarstellt, auf welch problematische Weise er darin verwickelt ist. Und zwar so sehr, daß er diese Anna O. am liebsten aus seinem Gedächtnis löschen möchte, wenn er nur könnte. «Verdrängung» nennt man dergleichen. Eine Verdrängung aber ist nach psychoanalytischem Verständnis ein «Abwehrmechanismus». Seine Funktion besteht laut Freud darin, übermächtige Triebansprüche, gegebenenfalls auch damit verbundene Handlungen oder Erlebnisinhalte aus der Erinnerung zu entfernen, das heißt: aus dem Bewußtsein ins Unbewußte hinein zu deponieren. – Aber was mochte Josef Breuer in der gegebenen Situation zu verdrängen gehabt haben? Was wird bei der Behandlung mit der jungen Frau vorgefallen sein?

Zunächst stellt sich die Frage, was wohl der tatsächliche Inhalt der Unterredung zwischen den beiden Männern gewesen sein mag. Heute wissen wir, daß eben jener Sachverhalt Freud geradezu brennend interessierte, so daß er Einzelheiten der Krankengeschichte in Erfahrung bringen wollte. Der Grad der Vertraulichkeit zwischen beiden Männern war immerhin so groß, daß Breuer nicht zögerte, dem jungen Kollegen Berthas Krankengeschichte zugänglich zu machen.

Ähnlich wie Marthas Bernays, so stammte auch Bertha Pappenheim aus einer reichen jüdischen Familie. Kaum hatte sie das zwanzigste Lebensjahr vollendet, stellten sich bei ihr eine Reihe von schweren neurotischen Störungen ein: Lähmungen, Sehstörungen, das Unvermögen zu essen bzw. zu trinken; erhebliche Stimmungsschwankungen: Bald schien sie die normale, liebenswürdige junge Frau zu sein, die alle schätzten, bald gebärdete sie sich wie ein psychisch belastetes Kind; Halluzinationen traten auf; klare Momente wechselten mit solchen, die sie geradezu unkenntlich machten. Die Phänomene traten auf, als sie ihren schwerkranken Vater hingebungsvoll pflegte. Als er gestorben war, verschlimmerten sich die erwähnten Symptome. Die Familie zog kompetente Ärzte zu Rate, unter ihnen Dr. Richard Krafft-Ebing, Professor für Psychiatrie an der Universität Wien. Auch brachte man die Leidende für eine gewisse Zeit aus Wien fort. Als man schließlich Josef Breuer einschaltete, hatte man somit schon mancherlei versucht, ohne daß eine entsprechende Besserung oder die erhoffte Heilung eingetreten wäre. Immerhin gab es im Laufe der Behandlung durch Breuer bemerkenswerte Fortschritte. Der Arzt suchte herauszufinden, von welchen Umständen das erste Auftreten der betreffenden Beschwerden begleitet war. Bei seinen Befragungen wandte er die Hypnose an. Es zeigte sich, daß einzelne Symptome verschwanden, nachdem diese in der Hypnose aufgerufen und reproduziert worden waren. Die Patientin, die während der Behandlung eine Fremdsprache verwandte, das Englische, Französische oder Italienische, nannte das Vorgehen ihres Arztes ziemlich sachgemäß eine «talking cure», also Gesprächskur. Breuer selbst wählte die Bezeichnung «Katharsis», Reinigung; Anna O. entschied sich für die bildhaft-anschauliche Benennung «chimney sweeping» (Kaminfegen). Gegenüber der bisherigen Vorgehensweise stellte Breuers Methode zweifellos einen Fortschritt dar, denn bisher ging man von der Annahme aus, bei derlei Erkrankungen liege eine Vergiftung des Blutes oder eine Fehlfunktion des Stoffwechsels vor. Man müsse daher Maßnahmen der «Entgiftung» ergreifen. Der Fortschritt lag demnach im Übergang von einer physiologischen zu einer psychologischen Vorgehensweise. Das Seelische kam somit deutlicher in den Blick. Man konnte sich fragen, ob man eines Tages dieses kathartische Vorgehen dahingehend zu verändern hätte, daß man durch Weglassen der Hypnose einen unmittelbareren Zugang zu den verborgenen Bezirken der Psyche finden könnte. Einstweilen galt die hypnotische Behandlung als der «Königsweg» (via regia) zum Unbewußten. Das sollte sich ändern.

Eine alle Seiten befriedigende Heilung aber wollte sich bei «Anna O.» nicht einstellen, auch wenn Breuer den Eindruck erweckte, dies sei durch seinen überaus zeitaufwendigen Einsatz letztlich geschehen. Tatsächlich mußte eine weitere Behandlung vorgenommen werden, im Sanatorium von Dr. Robert Binswanger im schweizerischen Kreuzlingen. Vorausgegangen war eine merkwürdige Begebenheit, die Josef Breuer durchaus irritierte, weil ihm deren Deutung verschlossen blieb. Hierüber liegen voneinander abweichende Berichte vor. Es sei hier jener gewählt, den Freud gegenüber Stefan Zweig gegeben hat – nahezu fünf Jahrzehnte nach dem tatsächlichen Ereignis, nämlich im Brief vom 2. Juni 1932:

In seinem weitverbreiteten Buch «Die Heilung durch den Geist» (1930) hatte Zweig neben Mesmer und der Begründerin der Christian Science (Christliche Wissenschaft), Mary Baker-Eddy, auch Sigmund Freuds Heilweise in allgemein verständlicher Weise dargestellt. Als Freud das Buch aus Anlaß der italienischen Übersetzung wieder zur Hand nahm, fand er eine Stelle, an der er eine Richtigstellung anzubringen hatte, zumal die Darstellung «eigentlich auch mein Verdienst, wenn Sie (Stefan Zweig) diese Rücksicht gelten lassen wollen, recht verkleinert.» Und Freud fährt fort:

«Es heißt daselbst, Breuers Kranke habe in der Hypnose das Geständnis gemacht, daß sie am Krankenbett des Vaters gewisse ‹sentimenti illecti› (also sexueller Natur) empfunden und unterdrückt hatte. In Wahrheit hat sie nichts Ähnliches gesagt und erkennen lassen, daß sie ihren Zustand von Aufregung, insbesondere ihre zärtliche Besorgnis vor dem Kranken verbergen wollte. Wäre es so gewesen, wie in Ihrem Text behauptet wird, so wäre auch alles anders gekommen. Ich wäre nicht durch die Entdeckung der sexuellen Ätiologie überrascht worden, Breuer hätte es schwer gehabt, ihr zu widersprechen, und ich hätte wahrscheinlich nie die Hypnose aufgegeben, mit der

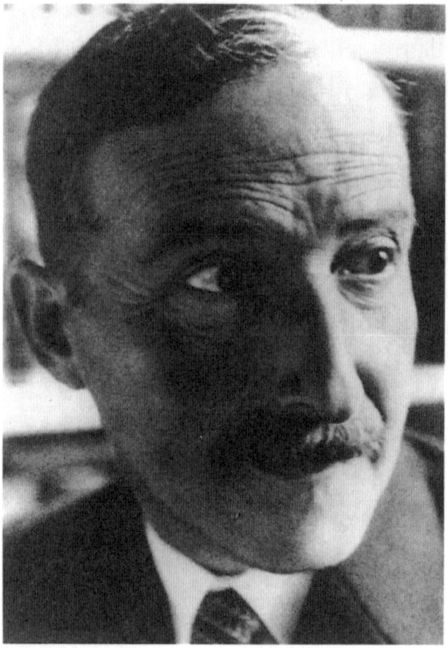

Stefan Zweig.

man so aufrichtige Bekenntnisse erreichen kann. Was bei Breuers Patientin wirklich vorfiel, war ich imstande, später lange nach unserem Bruch zu erraten, als mir plötzlich eine Mitteilung von Breuer einfiel, die er mir einmal vor der Zeit unserer gemeinsamen Arbeit in anderem Zusammenhang gemacht und nie mehr wiederholt hatte: Am Abend des Tages, nachdem alle ihre Symptome bewältigt waren, wurde er wieder zu ihr gerufen, fand sie verworren, sich in Unterleibskrämpfen windend. Auf die Frage, was mit ihr sei, gab sie zur Antwort: Jetzt kommt das Kind, das ich von Dr. B(reuer) habe...»

Breuers Reaktion ist bekannt. Bedenkt man, daß er sich über Monate hinweg täglich einige Stunden ausschließlich der jungen Frau gewidmet hatte, so mußte das bei dem ahnungslosen Mann eine Bestürzung auslösen. Allein schon das wirre

Gerede der Patientin konnte bei Außenstehenden mißdeutet werden. Der Ruf des angesehenen Arztes wäre ein für allemal beschädigt gewesen! Ihm war ja zu diesem Zeitpunkt, d.h. um 1880/82, nicht bekannt, welcher psychoanalytischen Deutung eine solche Aussage zugänglich ist. Josef Breuer war mit einer Produktion des Unbewußten konfrontiert, die er als solche nicht zu erkennen vermochte. Nicht ohne Triumph drückt Freud diesen Tatbestand im Brief an Zweig so aus: «In diesem Moment hatte er (Breuer) den Schlüssel in der Hand, der den Weg zu den ‹Müttern› geöffnet hätte, aber er ließ ihn fallen. Er hatte bei all seinen großen Geistesgaben nichts Faustisches an sich. In konventionellem Entsetzen ergriff er die Flucht, und überließ die Kranke einem Kollegen. Sie kämpfte noch monatelang in einem Sanatorium um ihre Herstellung...»[21]

Auch auf die Bestätigung durch Breuer spielt Freud im Brief an. Dessen Tochter habe ihren Vater aus gegebenem Anlaß daraufhin befragt, und der habe ihn, den früheren Kollegen und Freund, rückhaltlos beglaubigt. – Auf einem anderen Blatt steht, daß Anna O. alias Bertha Pappenheim später nicht nur gesundet ist. Als Sozialarbeiterin und als engagierte Vertreterin der jüdischen Frauenbewegung hat sich diese Frau große Verdienste erworben. Niemand konnte ahnen, daß die überaus schwierige Hysterie-Patientin von einst und die dem gesellschaftspolitischen Leben aktiv zugewandte Frau eine und dieselbe Persönlichkeit ist. Das bewußte Leben und das Unbewußte könnten sich nicht stärker gegeneinander abheben.

Hier ist der Ort, eine Anmerkung von Peter Gay einzufügen, der auf den Anteil der Patientin am Gelingen der therapeutischen Kur aufmerksam macht, wenn er in seiner Freud-Biographie schreibt: «Ein Grund dafür, daß Anna O. eine so beispielhafte Patientin war, liegt darin, daß sie einen großen Teil der Gedankenarbeit selbst erledigte. In Anbetracht der Bedeutung, die Freud später der Gabe des Analytikers zuzuhören beimessen sollte, ist es nur folgerichtig, daß eine Patientin beinahe ebensoviel zur Entstehung der psychoanalytischen Theorie beitrug wie ihr Therapeut, Breuer, oder der Theoretiker Freud. Breuer behauptete ein Vierteljahrhundert später mit Recht, daß seine Behandlung Bertha Pappenheims ‹die Keimzelle der ganzen Psychoanalyse› enthielt. Aber es war Anna O., die folgenschwere Entdeckungen machte, und es sollte Freud, nicht Breuer, sein, der sie emsig entwickelte, bis sie eine reiche, unerwartete Ernte ergaben.»[22]

Es gehört zur Tragik, die die Beziehung der beiden Ärzte charakterisiert, daß Anna O. nicht allein die Arbeitsgemeinschaft im Vorfeld der Psychoanalyse intensiviert hat. Anna O. trug auch dazu bei, daß Freud und Breuer alsbald getrennte Wege einschlugen. Für Freud war die kathartische Methode nur eine Durchgangsphase. Von seinem Pariser Lehrer Charcot hatte er vergebens das Interesse erwartet, von dem er meinte, es könnte der Interpretation des Falls dienlich sein. So mußte er selbst den «Gang zu den Müttern», eben zum Unbewußten, einschlagen und mit der Theorie auch die Methode entwickeln, die zur Psychoanalyse geführt hat. Tatsächlich gilt Anna O. als deren klassischer Fall.

«Studien zur Hysterie»

So bezeichnet dessen Beschreibung in den «Studien zur Hysterie» (1895) gleichsam den Abschied der beiden Ärzte und Forscher. In dem Buch teilen sich Freud und Breuer in der Darstellung von Krankengeschichte in Theorie und Praxis zur Psychotherapie der Hysterie. Den hohen Anteil, den sexuelle Faktoren bei der Entstehung seelischer Erkrankungen haben können, vermochte Breuer nicht anzuerkennen: «Ich gestehe», so räumte er rückblickend einmal ein, «daß das Eintauchen in die Sexualität in Theorie und Praxis nicht nach meinem Geschmack ist.» Dieses Geständnis hinderte Breuer jedoch nicht, entsprechend gelagerte Erkrankungen dem berühmt-berüchtigten Kollegen zur Weiterbehandlung zuzuweisen. Seine Skepsis ist jedoch geblieben.

Nun ist es nicht gleichgültig, welche Erinnerung zwei Menschen für einander bewahren, die einen gemeinsam beschrittenen Weg gegangen sind, nachdem die harmonische Zweisamkeit längst der Vergangenheit angehört.

Es fehlt nicht an Belegen dafür, mit welchen Gedanken Freud auf die vergangene Gemeinsamkeit des Arbeitens und Forschens zurückgeblickt hat. In seinen «Fünf Vorlesungen über Psychoanalyse» (1909) heißt es: «Wenn es ein Verdienst ist, die Psychoanalyse ins Leben gerufen zu haben, so ist es nicht mein Verdienst. Ich bin an den ersten Anfängen derselben nicht beteiligt gewesen. Ich war Student und mit der Ablegung meiner letzten Prüfungen beschäftigt, als ein anderer Wiener Arzt, Dr. Josef Breuer, dieses Verfahren zuerst an einem hysterisch erkrankten Mädchen anwendete (1880–1882).»[23] Naturgemäß fallen die Urteile je nach Situation und Anlaß unterschiedlich aus. Ein solcher Wechsel in der Bewertung einer wissenschaftlichen Operation ist auch bei Freud festzustellen. Man könnte an seine abgebrochenen Freundschaften der Folgezeit erinnern, etwa an die Abkehr, die Alfred Adler oder C. G. Jung vollzogen haben. Einen gewissen Respekt hat er Josef Breuer jedoch bewahrt. Als im Todesjahr von Breuer (1925) ein Text veröffentlicht wird, der mit «Selbstdarstellung» überschrieben ist, bringt Freud seine Hochachtung so zum Ausdruck:

«Er (Josef Breuer) war ein Mann von überragender Intelligenz...; unsere Beziehungen wurden bald intimer; er wurde mein Freund und Helfer in schwierigen Lebenslagen. Wir hatten uns daran gewöhnt, alle wissenschaftlichen Interessen miteinander zu teilen. Natürlich war ich der gewinnende Teil in diesem Verhältnis. Die Entwicklung der Psychoanalyse hat mich dann seine Freundschaft gekostet. Es wurde mir nicht leicht, diesen Preis zu zahlen...»[24]

So ist das Opus der Psychoanalyse nicht die Schöpfung einer einzigen Person. Je tiefer man in die Geschichte der Bewegung eindringt, um so deutlicher wird, daß man es mit einem Werdeprozeß zu tun hat, in dem es Aktive und (scheinbar) Passive, jedoch nicht weniger Wichtige gibt. Erst im schicksalhaften, dialektischen Zusammenspiel, das – wie noch zu zeigen ist – mehr als einmal einen hohen Preis verlangt hat, gewinnt das Resultat eines Ringens um ein tieferes Verständnis für den seelisch erkrankten Menschen die uns heute bekannte Vielgestalt psychologischer Schulen und psychotherapeutischer Heilweisen. Sigmund Freud war indes selbstbewußt genug, seine tatsächliche Lebensleistung von Fall zu Fall ins Licht zu stellen, auch wenn er aus gegebenem Anlaß seinen «Anteil» einer gewissen Relativierung unterwarf.

Man muß nur den Bericht «Zur Geschichte der psychoanalytischen Bewegung» aus dem Jahre 1914 aufschlagen, um gleich am Eingang den ausdrücklichen Hinweis zu finden, der aus der momentanen Situation der Trennung von Jung nur zu gut verständlich ist. Da insistiert er: «Die Psychoanalyse ist meine Schöpfung, ich war durch zehn Jahre der einzige, der sich mit ihr beschäftigte, und alles Mißvergnügen, welches die neue Erscheinung bei den Zeitgenossen hervorrief, hat sich als Kritik auf mein Haupt entladen. Ich finde mich berechtigt, den Standpunkt zu vertreten, daß auch heute noch, wo ich längst nicht mehr der einzige Psychoanalytiker bin, keiner besser als ich wissen kann, was Psychoanalyse ist, wodurch sie sich von anderen Weisen, das Seelenleben zu erforschen, unterscheidet und was mit ihrem Namen belegt werden soll oder besser anders zu benennen ist...»

Elemente der Psychoanalyse

Auch wenn sich die Frage nach den Gründergestalten der Psychoanalyse in erster Linie auf Personen, auf Schulrichtungen und Bewegungen bezieht, kann der längst ins allgemeine Bewußtsein eingegangene Begriff «Psychoanalyse» an dieser Stelle nicht unerörtert bleiben. Zum einen ist zu klären, was nach der Wesensbestimmung ihres Begründers darunter zu verstehen ist. Zum andern soll zumindest mit wenigen Strichen skizziert werden, zu welchen Erkenntnissen Sigmund Freud etwa bis zur Jahrhundertwende gelangt ist. Es geht demnach um Elemente dieser Disziplin. Auf diese Weise kann man sich eher ein Bild machen von den nachfreudschen – wenngleich z. T. noch zu Freuds Lebzeiten entstandenen – Erscheinungsformen, Abzweigungen bzw. Abweichungen oder Neuorientierungen auf dem Feld der tiefenpsychologisch fundierten Psychotherapie.

Nun hat Freud selbst eine Reihe von Definitionen geliefert. Naturgemäß fassen sie einen Prozeß zusammen, den der Arzt in Zusammenarbeit mit seinen Patienten, aber auch in der Auseinandersetzung mit den Hervorbringungen des eigenen Unbewußten – nämlich in der Selbstanalyse – zu durchlaufen hatte. Ihr widmete Freud schon in der fraglichen Zeit große Aufmerksamkeit, indem er seine eigenen Träume, die ihn durch allerlei Begebenheiten seiner Kinderjahre führten, beobachtete und reflektierte. Für ihn entfaltete sich nach und nach diese Form der Traumdeutung als ein unverzichtbares analytisches Verfahren. Nach der Aufgabe hypnotischer Befragungen wurde die Traumarbeit zum eigentlichen Weg (via regia), auf dem man zum Unbewußten herankommen kann. Später gab Freud zu verstehen, Psychoanalytiker könne man im Grunde

Freud im Alter von 35 Jahren.

nur werden, indem man seine eigenen Träume studiere. Jedoch kommt man durch Fremdanalyse bei der Erforschung des eigenen Unbewußten weiter.

Demnach läßt sich die von Sigmund Freud begründete Disziplin als Untersuchungsmethode und als therapeutische Praxis unter verschiedenen Aspekten betrachten. Für ihn ist Psychoanalyse der Name

«1. eines Verfahrens zur Untersuchung seelischer Vorgänge, welche sonst kaum zugänglich sind;

2. einer Behandlungsmethode neurotischer Störungen, die sich auf diese Untersuchung gründet;

3. eine Reihe von psychologischen, auf solchem Wege gewonnenen Einsichten, die allmählich zu einer neuen wissenschaftlichen Disziplin zusammenwachsen.»[25]

Den Ausdruck «Psychoanalyse» verwendete er erstmals in einer Arbeit aus dem Jahre 1894 («Die Abwehr-Neuropsychosen»), also zu der Zeit, als er gemeinsam mit Josef Breuer an der Zusammenstellung der «Studien über Hysterie» (1895) arbeitete. Als die psychoanalytische Theorie bereits deutliche Konturen angenommen hatte und innerhalb der zahlenmäßig noch kleinen Anhängerschaft erste Sezessionen (Adler; Jung) erfolgt waren, hielt er es schon einer deutlichen Abgrenzung wegen gegenüber diesen für erforderlich, den Begriffsinhalt von Psychoanalyse zu präzisieren. In seiner Schrift «Wege der psychoanalytischen Therapie» (1918) führt er hierzu aus:

«Die Arbeit, durch welche wir dem Kranken das verdrängte Seelische in ihm zum Bewußtsein bringen, haben wir Psychoanalyse genannt. Warum ‹Analyse›, was Zerlegung, Zersetzung bedeutet und an eine Analogie mit der Arbeit des Chemikers an den Stoffen denken läßt, die er in der Natur vorfindet und in sein Laboratorium bringt? Weil eine solche Analogie in einem wichtigen Punkte wirklich besteht. Die Symptome und krankhaften Äußerungen des Patienten sind wie alle seine seelischen Tätigkeiten höchst zusammengesetzer Natur; die Elemente dieser Zusammensetzung sind im letzten Grunde Motive, Triebregungen. Aber der Kranke weiß von diesen elementaren Motiven nichts oder nur sehr Ungenügendes. Wir lehren ihn nun die Zusammensetzung dieser hoch komplizierten seelischen Bildungen verstehen, führen die Symptome auf die sie motivierenden Triebregungen zurück, weisen diese dem Kranken bisher unbekannten Triebmotive in den Symptomen nach, wie der Chemiker den Grundstoff, das chemische Element, aus dem Salz ausscheidet, in dem es in Verbindung mit anderen Elementen unkenntlich geworden war. Und ebenso zeigen wir dem Kranken an seinen nicht für krankhaft gehaltenen seelischen Äußerungen, daß ihm deren Motivierung nur unvollkommen bewußt war, daß andere Triebmotive bei ihnen mitgewirkt haben, die ihm unerkannt geblieben sind. – Auch das Sexualstreben der Menschen haben wir erklärt, indem wir es in seine Komponenten zerlegten, und wenn wir einen Traum deuten, gehen wir so vor, daß wir den Traum als Ganzes vernachlässigen und die Assoziation an seine einzelnen Elemente anknüpfen...»[26]

In diese Gedankenrichtung wären nun alle weiteren Elemente und Vorgehensweisen des Psychoanalytikers zu verfolgen. Hier muß die Definition genügen. – In ihrem Zusammenhang läßt sich nun auch zeigen, zu welchen Einsichten Freud, teils angeregt oder gefördert durch Josef Breuer und seinen Pariser Lehrer Jean-Martin Charcot, bis gegen 1900, dem Erscheinungsdatum seines Hauptwerks «Die Traumdeutung», gelangt ist. Es wird als eine wesentliche Erkenntnisleistung Freuds angesehen, der Emotion (Gefühlsregungen) und der Affektivität, d.h. der auf diese erfolgenden Reaktion, bei der Behandlung von Neurosen eine zentrale Bedeutung beigemessen zu haben. Er begann zu begreifen, wie psychische Erschütterungen (Traumata), die vom Bewußtsein nicht verarbeitet werden können, in einer bestimmten Beziehung zu den Symptomen stehen, unter denen der Patient leidet bzw. die er vorweist. Ihm ging auf, daß die Psyche bzw. das Ich das von ihm nicht Akzeptierte «abwehrt». Dabei zeigte sich ihm, wie neurotische Symptome in einem durchgängigen ursächlichen Zusammenhang (Kausalnexus) mit den jeweiligen seelischen Gegebenheiten stehen. Schon in dem mehrfach erwähnten Buch «Studien über Hysterie» haben die beiden Autoren auf das Wesen dieses Zusammenhangs aufmerksam gemacht. Sie teilten sich in die nicht minder bedeutsame Einsicht, daß die einzelnen hysterischen Symptome «sogleich und ohne Wiederkehr verschwanden, wenn es gelungen war, die Erinnerung an den veranlassenden Vorgang zu voller Helligkeit zu erwecken, damit auch den begleitenden Affekt wachzurufen... Der psychische Prozeß, der ursprünglich abgelaufen war, muß so lebhaft als möglich wiederholt, in statum nascendi (d. i. in Werdezustand) gebracht und dann ‹ausgesprochen› werden...»[27]

Hatten einst die beiden englischen Philosophen John Locke (1632–1704) und David Hume (1711–1776) bereits im 17./18. Jahrhundert die Gesetze der gedanklichen Assoziation untersucht, so war es Freud, der das assoziative Vorgehen als einen psychotherapeutischen Kunstgriff anwandte: die Methode des «freien Einfalls». Sie, die in der Psychoanalyse geübte «freie Assoziation», besteht darin, ohne Aussonderung (z. B. unbequemer oder peinlich erscheinender) Einfälle alles dem Analytiker zu sagen, was einem spontan einfällt. Daß der Spontaneität eine wichtige Rolle zukommt, ist klar, weil jedes Abwägen oder Überlegen das bewußte Ich zum Zuge kommen läßt. Es ist jene Instanz, die sich erfahrungsgemäß den unbewußten Faktoren oder Regungen kontrollierend und damit wieder verhüllend entgegenstellt. Analysiert werden aber soll gerade das, was sich auch bei angestrengtem Nachdenken dem Zugriff des tiefenpsychologischen Betrachters entzieht. Und es geht um Bewußtmachung, um die «Wiedererweckung unbewußter Erinnerungsspuren», freilich mit dem ebenfalls zu erringenden Wissen, daß es so etwas wie «Erinnerungsfälschungen» gibt, die den Forscher bzw. Psychotherapeuten auf eine falsche Fährte setzen können.

Die umstrittene Sexualtheorie

Die – nach Freuds Überzeugung – wohl wichtigste Entdeckung war schließlich die Einsicht in die ätiologische (ursächliche) Bedeutung der Sexualität. Sie stützte seine «Sexualtheorie», wie er sie wenige Jahre später in seinen «Drei Abhandlungen zur Sexualtheorie» (1905) niedergelegt und erläutert hat. Da ist die Rede vom «Infantilismus der Sexualität». Wie bekannt mißt die Psychoanalyse bis heute – wenngleich von Schule zu Schule mit unterschiedlicher Gewichtung – der Sexualität eine geradezu dominante Bedeutung bei. Gemeint ist damit nicht allein sexuelle Aktivität und Lustempfinden, sondern alles, was mit Erregungen zusammenhängt, die bereits in der Kindheit bestehen und nach Befriedigung verlangen, auch wenn diese sich auf (scheinbar) nichtsexueller Ebene ereignen bzw. dort erlebt werden.

In dem abschließenden Kapitel der «Studien», die sich mit der «Psychotherapie der Hysterie» im allgemeinen beschäftigen, berichtet Freud, wie es ihm in Anlehnung, vor allem aber in Fortführung des Breuerschen Ansatzes ergangen ist. Da heißt es:

«So gelangte ich, von der Breuerschen Methode ausgehend, dazu, mich mit der Ätiologie und dem Mechanismus der Neurosen überhaupt zu beschäftigen. Ich hatte dann das Glück, in verhältnismäßig kurzer Zeit bei brauchbaren Ergebnissen anzukommen. Es drängte sich mir zunächst die Erkenntnis auf, daß, insofern man von einer Verursachung sprechen könne, durch welche Neurosen erworben würden, die Ätiologie in *se-*

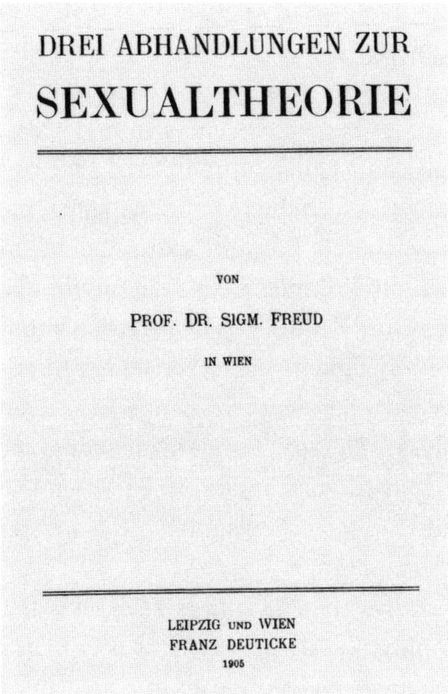

DREI ABHANDLUNGEN ZUR

SEXUALTHEORIE

VON

PROF. DR. SIGM. FREUD

IN WIEN

LEIPZIG UND WIEN

FRANZ DEUTICKE

1905

Die «Drei Abhandlungen zur Sexualtheorie» (Wien 1906) erregten allgemeines Aufsehen.

xuellen Momenten zu suchen sei. Daran reihte sich der Befund, daß verschiedene sexuelle Momente, ganz allgemein genommen, auch verschiedene Bilder von neurotischen Erkrankungen erzeugen...»[28]

Es wurde schon gesagt, daß diese «Entdeckung» Freuds, vor allem die besondere Hervorhebung des Sexuellen im psychischen Gesamthaushalt des gesunden wie des kranken Menschen, nicht dem «Geschmack» Breuers entsprach, weshalb ihm ein weiteres Mitgehen mit dem forschenden Elan seines jüngeren Kollegen unmöglich war. Damit stand Breuer, wie bekannt, nicht allein. Schon die mit aller Behutsamkeit vorgetragenen, auf klinische Beobachtungen gestützten Vermutungen, welche sexuellen Impulse den hysterischen Symptomen zugrunde liegen, genügten, um Mißtrauen in Fachkreisen zu erwecken. Als der Wiener Privatdozent (Freud) (seit 1885) in Vorlesungen seine Anschauungen über den Konnex von Hysterie und Sexualität vortrug, löste er unter den Zuhörern Bestürzung aus. Da sprach einer über ein absolutes Tabu-Thema, das die bürgerliche Gesellschaft geflissentlich mied. Eine auf wissenschaftliche Erkenntnis ausgerichtete Erörterung machte da keine Ausnahme. Das war 1896. Ein Jahr später tauchte in der Sicht Freuds der «Ödipus-Komplex» auf, das mythische Bild, das in den Wünschen eines Kindes gesehen werden kann, wo es bald Liebe, bald Feindseligkeit gegenüber seinen Eltern ausdrückt. Bei sich selbst hat Freud entsprechende Regungen in der Eigenanalyse entdeckt: einerseits seine Zuneigung zur geliebten Mutter, andererseits Eifersucht auf seinen Vater. Die Einstellung stand in Konflikt mit der Zuneigung, die er seinem Vater gegenüber ebenfalls empfand.

Dieses offene Eingeständnis seiner Gefühle zeigt, wie tief und wie nachhaltig den Analytiker das berührte, was er in das Gewand einer Begrifflichkeit zu kleiden hatte. In einem Brief vom 15. Oktober 1897 (an Wilhelm Fließ) schwingt diese Stimmung mit. Freud schreibt: «(Man) versteht die packende Macht des Königs Ödipus..., die griechische Sage greift einen Zwang auf, den jeder anerkennt, weil er dessen Existenz in sich verspürt hat...» Und an anderer Stelle (in: «Drei Abhandlungen zur Sexualtheorie») dann die mehr begriffliche Fassung des Erlebten: «Jedem menschlichen Neuankömmling ist die Aufgabe gestellt, den Ödipuskomplex zu bewältigen...»

Bei alledem muß man sich aber vor Augen führen, wie Eröffnungen dieser Art um die Jahrhundertwende auf die Zeitgenossen gewirkt haben. Sie riefen Widerspruch auf, Feindseligkeit, Geringachtung des Forschers; im ganzen: die Isolierung seiner Person wie seines noch im Entstehen begriffenen Werks. So wird von den Biographen immer wieder in Erinnerung gebracht, welchen Sturm der Entrüstung alle diese Veröffentlichungen, insbesondere die «Drei Abhandlungen...» ausgelöst haben. Freunde und wohlmeinende Kollegen, die es zweifellos auch gab, beschworen ihn, die von ihm vorgenommene «Erweiterung» des Sexualbegriffs zurückzunehmen und unverfänglicher, somit auch weniger entlarvend zu reden. Bei seinem erweiterten Sexualbegriff ging es ihm um eine von den Genitalien gelöste, umfassendere, nach Lust strebende Körperfunktion. Er war überzeugt, daß es sich um die Manifestation einer Triebenergie handle, die sexueller Natur sei, wenn auch in verdeckter Form. Weite Gebiete des menschlichen Lebens würden erst durch diese gemeinsame Triebgrundlage verständlich. Dies nachzuweisen und im persönlichen wie auch im gesellschaftlichen Zusammenhang aufzuhellen, gehörte zu der Aufgabe, als die er sein ärztliches und forschendes Tun verstand. Letztlich ging es ihm um den an Neurosen leidenden Menschen, der in der täglichen Praxis seine Hilfe verlangte.

Auch diese Realität sowie beachtliche Heilerfolge verringerten nicht Ablehnung und Verdächtigungen, die ihm entgegenschlugen. Seine Tochter, Anna Freud (geboren 1895!), die in die Fußtapfen des Vaters trat, indem sie die Kinderpsychoanalyse begründen half, gibt in einer Einführung zu psychoanalytischen Grundschriften Freuds einmal zu bedenken:

«Daß die kindliche Liebe zum andersgeschlechtlichen Elternteil in vieler Beziehung der Liebe des Erwachsenen zu seinem Sexualobjekt gleichkommt, war eine für die damalige Welt nicht annehmbare Behauptung. Sie widersprach der in der Laienwelt weitverbreiteten Meinung von der ‹Unschuld des Kindes›, also von einer von jedem sexuellen Wissen und Fühlen weit entfernten Vorzeit, die erst mit den Pubertätsregungen ihr Ende findet; alle in der davorliegenden Zeitphase beobachteten sexuellen Betätigungen, besonders die Masturbation, galten als Zeichen früher moralischer Verderbtheit. Ihre hartnäckigsten Gegner fand die Auffassung von der infantilen Sexualität in der offiziellen deutschen Psychiatrie, deren Vertreter einander in ihren Anschuldigungen gegen Freud zu überbieten suchten... Sie verurteilten die psychoanalytischen Theorien als eine Abart ‹des europäischen Nihilismus, der Zersetzung aller geltenden Werte› (1931) und riefen zu Boykott, Denunziation, also zu erbittertem Kampf gegen die Psychoanalyse auf...»[29]

Die allgemeine Ablehnung der zentralen psychoanalytischen Theorien konnte jedoch nicht verhindern, daß Freud in den neunziger Jahren sogar in Wien und über Österreich hinaus zunehmende Beachtung erfuhr. Das bestätigte sich unter anderem auf dem Internationalen Kongreß für Psychologie, der im August 1896 in München tagte und bei dem er nunmehr zu den herausragenden Autoritäten auf dem Gebiet der Hysterie-Forschung und -Behandlung gerechnet wurde. So konnten auch inländische ärztliche Vereinigungen nicht umhin, ihrem Mitglied – nolens volens – die ihm zukommende Anerkennung zuteil werden zu lassen. Dies verbesserte einerseits seinen akademischen Status; Freud erhielt 1902 endlich den Titel eines «außerordentlichen Professors». Andererseits ergaben sich positive Rückwirkungen auf seine private Praxis. Es erfolgte eine offizielle Stellungnahme vom 4. Oktober 1897, der zu entnehmen ist, wie sehr sich die wirtschaftlichen Verhältnisse des einst von Krediten und Darlehen (u.a. von Josef Breuer) abhängigen Nervenarztes geändert hatten und was man in der Öffentlichkeit von ihm hielt. Wörtlich heißt es darin: «(Dr. Freud) lebt in anscheinend sehr guten Verhältnissen, hält drei Dienstboten und besitzt eine zwar nicht sehr ausgedehnte, aber lukrative Praxis.»[30]

So halten sich langanhaltende Skepsis bzw. Ablehnung der Freudschen Sexualtheorie und Respekt vor der wissenschaftlichen Leistung des Psychoanalytikers bis zu einem gewissen Grad die Waage.

Nun nochmals zurück zu einem wichtigen Forschungszweig, dessen Grundlegung ebenfalls in den genannten Zeitraum fällt: Auch bei noch so knapper Skizzierung einiger wichtiger Elemente aus der Entstehungszeit der Psychoanalyse darf der Bereich des Traumes bzw. der Traumdeutung nicht unbesprochen bleiben. Der umfassend gebildete und mit der einschlägigen Literatur bestens vertraute Wiener Nervenarzt war natürlich genau im Bilde darüber, welche Rolle der Traum zu allen Zeiten der Kulturgeschichte der Menschheit gespielt hat. In seinem monumental zu nennenden Hauptwerk «Die Traumdeutung» ist ein beträchtlicher Teil des Textes der Besprechung wissenschaftlicher Literatur zur Traumproblematik gewidmet. Darüber hinaus wird dem an Mythen und alten Überlieferungen Interessierten das entsprechende Wissen um die damit verbundenen Vorstellungen zugänglich gewesen sein.

Angesichts seiner speziellen Aufgabenstellung konnte er sich freilich nicht damit begnügen, lediglich das Überlieferungsgut zu sichten und die mythischen bzw. vorwissenschaftlichen Aspekte der Traumdeutung zusammenzustellen. Was man einst als göttliche Inspiration oder als die Mitteilung übersinnlicher Intelligenzen ansah, das verlangte im Zeitalter des naturwissenschaftlichen Denkens und der historischen Kritik nach einer rational fundierten psychologischen Erklärungsgrundlage. Die oben erwähnten Arbeiten etwa der romantischen Naturphilosophen boten zwar mancherlei Anregungen sowie interessante Hypothesen. Aber der Zeitforderung vermochten sie nicht mehr zu entsprechen. Hier hatte eine weiterführende Forschung einzusetzen.

Auf der Spur der Träume

Das Bedürfnis nach eingehender Selbstanalyse, bei der Freud (zu W. Fließ gewandt) sich als seinen «wichtigsten Patienten» betrachtete, verband sich für ihn wie selbstverständlich mit dem Einbezug der eigenen Träume. Daher ist es kein Zufall, wenn er entsprechende Einschübe oder Fußnoten schon bei der Schilderung von Krankengeschichten anbrachte, zum Beispiel in den «Studien zur Hysterie». In einer dieser Fußnoten nimmt er darauf Bezug. So erfahren wir schon in diesem Zusammenhang, wie es ihm – einem Menschen, der in der Regel zahlreiche Träume produziert hat – ergangen ist:

«Ich mußte durch mehrere Wochen mein gewohntes Bett mit einem härteren Lager vertauschen, auf dem ich wahrscheinlich mehr oder lebhafter träumte, vielleicht nur die normale Schlaftiefe nicht erreichen konnte. Ich wußte in der ersten Viertelstunde nach dem Erwachen alle Träume der Nacht und gab mir Mühe, sie niederzuschreiben und mich an ihrer Lösung zu versuchen. Es gelang mir, diese Träume sämtlich auf zwei Momente zurückzuführen:

1. auf die Nötigung zur Ausarbeitung solcher Vorstellungen, bei denen ich tagsüber nur flüchtig verweilt hatte, die nur gestreift und nicht erledigt worden waren, und

2. auf den Zwang, die im selben Bewußtseinszustande vorhandenen Dinge miteinander zu verknüpfen. Auf das freie Walten des letzteren Momentes war das Sinnlose und Widerspruchsvolle der Träume zurückzuführen.»[31]

Was ihm, dem Selbst- und dem Fremdanalytiker, sich auf diese Weise zu eröffnen versprach, das war das Unbewußte; mit anderen Worten: Hier boten sich ihm Elemente für eine Psychologie des Unbewußten, soweit die in Angriff genommene Deutung sich auf den Träumenden selbst bezieht, also auf individuelle Elemente, Vergessenes oder Verdrängtes, während Überpersönliches, Archetypisches (im Sinne C. G. Jungs) vorerst noch ausgeblendet bleibt. Ging die naturwissenschaftlich eingestellte Traumforschung davon aus, daß sich in den Träumen Wacherlebnisse wiederholen oder daß irgendwelche Störungen bzw. Reizungen während des Schlafs sich in Traumbildern niederschlagen können, so gab Freud dem Weg

Freud 1909.

seiner Forschung eine andere Richtung. Er erkannte, daß von außen bedingte Faktoren (z. B. bei Leibreizträumen) bei weitem nicht die Erlebnisfülle des Traumgeschehens zu erfassen vermögen. Der Traum ist eine Manifestation der Seele. Ihr Erforscher hatte somit eine Antwort auf die Frage zu finden, worin das Wesen des Traumgeschehens besteht, wie es verstanden sein will und auf welche Weise man zu einem solchen Verständnis gelangt.

Ein wichtiger Leitgedanke war zweifellos der, mit dem er sein Werk «Die Traumdeutung» eröffnet. Überzeugt davon, daß der Traum nicht in jedem Fall ein konturenloses Chaos darstellt, sondern als «ein sinnvolles psychisches Gebilde» betrachtet sein will, bemüht er sich, «die Vorgänge klarzulegen, von denen die Fremdartigkeit und Unkenntlichkeit des Traumes herrührt.»[32] Unterschieden wird bei diesem Vorgehen ein «manifester« Trauminhalt; es ist die Gestalt des bildhaft Erlebten, das nach dem Erwachen erinnert wird und erzählbar ist. Auf der anderen Seite muß es einen «latenten» Trauminhalt geben; darunter wird all das verstanden, was durch den Traum eigentlich gesagt werden soll, was sich aber in symbolhafte Formen einkleidet. Mit anderen Worten: Was über die Schwelle der Erinnerung tritt und momentan greifbar wird, hat eine Umformung erfahren; offensichtlich deshalb, weil es sich um Strebungen handelt, die sich das bewußte Ich nicht eingestehen will, weil diese infantiler oder archaischer Natur sind. Folglich ist eine Zensurinstanz wirksam geworden. Zwischen der latenten Traumabsicht und der manifesten Traumgestaltung ist eine Verschiebung eingetreten, eine Verhüllung jenes nicht gern Eingestandenen. Auf den Punkt gebracht: «Der Traum ist eine (verkleidete) Erfüllung eines (unterdrückten, verdrängten) Wunsches.»

Im manifesten Trauminhalt erkannte er demnach eine Ersatzhandlung, während im latenten Trauminhalt der eigentliche Traumwunsch rege geworden ist. Dieser Wunsch kann – nach Freud – entweder bei Tage erregt worden sein, aber infolge äußerer Verhältnisse keine Befriedigung gefunden haben; oder er kann bei Tage aufgetaucht sein, aber aus irgendeinem Grund (als unzulässig) verworfen worden sein; wenn auch dies nicht zutrifft, so kann es sich um Träume handeln, die als Wünsche im Menschen schlummern, dann aber des Nachts in der eigentümlichen Form sich artikulieren. In jedem Fall stand im Vordergrund eine rückwärts gewandte, vergangenes Geschehen betreffende Deutungstendenz, bei der die Traumbildung bzw. «Traumarbeit» einer bestimmten Inszenierung folgt: Der Inhalt wird verdichtet; er unterliegt einer Verschiebung, und ein Zensor sorgt durch symbolische Verkleidung, daß der manifeste Trauminhalt erinnert werden kann. In der Rätselhaftigkeit des Traumbildes liegt zugleich ein Anreiz zur Beschäftigung mit der seelischen Problematik, wenn möglich zur Rätsellösung.

Mit dem voluminösen Werk «Die Traumdeutung», das schon 1899 vorlag, dem der Verfasser aber das Jahr 1900 als Erscheinungstermin geben ließ, brachte er zum Ausdruck, daß er sein bis dahin wichtigstes Buch als ein Jahrhundertwerk gewürdigt wissen wollte. Das aus Vergils «Aeneis» gewählte Motto, das Freud dem Buch mitgab, weist in diese Richtung; es unterstreicht die faustische Haltung, die er mit Blick auf die Erforschung des bislang Unbewußten einnahm:

Flectere si nequeo superos, Acheronta movebo.
Wenn ich den Himmel nicht beugen kann,
will ich die Hölle bewegen!

Man könnte sagen: Das war ein Wunschtraum, der seinem Autor in Erfüllung gegangen ist. Denn was in «Die Traumdeutung» dargelegt ist, enthüllt nicht allein weitere Elemente der werdenden Psychoanalyse. Das Buch stellte die moderne Seelenforschung auf eine neue Grundlage. Daran ändert die Tat-

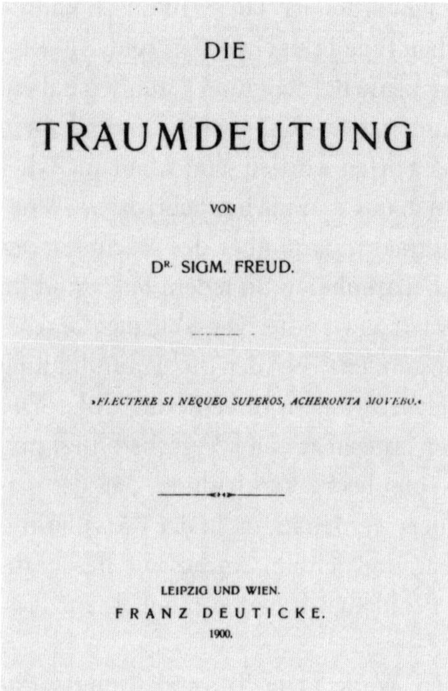
DIE

TRAUMDEUTUNG

VON

DR. SIGM. FREUD.

»FLECTERE SI NEQUEO SUPEROS, ACHERONTA MOVEBO.«

LEIPZIG UND WIEN.
FRANZ DEUTICKE.
1900.

«Die Traumdeutung» (Wien 1900) gilt als maßgebliches Grundlagenwerk der modernen Tiefenpsychologie.

sache nichts, daß Freud von Auflage zu Auflage Änderungen, Präzisierungen vornahm und dem Text Ergänzungen beifügte. Auch wer nicht gewillt war, im Grundsätzlichen wie im einzelnen dem Wiener Meister zu folgen, der konnte an dem binnen weniger Jahre Erarbeiteten nicht achtlos vorübergehen.

Aber mit einem kräftigen, weithin vernehmbaren publizistischen Paukenschlag darf man die Veröffentlichung nicht verwechseln. Dem Vernehmen nach bestand die erste Auflage aus ganzen 600 Exemplaren – also eine minimale Stückzahl, die bei einem derart umfangreichen Band heute nur mit kräftiger Unterstützung von dritter Seite verlegerisch gewagt werden könnte. Als Freud im Sommer 1908, also angesichts des vordatierten Erscheinungstermins volle neun Jahre nach der Erstauflage, in Berchtesgaden das Vorwort zur Neuausgabe schreibt, bedenkt er seine Zunftgenossen mit der nicht gerade schmeichelnden Feststellung: «Meine Kollegen von der Psychiatrie scheinen sich keine Mühe gegeben zu haben, über das anfängliche Befremden hinauszukommen, welches meine neuartige Auffassung des Traumes erwecken konnte; und die Philosophen von Beruf, die nun einmal gewohnt sind, die Probleme des Traumlebens als Anhang zu den Bewußtseinszuständen mit einigen – meist den nämlichen – Sätzen abzuhandeln, haben offenbar nicht bemerkt, daß man gerade an diesem Ende allerlei hervorziehen könne, was zu einer gründlichen Umgestaltung unserer psychologischen Lehren führen muß...»

Doch es gibt sie, und auch ihrer gedenkt der Autor an dieser Stelle, «die kleine Schar von wackeren Anhängern». So darf mit Blick auf die Gründergestalten der Psychoanalyse hinzugefügt werden: Für nicht wenige von ihnen sollte gerade dieses Buch zu einem Signal werden, an Freuds Seite zu treten, sich ihm als Mitarbeiter zu Verfügung zu stellen – und sei es nur für eine begrenzte Zeit. Man kann daher mit Henry F. Ellenberger resümieren:

«Diese ungewöhnlichen Züge der ‹Traumdeutung›, der provozierende Titel, das provozierende Motto, die hohe literarische Qualität, der intime Zusammenhang des Werkes mit dem Leben und der Persönlichkeit Freuds, seine humorvollen Anspielungen auf das Wiener Leben jener Tage – dies alles trug zu der Wirkung des Buches auf die Leser bei. Manche kritisierten, was ihnen als Mangel an wissenschaftlicher Strenge erschien, aber für manche andere war es eine erschütternde Offenbarung, die ihrem Leben eine neue Richtung gab. Der deutsche Psychiater Hans Blüher[33] erzählt in seiner Autobiographie, daß er sich nur wenig für Freuds Werk interessierte, bis ihm ein Freund ‹Die Traumdeutung› lieh; er konnte das Buch nicht aus der Hand legen, bevor er es durchgelesen hatte; es gab seiner

Laufbahn eine entscheidende Orientierung. Durch ähnliche Erlebnisse wurden Stekel, Adler und Ferenczi Schüler Freuds.»[34]

Wilhelm Fließ

Einer, der den Werdeprozeß der jungen Wissenschaft als Gesprächs- bzw. Briefpartner in intimer Weise bis kurz nach der Jahrhundertwende mitverfolgen konnte, einer der, anders als Josef Breuer, eine sehr viel positivere Einstellung der Sexualtheorie gegenüber einzunehmen vermochte, wurde bisher nur beiläufig genannt. Es ist der Berliner Hals-Nasen-Ohren-Arzt Wilhelm Fließ (1858–1928). Als Fließ im Herbst 1887 in Wien war und dank eines Hinweises von Breuer auf Sigmund Freud aufmerksam geworden war, kam alsbald eine enge Freundschaft zustande. Wohl konnte Freud in jenen Tagen vieles mit Breuer besprechen, Medizinisches und auch manches Familiäre. Die Ehe mit Martha Bernays war im September des Vorjahres geschlossen worden; in rascher Folge wuchs die Freud-Familie; zuletzt wurde Anna Freud (1895) geboren.

Schlägt man den Band mit den zahlreich erhaltenen Briefen Freuds an Fließ auf[35], dann ist man über den hohen Grad an Vertraulichkeit erstaunt, den der Wiener Arzt seinem zwei Jahre jüngeren Berliner Kollegen entgegenbrachte. Dazu bekannte sich Freud noch am Ende seines Lebens (z. B. gegenüber seiner ihm nahestehenden Schülerin Marie Bonaparte). Er selbst hätte gerade dieses Briefgut samt den enthaltenen Skizzen und Konzepten vernichtet, weil er sie nicht mehr benötigte, sobald eine Untersuchung bzw. ein Erkenntnisvorgang einen gewissen Abschluß gefunden hatte.

Anhand der lange Zeit sorgfältig gehüteten, dem Briefschreiber vorenthaltenen Briefe läßt sich ziemlich exakt datierbar verfolgen, wie Freud mit seinen Erfahrungen und Theoriebildungen vorankam. Man erfährt, was er selbst vor seiner jungen Ehefrau verborgen hielt, nämlich eine von Herzbeschwerden begleitete gesundheitliche Krise, die ihn vor Erreichung des 40. Lebensjahrs, also zur Zeit der Lebensmitte, heimsuchte. Dem Rat des Berliner Freundes folgend, gab er sogar kurze Zeit das Rauchen auf, ohne freilich seiner frühzeitig veranlagten Nikotinsucht Herr zu werden.[36] Der Patient war sich wohl recht deutlich bewußt, daß es sich bei ihm um ein psychosomatisches Problem handelte, mit dem er gerade zum Zeitpunkt seines Erkenntnisringens fertigwerden mußte, wenn seine Einsichten jene Glaubwürdigkeit erhalten sollten, die von dem Begründer und seiner tiefenpsychologischen Therapiemethode erwartet werden durfte.

Sieht man einmal davon ab, daß Freud bis zu einem gewissen Grade auch ein Empfangender war, so ist nicht hoch genug einzuschätzen, daß ihm Fließ als ein verständnisvoller Dialogpartner begegnete, und das in einem Augenblick, als die Distanz zu Breuer sich vergrößerte. Er nahm an den Forschungen von Wilhelm Fließ Anteil, der u. a. speziellen Fragen der Periodizität bei Mann und Frau nachging. Mit ihm konnte er andererseits über das von den meisten so gemiedene Thema «infantile Sexualität» Gedanken austauschen. Fließ meinte seinerseits entdeckt zu haben, eine Entsprechung bestehe zwischen der Nase und den menschlichen Keimdrüsen. In der Hoffnung, die an sich beobachteten neurotischen Symptome loszuwerden, ging Freud selbst so weit, sich von ihm mehrfach an der Nase und in den Nasennebenhöhlen operieren zu lassen und diese überaus riskante, aber offensichtlich kaum wirkungsvolle Prozedur gegebenenfalls auch eigenen Patienten zu empfehlen. Die Unternehmungen belegen das große Vertrauen, das Freud seinem Berliner Freund entgegenbrachte, der bei der offiziellen Wissenschaft kaum eine Chance hatte.[37]

Für die Geschichte der Psychoanalyse ist indes von Belang, daß die brieflichen Aufzeichnungen, die von Wien nach Berlin gereichten Entwürfe einschließlich der intimen Geständnisse, die Freud anderen geflissentlich vorenthielt, geradezu die Geburt der jungen Wissenschaft, eben die «Anfänge» protokollieren. Man erfährt, wie der Tod des Vaters Jakob (1896) auf Sigmund Freud gewirkt hat und welch ein «entwurzeltes Gefühl» in ihm daraus entstanden ist. Da ist ferner von eigenen «Sterbedelirien» die Rede. Eingestanden wird die Angst, vor seinem als früh angenommenen Tod samt der Sorge, «die sexuelle These nicht mehr erweisen zu können». Wer ist also dieser Mann eigentlich, der die Elemente der Psychoanalyse der Nachwelt vorzulegen im Begriffe ist? Auch hierzu ein Geständnis, das nur W. Fließ zu Gesicht bekam und das der Briefschreiber andernorts gewiß nicht wiederholte:

«Ich bin nämlich gar kein Mann der Wissenschaft, kein Beobachter, kein Experimentator, kein Denker. Ich bin nichts als ein Conquistadoren-Temperament, ein Abenteurer, wenn Du es übersetzen willst, mit der Neugierde, der Kühnheit und der Zähigkeit eines solchen. Solche Leute pflegt man nur zu schätzen, wenn sie Erfolg gehabt, wirklich etwas entdeckt haben.»

Die Beobachtung, daß sich im Menschen neben der geschlechtlichen Fixierung auch gegengeschlechtliche Wesensanteile finden, führte zur Erforschung der «Bisexualität». Ihr widmete sich Wilhelm Fließ. Sigmund Freud partizipierte bis zu einem gewissen Grad auch an diesen Vorstellungen, jedoch ohne ihnen in der Psychoanalyse die Bedeutung beizumessen, die sie bei dem vorwiegend biologisch denkenden Fließ gehabt hat. Diese Thematik sei nur deshalb hier erwähnt, weil sie Gegenstand einer Kontroverse war, die die nach und nach locker werdende Freundschaft und Zusammenarbeit beider Männer (um 1905/06) «in Bitterkeit» (R. W. Clark) beendete.

Daß die Idee in eingehender Weise von Fließ bearbeitet worden war, davon konnte Freud ausgehen. Zum Eklat kam es, als der junge Wiener Otto Weininger (1880–1903) im Jahre 1903 sein umfangreiches, mehrfach aufgelegtes Buch «Geschlecht und Charakter» herausbrachte und – erstaunlicherweise – auch die Thematik der Bisexualität aufgriff.[38] Das mußte Fließ irritieren. Auf seine Frage nach den Zusammenhängen und etwaigen Indiskretionen antwortete Freud ausweichend. Tatsächlich aber hatte er gegenüber seinem Patienten Hermann Swoboda über die Sache der Bisexualität einiges verlauten lassen. Und als Freund bzw. Gesprächspartner Weiningers, als der sich Swoboda bekannte, war dafür gesorgt, daß der Gedanke dort auftauchte und in dessen Buch eine Rolle spielte, jedoch ohne daß der Name von Fließ genannt wurde. Die biographische Recherche zeigt, wie unglücklich die Dinge verkettet waren, vor allem, wie sehr es Freud an der Offenheit fehlen ließ, die gerade der intime Freund von ihm hätte erwarten dürfen.

Der Bruch der Freundschaft fällt in eine Zeit, in der die Grundlagen der Psychoanalyse in wichtigen Punkten gelegt sind. Neue Gestalten tauchen auf. Der Augenblick ist gekommen, in dem sich die engagierten Anhänger Freuds zu einer «psychoanalytischen Vereinigung» formieren und damit der jungen Disziplin jene Repräsentanz verleihen, die – inzwischen in einer Vielfalt von Schulen und Therapieweisen aufgefächert – heute in aller Welt wirksam ist.

Psychoanalytiker der ersten Stunde – Die Wiener Vereinigung entsteht

Wenn davon gesprochen wurde, daß die Psychoanalyse nicht nur auf den Schultern eines einzigen Menschen lag, sondern daß es mehrere, zum Teil sehr verschieden geprägte Gründergestalten gibt – Männer und Frauen, Ärzte und Nichtärzte, nicht zuletzt Patienten und Patientinnen mit besonderen Krankheitsverläufen –, so empfiehlt es sich, für die Anfangszeit wenigstens zwei Phasen zu unterscheiden.

Ein erster Abschnitt, der bis zu den Jahren 1906 oder 1907 reicht, umfaßt die eigentliche Pionierarbeit. Sie oblag cum grano salis im wesentlichen Sigmund Freud selbst, soweit es sich um die Initiative handelte, mit der Symptome beobachtet, Prozesse verfolgt und Therapieversuche erprobt werden mußten. Hierbei leisteten die beiden ungleichen Freunde, Josef Breuer in Wien und Wilhelm Fließ in Berlin, als Kollegen wichtige Helferdienste. Auf einem besonderen Blatt steht, inwieweit der eine wie der andere Freud beeinflußte oder inwieweit er sich von ihnen nach anfänglicher Zustimmung in der Sache wieder entfernen mußte, um seine eigene Spur zu finden, beispielsweise was die Anwendung der kathartischen Methode anlangt, mit der Breuer gewisse Anfangserfolge hatte verzeichnen können. Das Bewußtsein, «am Schlafe der Welt gerührt» zu haben, erfüllte Freud. Jedenfalls bediente er sich gelegentlich dieser Formulierung Friedrich Hebbels, um seine tiefenpsychologischen Entdeckungen, z. B. der Rolle der Sexualität bei der Entstehung von Neurosen, zu kennzeichnen.

Dieser ersten Phase, in der es an Sympathiebekundungen nicht gefehlt hat, so spärlich sie zunächst zu Tage getreten sind, ist nun eine zweite gegenüberzustellen. Sie schließt zeitlich an die erste an, beginnend mit dem Moment, in dem nicht nur einzelne Zustimmungen erfolgt sind, sondern in dem das Bedürfnis, die Bereitschaft und die Fähigkeit zur konstruktiven Zusammenarbeit erkennbar wurde. Den von Freud immer wieder herausgestellten Widerständen zum Trotz, die vor allem Fachkollegen aus Neurologie und Psychiatrie an den Tag legten, fanden sich nach und nach einige Ärzte ein, die etwa den praktischen Erkenntniswert des Buches «Die Traumdeutung» (1900) zu würdigen wußten. So kam es 1902 zur Bildung eines Gesprächskreises, bestehend aus vier Wiener Ärzten, unter ihnen Alfred Adler und Wilhelm Stekel. Die beiden anderen, Max Kahane und Rudolf Reitler, blieben verhältnismäßig unbekannt.

Die Mittwoch-Gesellschaft

Auf Freuds Einladung hin traf man sich jeweils an einem Mittwoch-Abend im Wartezimmer von Freuds Praxis im 1. Stock von Berggasse 19. Die «Mittwoch-Gesellschaft» hatte sich damit konstituiert; der Anfang der Wiener psychoanalytischen Vereinigung war gemacht. Besonderer organisatorischer oder satzungsmäßiger Regelungen bedurfte es anfangs nicht. Entscheidend war allein das Interesse an der gemeinsamen Sache. Diese Sache war zumindest anfangs stark genug, um die persönliche Unterschiedlichkeit der hier aufeinandertreffenden Charaktertypen zu relativieren. Die unter dem Sammelbegriff der Psychoanalyse ablaufenden Prozesse sowie die damit verbundene Theoriebildung gestaltete sich aber viel zu dynamisch, als daß ein dauernder Zusammenhalt durch ihre Vertreter hätte gewährleistet werden können. Die Geschichte dieser «Bewegung» mit ihren schon sehr frühzeitig in Erscheinung tretenden divergenten Strebungen macht dies deutlich. Doch bleiben wir zunächst noch bei diesem Wiener Kreis.

Freuds Wohnung in Wien, Berggasse 19/I.

Freud, mittlerweile 46 Jahre alt, gerade geziert mit dem Titel eines außerordentlichen Professors der Wiener Universität, konnte zum Zeitpunkt der Kreisbildung auf eine Reihe respektabler Arbeiten verweisen. Und so kann man sich die Situation vorstellen: «Nach dem Abendessen kamen die Mitglieder der Gesellschaft in Freuds Wartezimmer zusammen und setzten sich dort um einen langen Tisch. Die Tür zum Studierzimmer stand offen und bot einen Blick auf seinen Schreibtisch mit zahlreichen kleinen Figürchen vornehmlich ägyptischer Herkunft, das berühmte Sofa mit dem Armstuhl dahinter und die große Bibliothek. Wenn alle beisammen waren, wurden

Die Wiener Universität um 1900.

schwarzer Kaffee und Zigarren angeboten, und dann betrat Freud mit lebhaftem Schritt den Raum. Er selber qualmte unaufhörlich und verbrauchte täglich wohl an die zwanzig Zigarren. Was das mit fünf oder sechs anderen Zigarrenrauchern für eine Luft ergab, kann man sich leicht vorstellen. Wie Dr. Fritz Wittels, der in diesen frühen Tagen als populärwissenschaftlicher Interpret der Psychoanalyse eine bedeutende Rolle spielte, berichtet, war der Aufbau von Freuds Vortrag ‹regelmäßig so, daß seine Behauptungen im Anfang befremdeten, hernach aber von allen Seiten gestützt wurden, bis ihre Wahrscheinlichkeit einen hohen Grad erreichte›. Wittels glaubte, die Mittwoch-Gesellschaft habe für Freud den Zweck, ‹daß er seine eigenen Gedanken durch den Filter einiger sachverständiger, wenn auch mittelmäßiger Gehirne trieb. Starke Individualitäten, sehr kritische und ehrgeizige Mitarbeiter waren ihm deshalb weniger erwünscht. Das Reich der Psychoanalyse war seine Vorstellung und sein Wille. Wer seine Vorstellungen annahm, war ihm willkommen. Er wünschte, in ein Kaleidoskop zu blicken, das durch Spiegelwirkungen seine eigenen Figuren vervielfältigte›.»[39]

Blickt man auf die alsbald sich anbahnenden Meinungsverschiedenheiten und Trennungen, dann scheint man dem Berichterstatter recht geben zu sollen. Doch Grobzeichnungen treffen nicht immer das Wesentliche. Die Gründung der Mittwoch-Gesellschaft war in jedem Fall eine wichtige Entscheidung ihres Veranstalters. Tatsächlich hatte die Ausformung des Freudschen Werks um die Jahrhundertwende ein Entwicklungsstadium erreicht, in dem das von ihm Erkannte und Erprobte auf die Schultern anderer gelegt zu werden verdiente. Es sollte möglich sein, auf äußere Kritik in besonnener Weise zu reagieren. Andererseits bedurfte es eines inneren Kreises, in dem man einigermaßen ungeschützt und offen das diskutieren konnte, was von Kollegen in der Praxis beobachtet und reflektiert wurde. Freud war sich der Vorteile bewußt, die er aus diesem Forum ziehen konnte.

Die Mittwoch-Gesellschaft bewährte sich. Weitere Kollegen kamen binnen weniger Jahre hinzu. Es sind im wesentlichen diejenigen, die zum Gründerkreis gezählt werden können, etwa Paul Federn und Otto Rank, Isidor Sadger, Sandor Ferenczi aus Budapest und als Nichtmediziner, man sagte «Laie», der Literat Hanns Sachs und andere. Was Rank betrifft, so erinnert sich Freud: «Eines Tages führte sich ein absolvierter Gewerbeschüler durch ein Manuskript bei uns ein, welches außerordentliches Verständnis verriet. Wir bewogen ihn, die Gymnasialstudien nachzuholen, die Universität zu besuchen und sich den nichtärztlichen Anwendungen der Psychoanalyse zu widmen. Der kleine Verein erwarb so einen eifrigen und verläßlichen Sekretär, ich gewann an Otto Rank (später u. a. Leiter des Internationalen Psychoanalytischen Verlags) den treuesten Helfer und Mitarbeiter.»[40]

Gelegentlich tauchte – ab 1907 – C. G. Jung im Kreis auf, wenn er seinen Freund in Wien besuchte. Und, wie noch zu besprechen sein wird: Eines Tages sah man eine Dame unter den diskutierenden Analytikern, Lou Andreas-Salomé. Wenn zu berichten ist, daß die Mittwoch-Gesellschaft wuchs, so ergab es sich ganz von selbst, daß die Versammlung von der Berggasse in Räume der medizinischen Fakultät umzog.

Tatsächlich nahm der anfangs noch recht private Männerzirkel Formen an, die einen offizielleren Rahmen erforderten. Das geschah durch Gründung bzw. Umwandlung in die Psychoanalytische Vereinigung mit Alfred Adler als deren Präsident. Freuds weiterhin bestehende wissenschaftliche Leistung wurde dadurch nicht angetastet. Der nächste Schritt führte zur Konstituierung der Internationalen Psychoanalytischen Vereinigung mit eigenen Publikationsorganen, mit denen die gemeinsamen Zielsetzungen vor der medizinischen Öffentlichkeit vertreten werden konnten.

Unvermeidliche Spannungen

Die bloße Markierung dieser Entwicklung täuscht nicht über die Tatsache hinweg, unter welchen erheblichen internen Spannungen dies geschah. Solange Wien und die allein hier sich versammelnden Analytiker den Gang der Geschichte bestimmten, bestand zwar keine schattenlose Einigkeit unter den Beteiligten. Die Internationalisierung aber brachte eine deutliche Schwerpunktverlagerung mit sich. Sie ergab sich schon daraus, daß der Sitz der Bewegung aus Österreich nach Zürich-Küsnacht verlegt wurde, dem Wohnort des Präsidenten: Carl Gustav Jung. Das empfanden nicht wenige Wiener Analytiker als eine subtile Art der Zurücksetzung, wenn nicht der Abwertung. Dabei entsprach dieses Vorgehen, das Freud selbst und einige seiner näherstehenden Kollegen befürworteten, einer ebenso logischen wie praktischen Zweckmäßigkeit, bedenkt man, daß die Psychoanalytiker der ersten Stunde, Freud selbst, auch Breuer und Fließ, durchwegs Juden waren. Es durfte aber nicht der Eindruck erweckt werden, daß die um Wissenschaftlichkeit bemühten Forscher lediglich einer rassisch oder weltanschaulich begrenzten Gesellschaftsschicht dienen wollten. Ihnen ging es um das Allgemein-Menschliche, um die menschliche Seele und deren Heilung, und zwar völlig unabhängig von der gesellschaftlichen oder religiösen Position der Klienten. Und – auch das ist noch eigens darzustellen – das Auftauchen C. G. Jungs und der «arischen» Schweizer Ärzte deutete in die von Freud selbst gewünschte Richtung. Er hob im positiven Sinn hervor, daß es um der Sache willen erforderlich sei, das «arische» Element gerade auch in der Psychoanalyse zur Geltung zu bringen.

Folgende organisatorische Regelung ergab sich: Im Jahre 1910 erhielt Alfred Adler, laut Freud «die einzige Persönlichkeit» aus der Mittwoch-Gesellschaft mit geistigem Profil, das Amt des Präsidenten der Wiener Vereinigung. An die Spitze der Internationalen Vereinigung setzte er aber den Schweizer C. G. Jung. Dies hatte Sandor Ferenczi auf dem Analytikerkongreß in Nürnberg 1910 mit Freud abgesprochen und dann als Vorschlag eingebracht. Schon zu diesem frühen Zeitpunkt stand fest, daß der agile Schweizer Psychiater die Mehrzahl aller anderen Analytiker sowohl durch Praxiserfahrung als auch durch die Weite und Tiefe des Horizonts, der in seinen theoretischen Arbeiten sichtbar wurde, übertraf. Deshalb wurde Jung ausersehen, in der Psychoanalyse eine besondere Rolle zu spielen, nämlich als der wissenschaftliche Nachfolger des Begründers. Angesichts dieser Tatsache ließ Freud sogar durchblicken, in welch engen Grenzen sich seine Hochachtung vor der ebenfalls begrenzten Leistungsfähigkeit der Wiener Kollegen bewegte. Ein besonderer Grad an Vertraulichkeit konnte ohnehin nur mit wenigen von ihnen aufkommen. Bei manchen, etwa Hanns

Sachs, bestand dem «Meister» gegenüber sogar noch in dessen letzter Lebenszeit jene respektvolle, aber kühle Distanz wie bei der Erstbegegnung. Ein anderer «Schüler» hatte den Eindruck von einer «Atmosphäre der Religionsgründung». Gründer konnte eben nur ein einziger sein; alle anderen waren bestenfalls «Apostel», Träger dessen, was sie größtenteils allein von Freud empfangen hatten. «Obwohl im Privatleben gutherzig und rücksichtsvoll, war Freud bei der Darlegung seiner Gedanken hart und unerbittlich.»[41]

Was die erstaunliche Bezeichnung «Religionsgründung» anlangt, so mag der Autor daran gedacht haben, daß Freud den ersten Teilnehmern des Mittwoch-Kreises je eine antike Gemme überreicht hatte, die man in einem Ring fassen konnte. Das sollte Zusammengehörigkeit dokumentieren. Zweifellos ein sinnvolles Zeichen, jedoch nicht die Gewähr für eine unauflösliche Gemeinschaft...

Daß die Mitglieder der Mittwoch-Gesellschaft bzw. der Wiener Vereinigung über die Ausweitung ins Internationale nicht gerade begeistert waren, liegt auf der Hand. Daher wird man nicht fehlgehen, wenn man annimmt, daß dies zumindest ein Faktor für die auftretenden Unstimmigkeiten war. Jedenfalls war es nicht geschickt, wenn Ferenczi in Übereinstimmung mit Freud vorschlug, man möge künftige Aufsätze oder Reden dem Zürcher Präsidenten zur Begutachtung vorlegen. Das konnte als eine Zensurmaßnahme aufgefaßt werden. Alfred Adler sprach diese Befürchtung aus und opponierte, desgleichen taten andere Wiener.

Anläßlich des Nürnberger Kongresses hielten sie zusammen mit Wilhelm Stekel in dessen Hotelzimmer eine Protestversammlung ab. Freud konnte das nicht verborgen bleiben. An eine Rücknahme seines Entschlusses, der einer Auszeichnung C. G. Jungs entsprach, dachte er am wenigsten. Aber er wandte sich an die Wiener Opponenten und «richtete an sie einen lei-

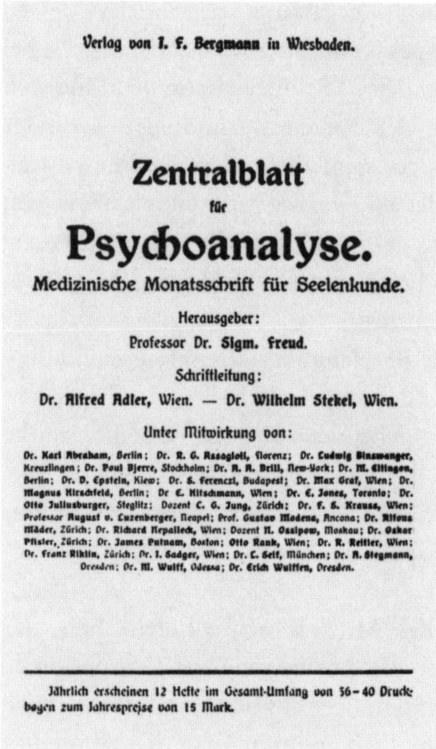
Verlag von J. F. Bergmann in Wiesbaden.

Zentralblatt

für

Psychoanalyse.

Medizinische Monatsschrift für Seelenkunde.

Herausgeber:

Professor Dr. Sigm. Freud.

Schriftleitung:

Dr. Alfred Adler, Wien. — Dr. Wilhelm Stekel, Wien.

Unter Mitwirkung von:

Dr. Karl Abraham, Berlin; Dr. R. G. Assagioli, Florenz; Dr. Ludwig Binswanger, Kreuzlingen; Dr. Poul Bjerre, Stockholm; Dr. A. A. Brill, New-York; Dr. M. Eitingon, Berlin; Dr. D. Epstein, Kiew; Dr. S. Ferenczi, Budapest; Dr. Max Graf, Wien; Dr. Magnus Hirschfeld, Berlin; Dr E. Hitschmann, Wien; Dr. E. Jones, Toronto; Dr. Otto Juliusburger, Steglitz; Dozent C. G. Jung, Zürich; Dr. F. S. Krauss, Wien; Professor August v. Luzenberger, Neapel; Prof. Gustav Modena, Ancona; Dr. Alfons Mäder, Zürich; Dr. Richard Nepalleck, Wien; Dozent N. Ossipow, Moskau; Dr. Oskar Pfister, Zürich; Dr. James Putnam, Boston; Otto Rank, Wien; Dr. R. Reitler, Wien; Dr. Franz Riklin, Zürich; Dr. I. Sadger, Wien; Dr. L. Seif, München; Dr. A. Stegmann, Dresden; Dr. M. Wulff, Odessa; Dr. Erich Wulffen, Dresden.

Jährlich erscheinen 12 Hefte im Gesamt-Umfang von 36–40 Druckbogen zum Jahrespreise von 15 Mark.

Titelblatt der von Freud unter der Redaktion von Alfred Adler und Wilhelm Stekel herausgegebenen ersten psychoanalytischen Monatsschrift.

denschaftlichen Appell, ihm ihre Zustimmung zu geben. Er betonte, wieviel heftige Feindseligkeit sie umgäbe und daß es notwendig sei, sich auf Außenstehende stützen zu können. Dann erklärte er, dramatisch seinen Rock zurückwerfend: ‹Meine Feinde wären froh, mich verhungern zu sehen; sie würden mir am liebsten den Rock vom Leib reißen›.»[42]

Hatte das Jahr 1910 gezeigt, welche Frontenbildung(en) bestanden, so galt es nun, die Aufgaben in der Weise zu verteilen, daß ein gewisser Ausgleich zwischen Wien und Zürich, zwischen jüdischen und nichtjüdischen Analytikern, geschaffen wurde. Das «Jahrbuch für psychoanalytische und psychopathologische Forschungen» (ab 1908) wurde bereits durch den

Präsidenten Jung herausgegeben. Das neu zu schaffende «Zentralblatt für Psychoanalyse» sollte daher in Wiener Händen verbleiben, mit Alfred Adler und Wilhelm Stekel als dessen Schriftleiter. Als Genugtuung reichte ihnen diese Kompetenzverteilung offensichtlich nicht aus. Die Spannungen, die teils persönlicher Art waren, teils in einer Gegensätzlichkeit bei der Einschätzung des Sexuellen und des Unbewußten begründet lagen, wollten sich nicht auflösen. Die Trennung innerhalb der Wiener Vereinigung konnte somit nicht lange auf sich warten lassen.

Internationale Anerkennung

Was die Tendenz zur Internationalität betrifft, so hatte Freud durchaus gute Gründe, C. G. Jung an seine Seite zu stellen und ihn mit der Leitung der Internationalen Vereinigung zu betrauen. Viele blickten zuversichtlich auf diese beiden Männer, nicht zuletzt dank des uneigennützigen Eintretens von Jung für die Entdeckungen Freuds. Ihren ersten sichtbaren Ausdruck fand dies durch eine Einladung, die beide in die Vereinigten Staaten erhielten, um dort im Jahre 1909 an der Clark University in Worcester (Mass.) Vorlesungen über Psychoanalyse zu halten. Wie den anschaulichen Berichten zu entnehmen ist, die C. G. Jung aufgezeichnet hat, handelte es sich nicht etwa nur um ein beiläufiges Programm im universitären Geschehen der gerade erst zwanzig Jahre alten Universität. Die Gäste aus Europa waren vielmehr in das gesellige Leben ihrer Gastgeber hineingenommen und genossen – jeder auf seine Weise[43] – den ereignisreichen Aufenthalt. Die Freudsche Lehre hatte bei namhaften Gelehrten der USA großes Interesse erweckt, unter ihnen bei Stanley Hall, dem Präsidenten der Hochschule. Einige Jahre zuvor hatte der durch sein Werk «Die Vielfalt religiöser Erfahrung» auch auf dem Kontinent bekannte Religionspsychologe William James (1842–1910) auf Sigmund

Freuds Entdeckungen aufmerksam gemacht. Und es war gewiß eine glückliche Stunde, daß die für ihre Prüderie bekannten Amerikaner der Neuengland-Staaten die Freudsche Sexualtheorie nicht als allzu anstößig empfanden. Freud hat das selbst in seinen Schilderungen zur Geschichte der Bewegung mit Genugtuung festgehalten.

Für die Ausbreitung der Psychoanalyse in der westlichen Welt bedeutete die USA-Reise eine wichtige Etappe. Wie das Gruppenfoto mit Stanley Hall in der Mitte (S. 122) zeigt, konnten drei andere Psychoanalytiker der Anfangszeit das Geschehen aus eigenem Erleben bezeugen: A. A. Brill, Ernest Jones und Sandor Ferenczi – keiner jedoch aus der Wiener Gruppe. Sie hatte sich mit der Tatsache als solcher abzufinden. Die nachfolgenden psychoanalytischen Kongresse sind jedoch jeweils im Kontext des sich weltweit anbahnenden Interesses zu sehen. Im Rahmen der Internationalen Psychoanalytischen Vereinigung konnten sich nun örtliche Arbeitszentren bilden. Landesgesellschaften konstituierten sich, angefangen mit Wien, Zürich, Budapest und Berlin. Hinzu kamen Ortsgruppen in München, London und New York. Eine zweite amerikanische Gruppe faßte die über verschiedene Bundesstaaten verstreut lebenden Psychoanalytiker zusammen.

Auch die psychoanalytische Fachpresse begann zu florieren. Zu den Organen, die sich im engeren Sinn des Wortes mit Grund- und Praxisfragen auseinandersetzten, trat ab 1912 «Imago» hinzu. Diese von Hanns Sachs und Otto Rank aufgrund ihrer speziellen persönlichen Interessen redigierte Zeitschrift widmete sich ausschließlich der Anwendung der Psychoanalyse auf den Gebieten der Geisteswissenschaften. Sie legte unter anderem Studien zur psychoanalytischen Literaturinterpretation vor. Auf diese Weise konnte auch einem weitergesteckten Interessentenkreis veranschaulicht werden, inwiefern die unbewußte Psyche im künstlerischen und literarischen

Schaffen mitspielt, indem sie die kreativen Kräfte der Phantasie und der Formgebung beflügelt.

Die mehrfach erwähnten Kongresse – 1908 in Salzburg, 1910 in Nürnberg, 1911 in Weimar, 1913 in München – waren einerseits Gradmesser des in Gang kommenden internen gesellschaftlichen Prozesses mit seinen Licht- und Schattenseiten; andererseits lenkten sie das öffentliche Interesse auf die von Freud initiierte Methode der Tiefenpsychologie. Daß der «Schatten», die Dunkelseite des Menschlichen, zur Ganzheit der Person hinzugehört und daß im psychoanalytischen Geschehen beim Patienten Widerstände entstehen, die sich gegen den entwickeln, der um die Heilung bemüht ist, waren Tatbestände, über die keiner besser Bescheid wußte als Freud selbst.

Dennoch scheint er nicht mit der Möglichkeit gerechnet zu haben, daß das in der therapeutischen Praxis Beobachtete auch auf seine engsten Mitarbeiter in ihrer Beziehung zu ihm und zur Psychoanalyse anwendbar ist. Gemeint ist das Potential divergierender Kräfte, die gleichwohl neue Sichtweisen eröffneten, von den orthodoxen Analytikern, von Freud selbst, unter dem Zeichen der abzuwehrenden Gegnerschaft gesehen wurden. In seinen Ausführungen zur Geschichte der Bewegung kommt er auf diesen Sachverhalt zu sprechen. Was ihm 1910/11 bzw. 1913 aus Kreisen der Anhängerschaft an Widerständen entgegentrat, mußte verkraftet werden. Einmal ließ er durchblicken, mit den äußeren Gegnern werde er schon allein fertig; am meisten Mühe machten ihm diejenigen, die sich als Parteigänger und Freunde bei ihm eingeführt hätten, dann aber eigene Wege gegangen seien. Sie seien es, die Irritationen erzeugt hätten:

«Die Enttäuschung, welche sie mir bereiteten, wäre zu vermeiden gewesen, wenn man besser auf die Vorgänge bei den in analytischer Behandlung Stehenden geachtet hätte. Ich verstand es nämlich sehr wohl, daß jemand bei der ersten Annäherung an die unliebsamen analytischen Wahrheiten die Flucht ergreifen kann, hatte auch selbst immer behauptet, daß eines jeden Verständnis durch seine eigenen Verdrängungen aufgehalten wird (respektive durch die sie erhaltenden Widerstände), so daß er in seinem Verhältnis zur Analyse nicht über einen bestimmten Punkt hinauskommt. Aber ich hatte es nicht erwartet, daß jemand, der die Analyse bis zu einer gewissen Tiefe verstanden hat, auf sein Verständnis wieder verzichten, es verlieren könne. Und doch hatte die tägliche Erfahrung an den Kranken gezeigt, daß die totale Reflexion der analytischen Erkenntnisse von jeder tieferen Schicht her erfolgen kann, an welcher sich ein besonders starker Widerstand vorfindet; hat man bei einem solchen Kranken durch mühevolle Arbeit erreicht, daß er Stücke des analytischen Wissens begriffen hat und wie seinen eigenen Besitz handhabt, so kann man an ihm doch erfahren, daß er unter der Herrschaft des nächsten Widerstandes alles Erlernte in den Wind schlägt und sich wehrt wie in seinen schönsten Neulingstagen. Ich hatte zu lernen, daß es bei Psychoanalytikern ebenso gehen kann wie bei den Kranken in der Analyse...»[44]

Wie diesem Bericht zu entnehmen ist, verbindet Freud sein Eingeständnis mit einem doppelten Seitenhieb auf seine einstigen Schüler bzw. Gefolgsleute. Er vergleicht sie mit «Kranken», und er unterstellt ihnen, sie hätten zwar die Analyse «bis zu einer gewissen Tiefe verstanden», dann jedoch «alles Erlernte» in den Wind geschlagen. Und undankbar seien «solche Kranken» auch, gemessen an der «mühevollen Arbeit», die ihr Arzt – eben Freud – auf sie verwendet habe...

Dieses Eingeständnis des Gründervaters machte es ihm nicht leichter, die Abwanderung zweier hoffnungsvoller, jedoch für die Psychoanalyse «verlorener Söhne» als eine unumkehrbare Tatsache hinzunehmen und in seinem geschichtlichen Rückblick als «Abfallbewegungen» zu beschreiben bzw. ihnen kämpferisch zu erwidern. Es handelt sich speziell um Alfred Adler und C. G. Jung, zwei wichtige Exponenten der modernen Tiefenpsychologie. Deren eigenständige Lebensleistung ist zweifellos viel zu bedeutend und durch eigenes geistiges Profil ausgestattet, als daß sie lediglich als opponierende Schüler Sigmund Freuds definiert werden könnten, wie es immer wieder geschieht.

Alfred Adler und die Begründung der Individualpsychologie

Oft bedient man sich der vereinfachenden Redeweise und spricht von Freud und seinen (abtrünnigen) «Schülern». Diese Formulierung entspricht nur in einem sehr begrenzten Sinn den Tatsachen. Wohl trifft es zu, daß Freud als Dozent wie als erfahrener Praktiker die in jeder Hinsicht normensetzende psychoanalytische Autorität verkörpert. An ihr konnte niemand vorbei, der sich zu Beginn des Jahrhunderts mit der Tiefenpsychologie vertraut machen wollte. Es fehlte auch nicht an Bewunderern, die sich ihrem Lehrmeister gegenüber als abhängig (im Sinne einer Dankesschuld für empfangene Hilfeleistung) empfanden, insbesondere wenn sie auch als Ärzte eine analytische Behandlung von ihm in Anspruch nahmen. Letzteres war beispielsweise bei Wilhelm Stekel der Fall, der die Anregung zur Bildung der Mittwoch-Gesellschaft gegeben hatte.

Anders lag der Fall bei Alfred Adler (1870–1937). Er hatte nie die akademischen Vorlesungen des Professors besucht. Daß er seiner Einladung in den Wiener Kollegenzirkel gefolgt ist, mag durch seine Freundschaft mit Stekel mitbestimmt gewesen sein. An Freuds Verdienst um die Grundlegung einer Wissenschaft von der Seele zweifelte er nicht. Er gehörte ohnehin zu den ersten Wiener Ärzten, die seine Bedeutung klar erkannten. Die Absicht, lebenslang in seinem Schatten zu stehen, hegte er dagegen nicht. Er soll ihm das einmal persönlich gestanden haben, und sei es scherzweise. Legten andere großen Wert darauf, bei Freud eine Lehranalyse zu durchlaufen, so verzichtete Adler selbst darauf. Somit konnte er später auch nicht als «abtrünniger Schüler» bezeichnet werden, als den man ihn vielfach abstempelte. Eher wird das Gegenteil bezeugt. Bei den Diskussionsabenden kam es gelegentlich vor, daß er Freuds Ausführungen in Einzelheiten widersprach. Darin fand er offensichtlich durchaus nicht den Beifall der übrigen Kollegen, vor allem wenn es ihnen nicht gegeben war, mit sachlichen Argumenten zu dienen. Bei Freud erzeugten kritische Einstellungen alsbald Argwohn. Der erste zu sein und auf seinem Feld der Forschung Priorität beanspruchen zu können, wollte er anerkannt wissen. Auch in Detailfragen waren ihm kritische Anmerkungen zuwider. Dabei schätzte er Adlers Intelligenz

Alfred Adler.

durchaus. Es lag ihm aber auch viel daran, daß seine Kompetenz nicht in Zweifel gezogen würde. Daher mußte er möglichst bald herausfinden, mit welcher Opposition er bei dem 14 Jahre jüngeren Kollegen zu rechnen hatte. Und weil er in jedem Fall die offene Auseinandersetzung vorzog, forderte er ihn auf, seine Position darzustellen. Adler ging darauf ein, indem er in einigen Abendvorträgen unter dem Thema: «Zur Kritik der Freudschen Sexualtheorie des Seelenlebens» Stellung bezog. Das Ergebnis kam bei den Zuhörern so an, daß Freuds Getreueste für ihren Meister Partei ergriffen und auf die Unvereinbarkeit der Adlerschen Darlegungen mit den Grundlagen der Psychoanalyse hinwiesen. Nun hatte Adler nicht nur (gemeinsam mit Stekel) die Redaktion des «Zentralblattes für Psychoanalyse» inne. Er stand auch der Wiener Vereinigung vor. Für Adler gab es somit keine andere Wahl, als seine Ämter zu Verfügung zu stellen und sich von den Analytikern der ersten Stunde, von Freud selbst, zu trennen. Es dürfte immerhin erstaunen, wie plötzlich dies geschah.

Zusammen mit einigen Gesinnungsfreunden gründete er 1912 den «Verein für freie Psychoanalyse», der sich wenig später als «Verein für Individualpsychologie» bezeichnete. Damit war neben die bisherige Psychoanalytische Vereinigung eine erste Alternativ-Bewegung getreten. Beide Gruppierungen legten fortan Wert auf strikte Trennung. Man mußte sich entscheiden, ob man sich der Mehrheit unter Sigmund Freud oder der Minderheit unter Alfred Adler anschließen wollte.

Aus heutiger Sicht mutet es eigenartig an, mit welcher Unversöhnlichkeit der Streit ausgetragen wurde, der doch in erster Linie einer Kontroverse entsprach, die der sachlichen Diskussion bedurft hätte. Gleichzeitig gingen zum Teil seit langem bestehende Freundschaften zu Bruch. Ehefrauen, die vom psychoanalytischen Meinungsstreit ihrer Männer kaum berührt waren, gingen einander aus dem Weg, als seien sie persönlich

Oskar Pfister, evangelischer Theologe und Freud nahestehender Psychoanalytiker in Zürich.

verletzt worden. Freud selbst faßte diese erste Trennung als das Ergebnis eines notwendigen Klärungsprozesses auf, obgleich er die fachlichen Qualitäten Adlers nicht in Abrede stellen konnte. Er zog einen endgültigen Schlußstrich gegenüber einem Kollegen, dem er noch nachträglich attestierte: «Ich hatte viele Jahre hindurch Gelegenheit, Dr. Adler zu studieren, und habe ihm das Zeugnis eines bedeutenden, insbesondere eines spekulativ veranlagten Kopfes nie versagt...»[45]

Doch das ist nur die eine Seite der Medaille. Seine Mißbilligung bezog sich u. a. auf Adlers «geringe Begabung für die Würdigung des unbewußten Materials». Wie Freud über den als gefährlich empfundenen Renegaten dachte, kann man einem Brief an Oskar Pfister entnehmen. Mit dem befreundeten Zürcher Pfarrer, Pädagogen und Analytiker tauschte sich Freud vornehmlich über theologische Fragen aus. Unter dem 26. Februar 1911 schreibt er nach Zürich:

«In Wien hat es eine kleine Krise gegeben, von der ich Jung noch nichts mitgeteilt habe. Adler und Stekel haben demissioniert, und ich werde mich nächsten Mittwoch zum Vorsitzenden wählen lassen... Adlers Theorien gingen zu weit vom rechten Weg ab, es war Zeit, dagegen Front zu machen. Er vergißt das Wort des Apostels Paulus, dessen genauen Wortlaut Sie besser kennen als ich: ‹Und hättet ihr der Liebe nicht...› Er hat sich ein Weltsystem ohne Liebe geschaffen, und ich bin dabei, die Rache der beleidigten Göttin Libido an ihm zu vollziehen. Ich habe mir gewiß immer vorgesetzt, tolerant zu sein und keine Autorität auszuüben; in der Wirklichkeit geht es dann nicht...»[46]

Die «beleidigte Göttin Libido»

Sieht man einmal davon ab, daß die von Paulus gemeinte Liebe (agape) mit der von Freud in Anspruch genommenen (libido) schwerlich in Deckung zu bringen sein dürfte, so ist die Wortwahl kennzeichnend: Adler sei «vom rechten Weg» abgewichen, er habe sich «ein Weltsystem ohne Liebe» geschaffen. Dergleichen erinnert an das Vokabular eines religiösen Ketzerrichters. Diesen Eindruck gewannen schon Zeitgenossen, wenn sie Freud als Oberhaupt einer «Kirche» bezeichneten, der Adler der Häresie überführt, ihn in den Bann getan und aus der offiziellen Kirche hinausgeworfen habe...[47]

Nun wird man sich gewiß vor allzu griffigen Analogien hüten sollen, die ihrerseits dazu verleiten, Psychoanalyse mit dem gängigen Terminus einer «modernen Ersatzreligion» zu belegen. Auch dazu besteht theologischer- bzw. kirchlicherseits eine gewisse Neigung, gibt man doch zu bedenken, wie sich die Beichtstühle und die Stuben der beamteten «Seelsorger» leeren, während sich die Terminkalender der Analytiker – jene mit oder ohne Couch – füllen. Die Kompetenzen haben sich merklich verlagert. Sollte auf diese Weise eine «Kirche» durch eine andere «verdrängt» worden sein? Was für eine Verdrängung!

Tatsache ist, daß Freud nicht nur eine Behandlungsmethode entwickelt hat, die einen Zugang zum Unbewußten zu erschließen vermag. Er hat aus der Psychoanalyse vor allem eine organisatorisch durchgeformte Bewegung gemacht, der man sich nicht allein durch eine theoretisch-praktische Ausbildung anschließen kann. Die obligatorische Lehranalyse stellt geradezu eine Initiation dar, durch die die Auszubildenden Einblicke in ihr Innerstes gewähren, nämlich in die Intimitäten ihres Herkommens, ihres Erlebens, ihrer sonst unausgesprochen bleibenden Neigungen und Strebungen. Henry F. Ellenberger hat diese eigentümliche an antike Mysterienvereine erinnernde Schulbildung als «die auffallendste Neuerung Freuds» bezeichnet, eine «Wiederbelebung des griechisch-römischen Typus der Philosophenschule» nach Art der Pythagoräer, Stoiker oder Epikuräer und somit «ein bemerkenswertes Ereignis in der modernen Kulturgeschichte».[48]

Aber statt weitere mögliche Parallelen zu ziehen zwischen mysterien- bzw. kirchengeschichtlichen Vorgängen auf der einen und der Frühgeschichte der Psychoanalyse auf der anderen Seite, empfiehlt es sich mit Blick auf Adler, nach den Fakten zu fragen, etwa: Was ist unter der in jenen Tagen entstandenen Individualpsychologie zu verstehen, und wer war ihr Begründer?

Alfred Adler, Sohn einer jüdischen Kaufmannsfamilie, ist 1870 in Wien geboren. Er wuchs in kleinbürgerlichen Verhältnissen auf. Der familiären Situation gemäß verbrachte er die ersten Lebensjahre in einer von Armut gezeichneten Vorstadt. Diese Tatsache war für ihn ebenso prägend wie eine rachitische Erkrankung und deren Begleiterscheinungen. Er litt in der Kindheit z. B. an Stimmritzkrämpfen und nächtlichen Erstickungsanfällen. Indem der Junge lernte, sich den kräftigeren

Kameraden anzugleichen, also seine körperliche «Minderwertigkeit» zu überwinden, entwickelte er gleichzeitig ein Gefühl für Schwächere. Als einer, der in jungen Jahren immer wieder ärztliche Hilfe nötig hatte, empfing er von daher die entscheidende Motivation für seine Berufswahl. Er wollte selbst Arzt werden.

Adler studierte Medizin und erlangte 1895 das Doktorat. Zwei Jahre später heiratete er die Tochter eines russischen Kaufmanns. Sie war als Studentin aus Moskau in die Donaumetropole gekommen. Der Neunundzwanzigjährige begann 1899 mit seiner Allgemeinpraxis in der Nähe des Wiener Praters, einem Arme-Leute-Viertel. Der frühen Prägung entsprach nicht nur seine ärztliche Tätigkeit. Die damit verbundenen Erfahrungen schlugen sich auch in seinen ersten fachlichen Veröffentlichungen nieder. Eine sozialmedizinische Schrift des jungen Arztes trug den Titel «Gesundheitsbuch für das Schneidergewerbe» (1898). Sein Interesse an pädagogischen Fragen drückt sich in «Der Arzt als Erzieher» (1904) aus. Aus eigenem Erleben sensibilisiert für die Lage der Nichtprivilegierten und gesellschaftlich Benachteiligten, wurde Alfred Adler ein Therapeut, der diesen Aspekt zeitlebens im Bewußtsein behielt, auch nachdem er längst das Vorstadtmilieu verlassen hatte und ähnlich wie Freud gutbetuchte Bürger zu seiner Klientel zählen konnte. Aber durch diese Achtsamkeit auf die zwischenmenschlichen und gesellschaftlichen Bezüge war seinen späteren psychotherapeutischen Bemühungen die Richtung gewiesen, als er um 1900 mit den Arbeiten Freuds und mit dem Begründer der Psychoanalyse persönlich bekannt wurde. Sie erweckten seine Aufmerksamkeit, auch wenn es, wie angedeutet, nicht im strengen Sinn des Wortes zu einer Schülerschaft unter S. Freud kam.

Die unterschiedliche Betrachtung des leidenden Menschen bei beiden Männern springt ins Auge. Vereinfacht ausgedrückt könnte man sagen: bei Freud das Bestreben, Einblicke zu gewinnen in die Triebstruktur der menschlichen Psyche, d.h. der Einzelperson in ihrem familiären Verflochtensein; bei Adler hingegen das stärkere Interesse an den zwischenmenschlichen Beziehungen, das Bedingtsein der menschlichen Existenz durch gesellschaftliche und wirtschaftliche Verhältnisse. Oder von einem anderen Gesichtspunkt aus betrachtet: Es liegt im Wesen des Freudschen Konzepts, den Blick auf die Vergangenheit zu richten, auf die frühen Prägungen und Verletzungen (Traumata), die sich noch Jahrzehnte später in charakteristischen psychosomatischen Erkrankungen äußern können. Adlers Blickrichtung bezog das Gegenwärtige und vor allem das Zukünftige ein; daher bei ihm die Verbindung des Psychischen mit dem pädagogischen Faktor. Daraus spricht die Zuversicht, daß der Mensch nicht allein durch seine Kindheitserlebnisse festgelegt ist; er ist veränderbar. Vor allem kann er an diesem Prozeß eines inneren Wachstums selbst mitwirken.

Bedenkt man dies, dann kommt ein komplementäres Moment ins Spiel. Beide Sichtweisen schließen einander nicht grundsätzlich aus; sie sollten sich gerade in der Psychotherapie ergänzen, zum Nutzen des nach Heilung und Ganzwerdung verlangenden Patienten. Dies zu erkennen bedürfte einer synoptischen, d. h. auf Zusammenschau gerichteten Bemühung. Die Pioniere des einen oder des anderen Ansatzes sind dazu meist nicht in der Lage, solange sie damit beschäftigt sind, sich auf die Ausarbeitung ihrer speziellen These zu konzentrieren. Und ihre Schüler (miß)verstehen sich allzuoft als die Hüter der überkommenen «reinen» Lehre ihres Meisters, wodurch sie den geforderten geistigen Brückenschlag zwischen den Lehrmeinungen versäumen und in den theoretischen wie praktischen Einseitigkeiten verharren, die sie vorgefunden haben. Sogenannte Abweichler müssen es sich gefallenlassen, als «Gegner» eingestuft und abgeschrieben zu werden, eine Beobachtung, die nicht allein in der Psychoanalyse zu machen ist. Wie sieht nun das von der orthodoxen Lehre Freuds abweichende Konzept aus, wie es sich in den ersten Arbeiten Adlers darstellt?

Alfred Adler profiliert sich

Als eine der ersten Veröffentlichungen Alfred Adlers, der etwas über Grundlinien seiner Psychologie entnommen werden kann, gilt der Aufsatz «Der Arzt als Erzieher» aus dem Jahre 1904, also nachdem der Verfasser bereits zum Kreis der Mittwoch-Gesellschaft gehört hat. Darin stimmt er mit Freud hinsichtlich der Sexualtheorie grundsätzlich überein, «daß die Sexualität in frühester Kindheit bereits vorhanden ist», folglich entsprechende Konsequenzen für die Erziehung gezogen werden müssen. Und doch war nach Adler bei weitem nicht nur darauf die alleinige Aufmerksamkeit zu richten, weil nicht die menschliche Triebstruktur, sondern die Individualität im Zentrum des Menschen zu stehen habe. Diese auf die Entfaltung der «Individualpsychologie» gerichtete Betrachtungsweise konnte erst nach und nach Gestalt gewinnen. Versucht man sich deutlich zu machen, zu welchen Folgerungen Adler hierbei kommt, stößt man auf Einsichten, die für die Zeit vor dem Ersten Weltkrieg als vorausschauend und bahnbrechend angesehen werden können. Demnach kann nur eine auf Liebe und Zuwendung gegründete Beziehung zum Kind jenes Selbstvertrauen erzeugen, das ein heranwachsender Mensch nötig hat, um er selbst zu werden, sich mutig und zuversichtlich zum Leben zu stellen. Daher ist es «unter gar keinen Umständen» vertretbar, durch Drohung oder durch Anwendung irgendeiner Form der Gewalt Furcht zu erzeugen, zumal Angstzustände ihrerseits einem aggressiven Verhalten Vorschub leisten, im individuellen wie im kollektiven bzw. gesellschaftlichen Leben. Insofern lassen sich die positiven wie die negativen Einstellungen bis in die großen politischen Zusammenhänge hinein verfolgen. Zu respektieren und zu hegen ist in jedem Fall das Freiheitsbedürfnis eines jeden Menschen. Das alles sind Gesichtspunkte, die Adlers Prinzipien bestimmen, die nach Schilderung derer, die ihn näher gekannt haben, in seiner Wesensart angelegt waren.

Diese auf die unmittelbare Praxis bezogenen Grundsätze haben einen theoretischen Hintergrund. Adler hat ihn in seiner «Studie über Minderwertigkeit von Organen» (1907) erstmals in systematischer Darstellung offengelegt. Basis und Ausgangspunkt seiner Lehre stellt die Entdeckung dar, daß gemäß dem Titel seines Buches «Minderwertigkeiten» zu beobachten sind, die sich in bestimmter Weise ausdrücken. Wie man sieht, bewegt sich Adler hier in den Grenzbereichen von Biologie bzw. Physiologie und Psychologie. In Erscheinung treten allerlei Minderwertigkeiten in Gestalt von Schwächen, Anfälligkeiten, Funktionsstörungen und dergleichen. Es kann sich um körperliche Mängel handeln, die sich auf ein Sinnesorgan, Auge oder Ohr, auf ein inneres Organ, Herz oder Lunge, kurz: auf einen Körperteil gleich welcher Art beziehen können und das Leben in schicksalhafter Weise beeinträchtigen.

In dem gemeinsam mit Carl Furtmüller herausgegebenen Band «Heilen und Bilden» (1913) beschreibt Adler Minderwertigkeit als «das unfertige, in der Entwicklung zurückgebliebene, im ganzen oder in einzelnen Teilen in seinem Wachstum gehemmte oder veränderte Organ. Das Schicksal dieser minderwertigen Organe, der Sinnesorgane, des Ernährungsapparates, Atmungstraktes, Drüsen-, Harn-, Genitalapparates, der Zirkulationsorgane und des Nervensystems, ist ein ungemein wechselndes. Beim Eintritt ins Leben, oft nur auf kindlicher Stufe, ist diese Minderwertigkeit nachzuweisen und zu erschließen. Die Entwicklung und die Reizquellen des Lebens drängen auf Überwindung der Äußerungen dieser Minderwertigkeit, so daß als Ausgänge ungefähr folgende Stadien mit allen möglichen Zwischenstufen resultieren: Lebensunfähigkeit, Anomalien der Gestalt, der Funktion, Widerstandsunfähigkeit und Krankheitsanlagen, Kompensation (Ausgleichung) im Organ, Kompensation durch ein zweites Organ, durch den psychischen Überbau, Überkompensation im Organischen oder Psychischen.»[49]

Solche «Minderwertigkeitsgefühle» verlangen in der Tat nach Ausgleich, nach Kompensation bzw. nach Überkompensation. Eine häufig auftretende Kompensationsform ist die leidvoll erlebte Neurose. Der leidende Mensch ist natürlicherweise bestrebt, seine Vollwertigkeit in der ihm möglich erscheinenden Form wiederherzustellen. Das ist oft mit außergewöhnlichen Anstrengungen verbunden. Man erinnere sich: Adler hatte selbst die erlittenen Mängelerscheinungen seiner Kindheit (u. a. Rachitis) so zu überwinden, daß er mit seinen kräftigeren, relativ unbelasteten Kameraden mithalten konnte. Insofern gründet seine Theorie auf Eigenerfahrungen. Sie besagen, daß eine «Organminderwertigkeit» zwar krankmachende Unterlegenheitsgefühle wecken kann, aber nicht muß. Sie muß es dann nicht, wenn es gelingt, etwa dank Ermutigung durch die Erzieher und eigener Anstrengung, zu einem selbstbewußten Handeln zu gelangen, d. h. den Schwachpunkt auf gesunde Weise zu kompensieren und einen Ausgleich herzustellen.

Was die in der Lehre Freuds so stark in den Vordergrund gerückte infantile Sexualität anlangt, so erkannte Adler diese zwar prinzipiell an. In der Auseinandersetzung mit den Wiener Psychoanalytikern hob er aber hervor, daß hinter all dem, was man als «sexuell» bezeichnen könne, etwas sehr viel Bedeutsameres stehe, nämlich «der männliche Protest». Freud und seine Anhänger hielten hier und an anderer Stelle entgegen, Adler gehöre zu denen, die Psychoanalyse – unnötigerweise – nochmals begründen wollten, indem sie das bereits Entdeckte und terminologisch Gekennzeichnete nur mit neuen Bezeichnungen versehen. So sei Adlers Terminus «männlicher Protest» im Grunde dasselbe wie die sehr viel zweckmäßigere Bezeichnung «Verdrängung». Adler entgegnete, seine Darlegungen laufen darauf hinaus, Verdrängung lediglich als «eine Teilwirkung des männlichen Protestes» verständlich zu machen. So sei auch der sogenannte Ödipus-Komplex, gemäß dem das Kind den gegengeschlechtlichen Elternteil liebt, den gleichgeschlechtlichen hingegen haßt, ebenfalls als «Teilphänomen eines größeren psychischen Dynamismus, als Phase des männlichen Protestes» aufzufassen. Die bisherige psychoanalytische Konzeption fasse das Phänomen zu kurz; sie reduziere es, speziell durch die sexuelle Note.

Läßt man einmal beiseite, daß Freud gegenüber Adler hinsichtlich der Präzisierung seiner Begriffe im Vorteil war, dann ist andererseits nicht leicht einzusehen, weshalb die orthodoxen Psychoanalytiker dem vermeintlichen «Abweichler» mit solcher Vehemenz entgegentraten. Adler hatte es eben gewagt, mit der Sexualpsychologie einen Grundstein des Freudschen Konzepts in Frage zu stellen: «Nicht Lust, sondern Sicherheit, Geltung und Macht wurden nun zum Hauptziel der psychischen Aktivität erklärt. Sowohl Normale als auch Neurotiker leiden unter einem drückenden Gefühl der Minderwertigkeit, das biologische, pädagogische, soziale und kulturelle Gründe haben kann. Aus dem in der Kindheit besonders schmerzlich empfundenen Unsicherheitsstreben... strebt das Kind nach Vollwertigkeit und Überwertigkeit. In glücklichen Fällen werden hierbei soziale Kompensationsbestrebungen (Gemeinschaftsgefühl) eingeleitet. Sie führen meist zur wirklichen Beruhigung und Sicherung, da sie eine soziale Einfügung des Individuums ermöglichen... Bei übermäßiger Belastung des Kindes, aber auch bei irrtümlicher Verarbeitung der Schicksalskomponenten wird das Kind zum ‹Ausweicher›; es erhebt den ‹männlichen Protest›, es will unter Ausschaltung gemeinschaftlicher Bindungen ‹ein ganzer Mann werden›. Darum können Neurose, Psychopathie, Psychose, Delinquenz, Perversion usw. erwachsen...»[50]

Mit anderen Worten heißt das: Vom theoretischen Ansatz Adlers her betrachtet, bedarf es gar nicht der «anrüchigen» Sexualbefunde Freuds. Sie seien geradezu geeignet, den Patienten ebenso wie seinen Therapeuten zu täuschen, insofern sie Fakten und Beziehungsverhältnisse behaupten, die nicht bestehen, sondern als Verstehens- bzw. Mißdeutungsmuster unterlegt werden. Schon an dieser Stelle gewinnt man den Eindruck, daß Adler mit seiner Individualpsychologie eine Alternative zur Psychoanalyse darstellen will. Die eine ist mit der anderen nicht ohne weiteres in Einklang zu bringen.

Der Trieb und das Ich

Diese Gegensätzlichkeit beider Lehren, die gleichwohl einen Ausgleich verlangt, stellt ein interessantes Problem dar, das später C. G. Jung im Rahmen seiner Untersuchungen zum Typenproblem in der Geistesgeschichte als eine Frage der Begegnung zweier unterschiedlicher Charaktere gesehen hat. Es sind zwei unterschiedliche Positionen, die weitgehend inkommensurabel erscheinen: bei Freud der *Trieb* als ein im Grunde unpersönliches biologisches Phänomen. Seine darauf basierende Psychologie vernachlässigt das *Ich*, das Adler in der bezeichneten Weise in den Blick faßt. «Solange die Unterscheidung zwischen Trieb- und Ich-Psychologie nicht anerkannt ist, solange muß natürlich die eine wie die andere Seite ihre Theorie für allgemeingültig halten...»[51] Das aber verursacht den Streit, der die Gesellschaft in Rechtgläubige und Häretiker aufspaltet. Unnötig zu sagen, daß die Typenfrage nicht allein Unterschiede betrifft, die auf der Ebene der Theoriebildung liegen.

So wird mit guten Gründen auf die Divergenzen in Charakterstruktur und Persönlichkeitsprägung verwiesen, wie sie bei den beiden Wiener Analytikern vorliegen. Josef Rattner verweist auf eine entschiedene Abweichung hin. Er charakterisiert Adler als einen sehr umgänglichen Menschen, kontaktfreudig und antiautoritär eingestellt. «Er liebte humorvolle Gespräche, und ein Teil seiner Theorien wurde im Kaffeehaus-Geplauder mit seinen Schülern entwickelt. Man kann Adler einen Optimisten und Menschenfreund nennen. Wissenwollen war bei ihm dem Helfenwollen gleichgestellt, indes Freud nach eigener Aussage viel mehr vom Erkenntnisstreben als vom therapeutischen Ethos geleitet war. Adler gab sich unprätentiös, im alltäglichen Leben wie in seinen Schriften: Er hatte nicht den Ehrgeiz, als Intellektueller zu brillieren. Freud hingegen ist voll intellektualistischer Energie; seine aufeinanderfolgenden Theorien überbieten sich an Kompliziertheit und Undurchschaubarkeit. Adlers Schlichtheit in der Diktion trug ihm den Tadel der Simplizität ein. Jedermann glaubte ihn verstehen und damit auch beurteilen zu können. Indes Freud starrsinnig und kämpferisch war und auch den Konflikt mit Religion und Moral nicht fürchtete (sondern geradezu suchte), war Adler in Gefahr, allzu versöhnlich zu sein und schließlich jedermann ‹eine goldene Brücke› zu bauen. Adler war menschlicher als Freud; Freud war gelehrter als Adler. Groß waren beide in ihrer Art; Freud war vielleicht klüger als Adler, Adler weiser als Freud...»[52]

Statt an dieser Stelle in der gegenüberstellenden Charakterisierung fortzufahren, sei noch auf den geistesgeschichtlichen Hintergrund hingewiesen, von dem Alfred Adler herkam. Anders als Freud lehnte er die vom Materialismus kommenden Vorstellungen ab, wie sie sich beispielsweise in der Anwendung physikalischer Begriffe, im Reden von psychischer Energetik und dergleichen äußern. Er lehnte es auch ab, das «Gesetz» von der Erhaltung der Energie auf die Lebendigkeit der Seele zu übertragen. Wohl orientierte er sich an der zeitgenössischen Evolutionslehre, wie sie von Lamarck und Darwin entworfen worden war. Sie entsprach seinen Beobachtungen, wonach das Leben aus einer ständigen Auseinandersetzung mit der Umwelt resultierte. Sein Theorem von der «Organminderwertigkeit» ließ sich am ehesten an evolutionistische Gedankenbildungen anschließen.

Bedeutsam wurde ihm insbesondere die Lebensphilosophie. Materie und Energie ist hier durch Leben und Wachstum, nicht zuletzt durch Offenheit und Zielgerichtetheit des seelischen Wachstums ersetzt. Unter den Lebensphilosophen wurde ihm daher Friedrich Nietzsche wichtig. Dieser selbsternannte «Seelen-Errater», der nach mehrjähriger geistiger Umnachtung am 25. August 1900 in Weimar gestorben war, erfuhr in der Frühzeit der Psychoanalyse ohnehin eine erste Phase seiner Rezeption, und zwar durch die Analytiker im besonderen. (Die Phrase vom «Willen zur Macht» kam in Umlauf...) Damit ist aber nicht gesagt, daß Adler den «Philosophen mit dem Hammer» ins Psychologische und Pädagogische ungefiltert übertragen hätte.[53] Zwar ist Adlers individualpsychologisches Konzept – oberflächlich betrachtet – dem Nietzscheschen Verständnis von seelischer Wirklichkeit angenähert. Man wird sich jedoch davor hüten müssen, vorschnell Übereinstimmungen oder auch nur Parallelen feststellen zu wollen.

Alfred Adler, der das Minderwertigkeitsgefühl den Grundtatsachen des menschlichen Seelenlebens zurechnet und der für die individuelle Charakterbestimmung wie für das soziale Miteinander daraus entsprechende Folgerungen zieht, geht so weit zu sagen, daß der Mensch dank des Minderwertigkeitsgefühls das Wesen sei, das «ununterbrochen» nach Vervollkommnung seiner Persönlichkeit strebe. Und hatte nicht Nietzsche postuliert: «Du sollst der werden, der du bist?» – Wird das latente

Friedrich Nietzsche verstand sich selbst als «Seelen-Errater».

Sicherheits- und Geltungs- oder Machtstreben empfindlich gestört, dann treten, wie angedeutet, neurotische Symptome auf. So ist es zunächst verständlich, wenn die Adlersche Psychologie bisweilen mit einer Psychologie des Machttriebs, und sei es die eines empfindlich beschnittenen Machttriebs, ja mit einer Psychologie des «Willens zur Macht» gleichgesetzt wird. Damit ist zumindest ein Gleich*laut* mit einigen Formulierungen Nietzsches gegeben. Eine enge Beziehung, wenn nicht die einer Abhängigkeit wird nahegelegt – scheinbar. Aber eine derart kurzschlüssige Reduktion oder Identifikation verfehlt offensichtlich die Wirklichkeit. Einzuräumen ist, daß Adler mit größerer Aufgeschlossenheit das Werk des Philosophen gelesen und von Fall zu Fall auch rezipiert zu haben scheint, als dies für Sigmund Freud zutrifft.

Erhöhung der Persönlichkeit

Nun ist es zweifellos richtig, daß Alfred Adler in der besprochenen Abkehr von der Triebpsychologie Freuds die «Er-

ÜBER DEN
NERVÖSEN CHARAKTER

GRUNDZÜGE
EINER VERGLEICHENDEN INDIVIDUAL-
PSYCHOLOGIE UND PSYCHOTHERAPIE

VON

DR. ALFRED ADLER
WIEN

DRITTE VERMEHRTE AUFLAGE

MÜNCHEN UND WIESBADEN
VERLAG VON J. F. BERGMANN
1922

Titelblatt einer Grundschrift der Individualpsychologie Alfred Adlers.

höhung des Persönlichkeitsgefühls» als die leitende Kraft und als Endzweck der aus dem Minderwertigkeitsgefühl erwachsenden Neurose angesehen hat. Dabei kommt auch ein Machtpotential zur Auswirkung. In seinem Werk «Über den nervösen Charakter» (1912) akzeptiert Adler den «Willen zur Macht» als Ausdrucksform des von ihm untersuchten Strebens. Und bereits in der Einleitung zum theoretischen Teil seines Buches findet sich die Bemerkung: «Diesem Leitgedanken ordnen sich auch Libido, Sexualtrieb und Perversionsneigung, wo immer sie hergekommen sein mögen, ein. Nietzsches ‹Wille zur Macht› und ‹Wille zum Schein› umfassen vieles von unserer Auffassung, die sich wieder in manchen Punkten mit Anschauungen Férés und älterer Autoren berührt...»[54]

So betrachtet ist es nicht sehr verwunderlich, wenn selbst ein Adler-Schüler wie Manès Sperber (1905–1984) von sich sagen konnte: «Als ich, ein leidenschaftlicher Nietzsche-Leser, sich mir immer deutlicher das Bild vom Menschen darbot, wie er es sah, erkannte ich, daß Adler ein Nachfahre des Entlarvungspsychologen Nietzsche war, daß er aber weit über seinen Vorläufer hinausging, und überdies, daß er sich fast in der genau entgegengesetzten Richtung bewegte.»[55]

Daß sich ein solch leidenschaftlicher Nietzsche-Leser in den Kreis um Adler hineinstellt, ist – denkt man an Lou Andreas-Salomé – keine Besonderheit. Und hatte nicht allein *ihr* Sigmund Freud die «Erlaubnis» gegeben, sowohl in seiner Mittwoch-Gesellschaft als auch in Adlers Donnerstag-Zirkel mitzutun? Daß diese «Doppelmitgliedschaft» von sehr begrenzter Dauer war und von Lou zugunsten der Freudianer gelöst wurde, wissen wir bereits.

An Bekenntnissen zu Nietzsche fehlt es bei Adler im übrigen nicht. Das frühe, die gerade vollzogene Trennung von Freud markierende Werk «Über den nervösen Charakter» wurde schon genannt. Es enthält u. a. zahlreiche Hinweise und Anspielungen auf Nietzsche. In dem Sammelband «Heilen und Bilden», in dem er sich u. a. für das intuitive Erfassen der pädagogisch-therapeutischen Aufgabe ausspricht, heißt es einmal: «Wenn ich den Namen Nietzsche nenne, so ist eine der ragenden Säulen unserer Kunst enthüllt. Jeder Künstler, der uns seine Seele schenkt, jeder Philosoph, der uns verstehen läßt, wie er sich geistig des Lebens bemächtigt, jeder Lehrer und Erzieher, der uns fühlen läßt, wie sich in ihm die Welt spiegelt, geben unserem Blick Richtung, unserem Wollen ein Ziel, sind uns die Führer im weiten Land der Seele.»[56]

Zwischenbemerkung: Die Wendung «unsere Kunst» – Adler bedient sich gelegentlich dieser Bezeichnung – dürfte nicht nur als eine beiläufige Ausschmückung gedacht sein. Heute gibt es die Disziplin der «Kunsttherapie», bei der künstlerische Medien dem therapeutischen Geschehen zugeordnet sind. Adler gebraucht diese Bezeichnung aber in einem grundsätzlichen wie in einem praktischen Zusammenhang. Er charakterisiert sich und die von ihm betriebene Psychologie, wenn er Psychotherapie selbst als eine «Kunst» zu begreifen sucht. Es handelt sich eben um einen qualitativ anderen Umgang mit der Seele, wenn der Therapeut eine «künstlerische» Haltung einnimmt, als wenn er eine Psycho-«Technik» anwendet. Techniken lassen sich je nach Geschick erlernen; das Künstlerische bringt hingegen ein Element ins Spiel, das der Verfügbarkeit des «Künstlers» enthoben ist. Was geschehen möge, nämlich die Heilung des unter seinen Minderwertigkeitsgefühlen und körperlichen Belastungen leidenden Menschen, es geschieht, und zwar ganz «ohne Verdienst und Würdigkeit» dessen, der etwas Bestimmtes «machen» will. Alfred Adler war sich dessen bewußt. Er mußte in Kauf nehmen, daß die stärker rational ausgerichteten Kritiker seiner Therapieweise ihr nicht jene wissenschaftliche Wertigkeit zusprachen, die Sigmund Freud für sich und die Psychoanalyse in Anspruch nehmen konnte. Darin mag auch einer der Gründe gelegen haben, weshalb die medizinische Fakultät der Wiener Universität Alfred Adler die akademische Anerkennung in Gestalt einer Habilitierung versagte.

Um zum Verhältnis Adlers zu Nietzsche zurückzukehren, darf man nicht übersehen, daß der Individualpsychologe nicht allein von dem philosophischen «Seelenerrater» her zu bestimmen ist, so oft er auf ihn Bezug genommen haben mag. In seiner Adler-Monographie gibt Josef Rattner daher zu bedenken, «daß ein Großteil seiner Gedankengänge mit der sogenannten Lebensphilosophie parallel läuft, vielleicht auch teilweise aus ihr stammt.»[57] Darunter ist bekanntlich jene philosophische Strömung zu verstehen, die dem Leben den Vorrang vor dem Bewußtsein einräumt und die – vor Bergson, Simmel oder Klages – neben Arthur Schopenhauer eben auch durch Friedrich Nietzsche vertreten worden ist.

Alfred Adler beim Vortrag.

Weshalb läßt sich die Adlersche Position nicht einfach oder ausschließlich durch diejenige Nietzsches bestimmen? – Erstere ist sicher vor einem breiteren und tieferen geistesgeschichtlichen Horizont zu sehen, obwohl Nietzsche darin für Adler eine dominierende Stellung einnimmt. Dies gilt, wenn man sich offenkundigen sachlichen Differenzen zwischen beiden nicht verschließt. «Jedenfalls ist der Wille zur Macht, wie Nietzsche ihn auffaßte, durchaus verschieden von jenem Machtstreben, dem Adler besonders in seiner Neurosenlehre einen großen Platz einräumt. Es besteht kein Zweifel, daß Nietzsche den Willen zur Macht als einen Ausdruck höheren Menschentums, als Mittel und Ziel der Überwindung der Menschlichkeit zugunsten des Übermenschen aufgefaßt hat», ergänzt Manès Sperber.[58]

Entsprechendes zeigt sich sodann bei einem Vergleich der Menschenbilder. Dies wird deutlich, wenn man sieht, wie

Adler den Willen zur Macht nicht etwa als einen Ausfluß von Stärke und Selbstsicherheit betrachtet, sondern wenn er, im Gegensatz dazu, in dieser Nietzscheschen Position «ein aus tiefster Entmutigung und vielerlei Ängsten erflossenes, überkompensatorisches Streben» erblickt, über andere Herrschaft auszuüben, andere die angebliche «Stärke» spüren zu lassen.[59] Nicht andere um irgendwelcher Ziele willen zu beherrschen, sondern Schwächere zu ermutigen, fürs Leben zu ertüchtigen, ist Adlers Intension. So gesehen spricht manches für die Auffassung Sperbers, wonach Adler auch ohne die Kenntnis der Schriften Nietzsches zu seinen psychologischen Einsichten gelangt wäre oder hätte gelangen können. Es wäre ohnehin problematisch, wenn man einen Menschen und sein Werk lediglich aus den Einflüssen und etwaigen literarischen Abhängigkeiten «erklären» wollte.

Noch ein weiterer Gesichtspunkt verdient berücksichtigt zu werden: Gerade die psychologische Fragestellung erfordert es, den Blick im besonderen immer zuerst auf denjenigen Menschen selbst zu richten, der sich für ganz bestimmte Einflüsse offenhält, indem er sie gleichsam als eine Art Grundstoff benützt, um aus ihm das Eigentliche, das Eigentümliche, letztlich das eigene Werk zu formen und auf diese Weise sich selbst zu verwirklichen.

Absage an Nietzsche

So betrachtet, überwiegt Adlers Absage an Nietzsche gegenüber den angeführten zustimmenden Äußerungen. Man muß eben unterscheiden, ob gleichlautende Begriffe verwendet werden oder ob man sich auch die damit verbundene Geisteshaltung, Menschenbild und Ethos zu eigen macht. Und so sehr Henry F. Ellenberger Nietzsches Einfluß auf die Psychiatrie hervorhebt und ihn einmal als die «gemeinsame Quelle Freuds, Adlers und Jungs» bezeichnet, so beachtenswert ist auf der anderen Seite, was Peter Seidmann zu unserem Problem sagt:

«Man könnte sich keine deutlichere Absage an die Preisung und Förderung des Machtwillens als gerade durch Adlers Individualpsychologie denken, die war zunächst scheinbar ähnlich wie Nietzsche das Machtstreben als eine hinter vielen Markierungen und Selbsttäuschungen dynamisch wirkende Bewegung der Seele sieht, es aber als zersetzend und hemmend anklagt und verwirft. So wie Freud dem unbewußten Getriebenwerden durch das Trieb-Werk der Seele die ordnende Entschlossenheit bewußtmachender und bewußthaltender intellektueller Urteilskraft und Besonnenheit entgegensetzte, so sah Adler im Gemeinschaftsgefühl den abwehrenden Damm gegen den Ansturm des Machtstrebens.»[60]

Zwar ging auch Alfred Adler von der Annahme aus, daß es einen psychischen Dualismus gebe – man denke an Freuds Lustprinzip und Realitätsprinzip, an den Liebes- und an den Destruktionstrieb! –, aber in der Individualpsychologie macht sich das Streben nach Ausgleich geltend. Es trägt schon vom Ansatz her menschenfreundliche Züge. Machtstreben und Gemeinschaftsgefühl verlangen nach einer Harmonisierung in Gestalt der Kompensation. Dieser Neigung zur Mitte und zum Ausgleich sucht Adler zu entsprechen, und zwar ganz im Gegensatz zu Nietzsche, «dem der Wille zur Macht den ursprünglichsten und fundamentalsten Lebensinstinkt und die Mittel aller Existenz bedeutet, sah Adler in dem jedem Menschen angeborenen Gemeinschaftsgefühl das Ursprünglichste und Grundlegende im Menschenleben, demgegenüber das Machtstreben eine erst aus dem Minderwertigkeitskomplex hervorquellende seelische Bewegung ist, die das Wesen des Menschen verunstaltet. Denn der Mensch ist für Adlers Individualpsychologie nicht ein Einzelfall des Machtwillens, sondern primär ein Gemeinschaftswesen. Daher mißt sie den einzelnen

Menschen am ‹Idealbild eines Gemeinschaftsmenschen›, das heißt eines Menschen, der ‹die Spielregeln der menschlichen Gesellschaft befolgt›.»[61]

Ganz abgesehen von der offenkundigen Fehldeutung Nietzsches durch die faschistisch-nationalistischen Ideologen und Akteure ist es schließlich nicht verwunderlich, wenn man bei Nietzsche nur die Leitlinien zur ‹Herrenmoral› fand, während Adler und die ihm Geistesverwandten bis in den pädagogischen Vollzug hinein den Weg konsequenter Mitmenschlichkeit gingen. An dieser Mitmenschlichkeit ändert auch die Behauptung Freuds nichts, der seinem abtrünnig gewordenen anfänglichen Gefolgsmann unterstellte, daß das aus dem Adlerschen System hervorgehende «Lebensbild ganz auf dem Aggressionstrieb gegründet» sei und keinen Raum für die Liebe lasse. Letztlich bleibt es dem heutigen Betrachter überlassen zu urteilen, inwiefern dem Gründervater in diesem nicht unwesentlichen Punkt tatsächlich zuzustimmen ist und was für eine «Liebe» hier, welche Liebe dort gemeint ist.

Nicht uninteressant ist es im übrigen zu sehen, wie Freud den von ihm als «insbesondere spekulativer Kopf» apostrophierten Adler nach dessen Demission eingeschätzt hat. In seinen Anmerkungen zur Geschichte der psychoanalytischen Bewegung hat er Alfred Adler einige Seiten des kritischen Rückblicks gewidmet.[62] Ihnen entnimmt man, welche Erwartungen Freud einst in seinen jüngeren Kollegen gesetzt hat. Er hoffte beispielsweise vergebens darauf, Adler würde einen Beitrag zur Aufdeckung der «biologischen Grundlagen der Triebvorgänge» liefern. Seine Studien zur Organminderwertigkeit hielt Freud durchaus für «wertvoll». Weil nun gerade psychologische Entwürfe stets auch daraufhin zu befragen sind, welche persönlichen Motive (unbewußt) mitspielen, meinte Freud, daß der Faktor «Ehrgeiz» bei ihm im Vordergrund gestanden hätte. So wollte er «Züge von unbändiger Prioritätssucht» wahrgenommen haben. Freud, der in dieser Hinsicht recht sensibel reagierte, erinnert in diesem Zusammenhang:

«In der Wiener Psychoanalytischen Vereinigung bekamen wir einmal direkt zu hören, daß er die Priorität für die Gesichtspunkte der ‹Einheit der Neurosen› und der ‹dynamischen Auffassung› derselben für sich beanspruche. Es war eine große Überraschung für mich, da ich immer geglaubt habe, diese beiden Prinzipien seien von mir vertreten worden, ehe ich noch Adler kennengelernt hatte...» Dann die Gesamterscheinung betreffend: «Die Adlersche Theorie war von allem Anfang ein ‹System›, was die Psychoanalyse sorgfältig zu sein vermied. Sie ist auch ein ausgezeichnetes Beispiel einer ‹sekundären Bearbeitung›... Die Adlersche Lehre ist denn auch weniger durch das charakterisiert, was sie behauptet, als durch das, was sie verleugnet; sie besteht demnach aus drei recht ungleichwertigen Elementen, den guten Beiträgen zur Ich-Psychologie, den – überflüssigen, aber zulässigen – Übersetzungen der analytischen Tatsachen in den neuen Jargon und in den Entstellungen und Verdrehungen der letzteren...» Was bei Adler anders genannt wird, sei demnach nicht neu, sondern nur durch einen «neuen Jargon» gekleidet; was aus der Psychoanalyse nicht ableitbar ist, habe im Grunde keinen Wert...
Das abschließende Urteil Freuds, das gleichzeitig einen Eindruck von der Art des wechselseitigen Umgangs im Psychoanalytiker-Kreis vermittelt, kann somit nur lauten: «Die ‹Individualpsychologie› Adlers ist jetzt eine der vielen psychologischen Richtungen, welche der Psychoanalyse gegnerisch sind und deren weitere Entwicklung außerhalb ihres Interesses fällt...»[63]

Auch dieses Votum regt zum Nachdenken an, denn Freud formuliert es 1914, also in einem Zeitpunkt, in dem neben Adler und Stekel gerade auch C. G. Jung seinen Sonderweg eingeschlagen hat; Freud spricht bereits von «vielen» gegnerischen Richtungen. Sodann die nicht weniger erstaunliche Feststellung, die Entwicklung aller dieser Richtungen interessierte die auf die Freudsche Orthodoxie Eingeschworenen nicht mehr...

Daß sich nicht alle diese negative Bewertung zu eigen gemacht haben, sei einem Hinweis C. G. Jungs entnommen, der seinen nach anderer Methodik arbeitenden Kollegen (1930) so charakterisiert hat: «Die Adlersche Schule, die neben Freud emporgewachsen ist, betont vor allem die soziale Seite des seelischen Problems und differenziert sich infolgedessen immer mehr zu einem sozialen Erziehungssystem, das sich nicht nur theoretisch, sondern auch praktisch in allen der Freudschen Richtung wesentlichen Stücken von der ursprünglichen Psychoanalyse unterscheidet, und zwar in solchem Maße, daß mit der Ausnahme gewisser theoretischer Prinzipien die ursprünglichen Berührungspunkte mit der Freudschen Psychologie kaum mehr aufzufinden sind. Adlers sogenannte Individualpsychologie kann deshalb dem Begriff ‹Psychoanalyse› kaum mehr untergeordnet werden. Sie ist ein psychologisches System unabhängigen Charakters, das Bekenntnis eines andern Temperaments und einer andern Weltanschauung. – Keiner, der sich für ‹Psychoanalyse› interessiert und der danach trachtet, einen einigermaßen genügenden Überblick über das Gesamtgebiet der modernen ärztlichen Seelenkunde zu erhalten, sollte es versäumen, die Adlerschen Schriften zu studieren. Er wird daraus die wertvollsten Anregungen schöpfen...»[64]

Diese charakterisierenden anerkennenden Worte Jungs ließen sich schließlich noch durch den Hinweis auf die humanistische Note ergänzen, durch die der Adlersche Ansatz gekennzeichnet ist. Von da aus lassen sich Verbindungslinien zu jenen Nachfahren Freuds ziehen, die je auf ihre Weise die Rücksichtnahme auf das Menschliche für wichtiger hielten als die Rückführung seelischer Tatbestände auf deterministische, schicksalbestimmende Faktoren der Trieb-Energetik. Man denke etwa an Erich Fromm, Viktor E. Frankl u. a. als Vertreter einer Humanistischen Psychologie, von denen noch gesondert zu sprechen ist.

Carl Gustav Jung – «Kronprinz» und Erforscher der Archetypen

«...Ganz nebenbei, warum hat keiner von all den Frommen die Psychoanalyse geschaffen, warum mußte man da auf einen ganz gottlosen Juden warten?»[65]

Diese erstaunte, erstaunliche Frage formuliert Freud (1918) – «ganz nebenbei» in einem Brief an den Zürcher Analytiker Oskar Pfister, einen evangelischen Theologen, der es vorzog, am Wohnsitz Jungs dem Wiener Meister die Treue zu halten. Und alsbald waltet der Zürcher seines Seelsorgeamtes und versichert dem «ganz gottlosen Juden» – gewiß zu dessen Verwunderung: «Ein besserer Christ war nie.» Und warum dies? Weil er erstens kein Jude sei, im übrigen nicht gottlos sein könne, «denn wer für die Wahrheit lebt, lebt für Gott, und wer für die Befreiung der Liebe streitet, bleibt nach Johannes 4,16 ‹in Gott›»[66] – eine gewiß unorthodoxe Begründung, für die mancherlei sprechen dürfte. Aber wie verhält es sich mit dem Judesein?

Nun unterliegt keinem Zweifel, was Freud zu keinem Zeitpunkt geleugnet hat oder mit irgendwelchen Ausflüchten zu verschleiern versuchte. Seine Eltern waren Juden; sie stammten aus einer langen Tradition. Und so ist auch ihr Sohn Sigmund nach eigenem ausdrücklichen Bekunden «Jude geblieben». Er ist es um so bewußter geblieben, als er in der antisemitischen Atmosphäre Wiens die längste Zeit seines Lebens zubrachte. Er ist Jude geblieben, obwohl er vom liberal eingestellten Elternhaus her an die Befolgung der Riten nicht gewöhnt war. Freuds Biographen (Jones, Schur, Clark, Gay u. a.) scheuen denn auch keine Mühe, das Judesein Freuds nachdrücklich zu belegen, das glaubenslose Judesein Freuds. Tief gerührt stellt er eines Tages der hebräischen Ausgabe seines Buches «Totem und Tabu» (1912) Worte voraus, die seine Position als Vertreter einer «voraussetzungslosen Wissenschaft» wie folgt deutet:

«Keiner der Leser dieses Buches wird sich so leicht in die Gefühlslage des Autors versetzen können, der die heilige Sprache (das Hebräische) nicht versteht, der väterlichen Religion – wie jeder anderen! – völlig entfremdet ist, an nationalistischen Idealen nicht teilnehmen kann und doch die Zugehörigkeit zu seinem Volk nie verleugnet hat, seine Eigenart als jüdisch empfindet und sie nicht anders wünscht. Fragte man ihn: Was ist an dir noch jüdisch, wenn du alle diese Gemeinsamkeiten mit deinen Volksgenossen aufgegeben hast?, so würde er antworten: Noch sehr viel, wahrscheinlich die Hauptsache. Aber dieses Wesentliche könnte er gegenwärtig nicht in klare Worte fassen... Für einen solchen Autor ist es also ein Erlebnis ganz besonderer Art, wenn sein Buch in die hebräische Sprache übertragen und Lesern in die Hand gegeben wird, denen dies historische Idiom eine lebende ‹Zunge› bedeutet. Ein Buch überdies, das den Ursprung von Religion und Sittlichkeit behandelt, aber keinen jüdischen Standpunkt kennt, keine Einschränkung zugunsten des Judentums macht. Aber der Autor hofft, sich mit seinen Lesern in der Überzeugung zu treffen, daß die voraussetzungslose Wissenschaft dem Geist des neuen Judentums nicht fremd bleiben kann.»[67]

Als Konkurrent der «Wiener Bande»

Dieser Tatsache seiner Herkunft fügt sich nun die andere an, daß nicht nur er, sondern auch die meisten der Wiener Psychoanalytiker-Kollegen und viele auswärtige der Anfangszeit Juden gewesen sind. Mit Freud kann man darüber – auch in Anwendung tiefenpsychologischer Erkenntnismittel – spekulieren, warum es gerade Menschen dieser so exponierten Minderheit sein mußten, die den Grund zur Psychoanalyse zu legen hatten. Und gerade weil es Freud um eine naturwissenschaftlich fundierte Seelenkunde, um «voraussetzungslose» Wissenschaft ging, durfte nicht der Eindruck erweckt werden, daß er einer rassisch oder weltanschaulich bedingten Ideologie den Weg gebahnt hätte. Nicht genügen konnte es, daß einzelne zur Kirche konvertierten und sich in jeder Hinsicht anpaßten. Adler trat zum Protestantismus über; für sich selbst schloß Freud diesen Schritt jedoch aus. Eine um so größere Aufmerksamkeit schenkte er jenen, die als «Arier» den Zugang zur neuen Wissenschaft fanden und der Psychoanalyse dadurch das als verhängnisvoll empfundene Odium nahmen. Als der junge Schweizer Psychiater Carl Gustav Jung sich nicht nur der Bewegung anschloß, sondern mehrfach die Bedeutung des Freudschen Konzepts vor der Fachwelt initiativ vertrat, ohne auf etwaige Gefährdungen seiner eigenen Karriere zu achten, erkannte Freud die besondere Gunst der Stunde. Ihm wurde alsbald klar, daß nicht einer der «Wiener Bande» in seine Nachfolge zu treten hatte, sondern am ehesten ein Mann mit dem geistigen Profil C. G. Jungs, der «Kronprinz» des Gründervaters. Auch er konnte nicht einfach als ein «Schüler» Freuds hingestellt werden. Anders als die meisten «Anhänger» versprach Jung, das von Freud Begonnene in eigenständiger Weise weiterführen und ausgestalten zu können. Sowohl die erste Praxiserfahrung wie die beginnende publizistische Tätigkeit des 19 Jahre jüngeren Kollegen wiesen in diese Richtung.

Carl Gustav Jung wurde am 26. Juli 1875 in Kesswil, Kanton Thurgau, geboren.[68] Er entstammte väterlicher- wie mütterlicherseits einer evangelisch-reformierten Pfarrersfamilie. Seine früh erwachten naturkundlichen und geisteswissenschaftlichen Interessen wiesen ihm den Weg, nach dem Medizinstudium in Basel die Ausbildung als Psychiater anzustreben. Er war sich der Tatsache bewußt, daß sich sowohl der Name

C. G. Jung.

des Arzt-Philosophen Paracelsus (1493–1541) als auch der Friedrich Nietzsches mit dieser Stadt am Oberrhein verband. Beider Werke haben auf das Jungs Auswirkungen gehabt. Folgende Daten spiegeln sich in seiner Biographie:

Als er das Studium der Naturwissenschaften, dann der Medizin, begann, schrieb man das Jahr 1895; in diesem Jahr veröffentlichten Breuer und Freud ihre grundlegenden «Studien zur Hysterie». Die psychoanalytische Theoriebildung bekam erste Konturen.

Etwa zu dieser Zeit begannen auch die spiritistischen Sitzungen mit seiner medial begabten Kusine Helene Preiswerk. Die hierbei gemachten Beobachtungen dienten ihm bei der Ausarbeitung seiner medizinischen Dissertation.

1900 ist das Todesjahr Nietzsches; in diesem Jahr erschien auch Freuds Hauptwerk «Die Traumdeutung». Jung beschloß, sich auf die Psychiatrie zu spezialisieren. Im Dezember dieses

Jahres trat er als Assistent in die psychiatrische Klinik «Burghölzli» in Zürich ein, als Mitarbeiter des in seinem Fachbereich geachteten, für die Forschungen Freuds aufgeschlossenen Professors Eugen Bleuler.

1902 legte Jung seine von Bleuler befürwortete medizinische Doktorarbeit vor. In Wien rief Freud die Mittwoch-Gesellschaft zusammen, die Zelle der späteren Internationalen Psychoanalytischen Vereinigung, deren erster Präsident Jung werden sollte. Im Wintersemester 1902/03 hospitierte er unter Pierre Janet an der Anstalt Salpêtrière in Paris, wo vor ihm auch Freud (unter Jean Martin Charcot) zwecks Ergänzung seiner Forschungen studiert hatte.

Damit sind einige Entsprechungen im Schicksalsgeflecht beider Persönlichkeiten genannt. Dem jungen Assistenten Bleulers kam Freuds «Traumdeutung» bald nach Erscheinen in die Hand. Die Bedeutung dieses Grundlagenwerks ging ihm aber nicht sogleich auf. Wie er selbst gesteht, bedurfte es eines zweiten Zugriffs, um die Bedeutsamkeit des Buches für die praktische Arbeit einzusehen. Hier leuchtete ihm der Zusammenhang mit seinen eigenen Ideen ein. Es ist anzunehmen, daß Bleulers Interesse an den Forschungen Freuds nachgeholfen hat. Anmerken muß man, daß zu Jahrhundertbeginn noch keineswegs abzusehen war, welchen Fortgang diese Entdeckungen machen würden. Dem Spürsinn weniger war es anheimgestellt, welche Tragweite Freuds Resultate für eine tiefenpsychologische Forschung der Zukunft haben würden. Jung gehörte zu diesen wenigen. So ließ er auch nicht das Studium der Schriften aus, die in den Jahren nach 1900 erschienen, beispielsweise Freuds «Psychopathologie des Alltagslebens», «Drei Abhandlungen zur Sexualtheorie», «Der Witz und seine Beziehung zum Unbewußten», beide 1905. Hierbei gaben nicht nur Einzelbeobachtungen den Ausschlag. Die allgemein übliche Hochschätzung des Ich-Bewußtseins und der rationa-

Eugen Bleuler, um 1900 Direktor der psychiatrischen Klinik «Burghölzli» in Zürich.

len Funktionen der Psyche verlangte eine deutliche Korrektur. Gefordert war die Einsicht, daß das menschliche Handeln insgesamt sehr viel stärker von unbewußten Strebungen beherrscht und gesteuert wird als bis dahin für möglich gehalten. Gegen bisherige Annahmen gab nicht das Studium der Gehirnphysiologie den Ausschlag, sondern die «Nachtseite» der Psyche, das Unbewußte. Das bedeutete eine grundlegende Umorientierung, die naturgemäß nicht jedem Arzt leichtfiel, weil die Preisgabe bisheriger Überzeugungen gefordert war.

Erinnert man sich, daß die Wiener Mittwoch-Gesellschaft die erste Zelle der psychoanalytischen Bewegung bildete, so ist zu ergänzen, daß Freud seinen Blick schon frühzeitig in die Schweiz richtete. Für ihn war Eugen Bleuler (1857–1939) einer der «ältesten und wichtigsten seiner Anhänger». Dabei konnte den Wienern nicht gleichgültig sein, daß dieser Psychiater als Leiter der renommierten Zürcher Klinik «Burghölzli» auch wohlbestallter Ordinarius an der Universität war. In der Klinik wandte er Freuds Methoden bei der Behandlung von Schizophrenen an. Damit war Psychoanalyse nicht länger auf die Bereiche privater Arztpraxen beschränkt. Etwa von 1902 an gab es somit eine Zusammenarbeit zwischen Wien und Zürich. Aber die Hoffnungen, die Freud auf Bleuler setzte, sollten sich nicht erfüllen. Der ließ sich weder als Präsident für die sich konstituierende Internationale Psychoanalytische Vereinigung noch für deren schweizerische Sektion gewinnen. Der auf Priorität bedachte, dogmatische Positionen anstrebende Freud entsprach nicht den Vorstellungen Bleulers. Immerhin entwickelte sich ein freundschaftlicher Briefwechsel, der Einzelaspekte der Beziehungen beleuchtet.[69] Bleuler und eine Reihe weiterer Burghölzli-Ärzte – neben Jung noch Franz Riklin, Alphonse Maeder und andere – trugen insgesamt wesentlich dazu bei, die Psychoanalyse zu einer Weltbewegung zu machen, die nun nicht mehr als eine «jüdische Sektenbewegung» mißdeutet werden konnte. Als Bleuler gegenüber Freud und dem Wiener Kreis nach und nach auf Distanz ging, verlagerte sich das Schwergewicht immer stärker auf C. G. Jung. Er wurde zur eigentlichen Bezugsperson, der es bestimmt war, die ursprünglich Bleuler zugedachte Führungsrolle zu übernehmen. Die Berechtigung dafür ergab sich sowohl aus der klinischen Erprobung wie aus publizierten wissenschaftlichen Arbeiten, die Jung vorzulegen begann.[70]

Nehmen wir als Beispiel das Vorwort zu seinem Versuch «Über die Psychologie der Dementia praecox», einer schizophrenen Erkrankung, die sich vornehmlich im Jugendalter einstellen kann. Jung schrieb den Text im Juli 1906 nieder. Darin macht er seine Einstellung zu Freud deutlich und beteuert, seine Anschauungen seien «nicht Gespinste einer grübelnden Phantasie», sondern Gedanken, die sich aus der täglichen Praxis und beim fachlichen Austausch mit seinem Klinikchef Professor Bleuler ergeben hätten, ferner durch die Zusammenarbeit mit Kollegen. Dann folgt der Hinweis:

«Auch ein nur oberflächlicher Blick auf die Seiten meiner Arbeit zeigt, wieviel ich den genialen Konzeptionen Freuds zu danken habe. Da Freud immer noch nicht zu einer gerechten Anerkennung und Würdigung gelangt ist, sondern auch von höchst maßgebenden Kreisen bekämpft wird, so möge es mir gestattet sein, meine Stellung zu Freud etwas zu präzisieren... Ich kann versichern, daß ich mir von Anfang an natürlich alle diejenigen Einwände gemacht habe, welche in der Literatur gegen Freud vorgebracht werden. Ich sagte mir aber, daß Freud nur widerlegen könne, wer selbst die psychoanalytische Methode vielfach angewendet hat und wirklich so forscht, wie Freud forscht, das heißt das tägliche Leben, die Hysterie und den Traum von seinem Standpunkt aus lange und geduldig betrachtet. Wer das nicht tut oder nicht tun kann, der darf nicht über Freud urteilen, sonst handelt er wie die famosen Männer der Wissenschaft, die durch das Fernrohr zu sehen verschmähen.»[71]

Diese Anspielung auf Galilei erinnert an die bekannter gewordene Äußerung, die sich in Freuds 18. Vorlesung seiner «Einführung in die Psychoanalyse» findet. Dort spricht er von zwei «großen Kränkungen», die der naiven Eigenliebe der Menschheit zugefügt worden seien. Die erste knüpft sich an den Namen von Nikolaus Kopernikus; er hat gezeigt, daß die Erde nicht im Mittelpunkt des Sonnensystems steht. Die zweite Kränkung ist durch Charles Darwin erfolgt; er habe das Schöpfungsvorrecht des Menschen zunichte gemacht und dessen Abstammung aus dem Tierreich nachgewiesen. Die dritte und empfindlichste Kränkung habe die tiefenpsychologische Forschung verübt mit dem Nachweis, daß das bewußte Ich des Menschen «nicht einmal Herr ist im eigenen Hause, sondern auf kärgliche Nachrichten angewiesen bleibt von dem, was unbewußt in seinem Seelenleben vorgeht». Machte sich Freud nicht die Rolle Galileis zu eigen, so – stets auf Priorität setzend – diejenige des Kopernikus: der Begründer der Psychoanalyse als Kopernikus der modernen Seelenforschung.

Ansprüche von dieser Qualität stoßen gemeinhin auf «Widerstand», ein Terminus, der aus der Psychoanalyse wohlbekannt ist. Er bedeutet dort die Weigerung, unbewußte Inhalte oder Motive offenzulegen bzw. verdeckte Motive des Erlebens oder Verhaltens als zur eigenen Person gehörig anzuerkennen. Widerstände dieser Art haben Freud und Jung immer wieder zu spüren kommen, paradoxerweise durch namhafte Wissenschaftler, von denen man eine ganz andere Einstellung zu neuen Erkenntnissen erwartet hätte. Aber Wissenschaft wird von Menschen betrieben, die ihre Gefühle, ihre unbewußten Einstellungen und Interessen nicht ausschalten können, am wenigsten dann, wenn «naive Eigenliebe» und Ehrgeiz tangiert sind.

Nun fragt sich, wie weit Jung auf die Linie der Wiener Psychoanalyse einzuschwenken bereit war. In jener Schrift von 1906 betont er, wie er darüber denkt. Danach bedeute seine Parteinahme keinesfalls, sich einem Dogma zu unterwerfen. Wie bekannt, stellte die Anerkennung der frühkindlichen Sexualität im einzelnen, die Sexualtheorie im allgemeinen eine Art Prüfstein für die fachliche Kritik dar. Jung anerkannte «allerdings die gewaltige Rolle der Sexualität in der Psyche.» Aber eine ausschließliche Rolle wollte auch er ihr nicht einräumen. Im übrigen sei die Freudsche Therapieform auch nur eine unter den möglichen.

Blickt man von dieser frühen Schrift auf die spätere Entwicklung der Jungschen Theorie in der Einschätzung der Psychoanalyse, so kann man sagen: Dieser Positionsbestimmung von 1906 gegenüber Freud ist Jung auf weite Sicht treu geblieben. Er hat sie freilich nach und nach präzisiert. Es ist das Verdienst des jungen Zürcher Psychiaters, die grundlegende Leistung ebenso wie die Kritikbedürftigkeit der Freudschen Auffassung von Anfang anerkannt zu haben. Beide Themen suchte er auseinanderzuhalten. An Engagement für die Sache und an kollegialer Solidarität mit Freud gegenüber der Mehrheit der gemeinsamen Zunft ließ er es nicht fehlen. Nur mit größter Genugtuung vermochten die Wiener Analytiker diesen Beistand aus Zürich zur Kenntnis zu nehmen. Im übrigen ließen sich an dieser Stelle verschiedene Beispiele aufführen, die erkennen lassen, wie wirkungsvoll Jung in Fachkreisen mit seinem Eintreten für die neue Wissenschaft gewesen ist. Als Autoritäten in Gestalt zweier deutscher Professoren, an die Adresse Jungs gerichtet, düstere Drohungen ausstießen, zögerte er nicht, ebenso unverblümt zu erwidern. Sie hatten ihm zu verstehen gegeben, wer für Freud eintrete und fortfahre, in diesem Sinne als Arzt zu arbeiten, der gefährde seine akademische Zukunft. Darauf Jung: «Wenn das, was Freud sagt, die Wahrheit ist, dann bin ich dabei. Ich pfeife auf eine Karriere, wenn sie voraussetzt, daß man die Forschung beschneidet und die Wahrheit verschweigt.»[72]

Jung fuhr fort, für Freud und seine Gedanken einzutreten. Ein neuer Forschungsweg schien eröffnet zu sein, der eine besonnene, von der Sache her vertretbare Prüfung verlangte. Die da und dort sich äußernde Empörung, Ausbrüche einer ungeprüften Emotionalität, erschienen ihm bei nüchterner Betrachtung absurd. Nun war es andererseits an der Zeit, daß die beiden Kampfgefährten in einen persönlichen Kontakt traten und ihre Zusammenarbeit auf möglichst vielen Ebenen verstärkten. Den äußeren Anlaß dazu boten die 1905 im Druck erschienenen «Diagnostischen Assoziationsstudien» C. G. Jungs. Hierbei handelt es sich um Experimente, die Jung in Zusammenarbeit mit anderen Ärzten seit 1902 an der Burghölzli-Klinik vornahm, um an den Kern seelischer Komplexe, z. B. verdrängter Probleme seiner Patienten, heranzukommen.

Wie aufmerksam man in Wien die Arbeit der Zürcher verfolgte, konnte Jung erfahren. Als er im Begriff war, die Neuerscheinung an Freud zu schicken, signalisierte dieser, er habe sich diese Schrift «aus Neugierde» bereits besorgt. Man entnimmt dies dem Brief vom 11. April 1906, den Freud dem «geehrten Herrn Kollegen» nach Zürich geschickt hat. Es ist dasselbe Schreiben, das einen überaus dichten Briefwechsel zwischen Sigmund Freud und Carl Gustav Jung eröffnete. Er sollte sich über volle acht Jahre, das heißt bis Ende April 1914, erstrecken.

Im Briefwechsel mit Freud

Dem Briefwechsel zwischen Freud und Jung, bestehend aus ca. 360 Schreiben, ist als Dokumentensammlung zur Geschichte der Psychoanalyse wie zur Geschichte der Analytischen Psychologie Jungs eine große Bedeutung beizumessen.[73] Aus der Retrospektive betrachtet, schienen die beiden Briefschreiber über ihre Elaborate alles andere als glücklich gewesen zu sein. Jung gebrauchte einmal in zorniger Aufwallung die Wendung vom «verfluchten Briefwechsel». Und dem Freud-Biographen Ernest Jones gegenüber ließ er einmal verlauten: «Freuds Briefe sind nicht besonders wichtig... Mir liegt tatsächlich nicht an ihrer Publikation. Als Ganzes tragen sie nichts Wesentliches zu Freuds Biographie bei.» Wer heute den mehr als 700 Seiten umfassenden Band aufschlägt, wird aber eines Besseren belehrt. Weder der Biograph des einen noch der des anderen kann auf die darin enthaltenen Daten und Nuancen der Meinungsäußerung verzichten. Wir haben es mit unveräußerlichen Zeugnissen einer freundschaftlichen wie kollegial-wissenschaftlichen Zweisamkeit zu tun.

Auch der Umgang mit diesen Dokumenten wirft ein Licht auf die Gründerväter. Fast vier Jahrzehnte lang blieben diese frühen Zeugnisse der Zusammenarbeit wie der Trennung unbeachtet. Freud, der dazu neigte, Unliebsames, «Erledigtes» zu vernichten, hatte die empfangenen Jungschen Briefe wohlverwahrt ins englische Exil mitgenommen, als er im Jahre 1938 durch die Nationalsozialisten aus seiner Wiener Wohnung vertrieben wurde und Österreich verlassen mußte. Jung wagte es seinerseits nicht, «jenen verfluchten Briefwechsel» zu verbrennen. Auch er hob die Lebensäußerungen des einst «hochverehrten, lieben Herrn Professors» sorgsam auf. So gerieten die Texte in die Hände der Nachlaßverwalter. Die Söhne der beiden Tiefenpsychologen, Ernst Freud in London und Franz Jung in Küsnacht am Zürichsee, fanden Gründe, sich über den letzten Willen der Väter hinwegzusetzen und diese Dokumente aus der Frühzeit der psychoanalytischen Bewegung der Allgemeinheit zugänglich zu machen. Eine verdienstvolle Tat zweifellos, die den Erblassern kaum zur Unehre gereicht haben dürfte. Um so wertvoller ist der Einblick in die spannenden Arbeitsprozesse, die beide Männer samt Anhang bewegen.

Bezeichnenderweise ist eine prinzipielle Gegensätzlichkeit zwischen Freud und Jung von Anfang an spürbar, auch wenn sie über geraume Zeit im Hintergrund bleibt. Noch weniger als bei Adler kann im Falle Jungs vom «Abfall» eines untreu gewordenen «Schülers» gesprochen werden. Bei aller Bereitschaft, den Wiener Meister vor unverständigen Kritikern in Schutz zu nehmen, ist sich Jung schon bei Aufnahme des Gedankenaustausches im Jahre 1906 darüber im klaren, wie verschieden sein wissenschaftlicher Ausgangspunkt von demjenigen Freuds ist. Und Freud, der sich in seinem ersten Brief «gerne» auf Korrekturen des jüngeren Mitstreiters einstellt, bestätigt die anfänglichen Differenzen im dritten Brief ausdrücklich: «Daß Sie die Schätzung für meine Psychologie nicht voll auf meine Anschauungen in der Hysterie- und Sexualitätsfrage ausdehnen, habe ich nach Ihren Schriften längst vermutet, verzichte aber nicht auf die Erwartung, Sie würden mir im Laufe der Jahre viel näher kommen, als Sie es jetzt für möglich halten. Gerade Sie müßten aus Ihrer schönen Analyse eines Falles von Zwangsneurose (in ‹Psychoanalyse und Assoziationsexperiment›) entnommen haben, wie gut sich das sexuelle Moment zu verbergen weiß und was es, einmal aufgedeckt, für Verständnis und Therapie zu leisten vermag. Ich hoffe immer noch, daß dieser Teil meiner Ermittlungen sich als der bedeutsamere herausstellen wird...»

Ein neuralgischer Punkt

Man sieht, der neuralgische Punkt ist bereits berührt. Freuds weitgesteckte Hoffnungen sollten nicht in Erfüllung gehen, wiewohl beträchtliche Annäherungen in fachlicher wie in persönlicher Hinsicht sich gerade auch in den Briefen spiegeln. Eine momentane Unsicherheit, die bei Jung anfangs aufkommt, Freud könne seine Schrift über «Dementia praecox» nicht ausnehmend gut gefallen haben, weiß dieser alsbald (am 1.1.1907) aufzulösen: Schon die Tatsache, daß er Kritik geübt habe, möge ihm seine prinzipielle Zustimmung beweisen. Andernfalls hätte er Diplomatie genug aufgebracht, um es ihm zu verbergen. Überhaupt: «Es wäre doch höchst unklug, Sie vor den Kopf zu stoßen, den stärksten Helfer, der sich noch zu mir gesellt hat. In Wirklichkeit sehe ich in Ihrem Versuch über Dementia praecox die bedeutsamste und reichste Beitragsleistung zu meiner Arbeit, die mir zugekommen ist, und ich kenne unter meinen Schülern in Wien, die vor Ihnen das wahrscheinlich nicht eindeutige Vorrecht des persönlichen Verkehrs mit mir genießen, eigentlich nur einen, der sich Ihnen an Verständnis gleichstellen kann, und keinen, der in der Lage und bereit ist, soviel für die Sache zu tun wie Sie...»

Zweifellos ein schöner Beweis der Anerkennung und des Vertrauens. Aber Freud wäre nicht er selbst, wenn er im selben

Brief dem Lob nicht auch eine beschwörende Bitte, eine Mahnung hinzufügen würde. Sie geht dahin, Jung möge aus pädagogischer Schonung und Liebenswürdigkeit nichts Wesentliches preisgeben, und: «Entfernen Sie sich nicht zu weit von mir, wenn Sie in Wirklichkeit mir so nahe stehen, sonst erleben wir noch, daß man uns gegeneinander ausspielt!» Auch eine instinktive Befürchtung; Freud verknüpft sie mit einer ermutigenden Feststellung, was die Autoritäten der Zunft anlangt:

«Die großen Herren in der Psychiatrie bedeuten doch sehr wenig; die Zukunft gehört uns und unseren Anschauungen, und die Jugend nimmt – wahrscheinlich allerorten – lebhaft für uns Partei.»

Nachdem mehr als ein Dutzend Schreiben zwischen Wien und Zürich kursiert waren, erhielten Zusammenarbeit und Briefwechsel einen zusätzlichen Impuls durch Jungs ersten Besuch bei Freud. Im Frühjahr 1907 war er zusammen mit seiner Frau Emma in der Berggasse 19 zu Gast. Wie den Protokollen der Psychoanalytischen Vereinigung zu entnehmen ist, traf er sich mit der gerade tagenden Mittwoch-Gesellschaft, in der er eine Reihe der Wiener Analytiker kennenlernte. Jung wertete das Zusammentreffen mit Freud als «ein Ereignis». Er meinte sogar, Freuds Wissenschaft könne man eigentlich nur dann ganz verstehen, wenn man auch dessen Person kennengelernt habe. Gewiß eine einigermaßen merkwürdige «Wissenschaft», wenn dies zutreffen sollte! Aber es handelt sich eben um ein im Brief ausgesprochenes Kompliment, das eine von Bildern durchsetzte Sprache verträgt. Jung fügt im Brief vom 11. April 1907 hinzu, sein Besuch in Wien sei seine «eigentliche Konfirmation» gewesen. Das will heißen, gewisse Unklarheiten hätten sich im Zwiegespräch mit dem Meister endgültig geklärt. Somit sei er, der Pfarrerssohn, im «Glauben» – will sagen: in der Gewißheit gefestigt worden, daß die Psychoanalyse nicht allein eine praktikable Theorie darstelle, sondern auch durch eine überaus respektable Persönlichkeit repräsentiert werde.

Auch Freud war durch die Erscheinung des Zürcher Kollegen beeindruckt. Daher zögerte er nicht, ihn zum Mitwisser seiner Pläne zu machen. Nicht einem der Wiener Arztkollegen sprach er das geistige Profil zu, das sein Nachfolger besitzen sollte, sondern ihm, dem jetzigen Oberarzt am Burghölzli, der rechten Hand von Professor Bleuler. So bekräftigte Freud, was sich aus seinen bisherigen Äußerungen bereits ergeben hatte, nämlich daß er «keinen anderen und besseren Fortsetzer und Vollender» (!) seiner Arbeit wünschte als ihn, Carl Gustav Jung. So avancierte der zum «Kronprinzen» und designierten Nachfolger. (Wieder läge es nahe, Freuds Vokabular und Bilderkanon unter die Lupe zu nehmen: Gehört die Rede vom «Kronprinz» nicht in den Wortschatz eines monarchistischen Denkens?) Wie auch immer, Freud war zweifellos tief befriedigt, nun endlich einen nichtjüdischen Arzt vom geistigen Format Jungs als künftigen Repräsentanten der Psychoanalyse vorweisen und sein Lebenswerk somit in naher Zukunft auf tragfähige Schultern legen zu können.

Der Briefwechsel liefert dazu überzeugende Belege. Kaum eine Woche vergeht, in der nicht mindestens einer oder einige Briefe hin- und herlaufen. Grundsätzlich ist kein Thema ausgeklammert. Man spricht über Patienten und über die Qualitäten von Mitarbeitern; man diskutiert die grundsätzlichen wie die speziellen Probleme der psychotherapeutischen Kunst, der Mythologie, der Anthropologie, selbst des Okkultismus, zu dem beide freilich ebenso unterschiedliche Positionen einnehmen wie zur Rolle der Sexualität. Der Jüngere befragt den Älteren um manchen Rat. In zunehmendem Maß legt er fachliche Reife und ein damit verbundenes wachsendes Selbstbewußtsein an den Tag. Vom Oktober 1908 an ist Jung für Freud der «liebe Freund», während Jung die Anrede «lieber Herr Professor» gebraucht. Zu einer Duz-Freundschaft kam es nie. Im Gegenteil: Die weitere Beziehung wurde durch eine sich rasch vergrößernde Distanz gekennzeichnet. Prinzipiell aber ist zu sagen: Keiner der zahlreichen Briefwechsel Freuds kam dem mit Jung geführten an Umfang, an menschlicher Tiefe und Aussagekraft nahe. Dabei haben auch solche mit Bleuler, Binswanger, Pfister, Abraham, Groddeck, Lou Andreas-Salomé, Reik, Reich, Weiß, Putnam, Ferenczi, Federn oder Rank einen nicht geringen dokumentarischen Wert.

Eigens hervorzuheben sind einige in die Sammlung eingestreute Briefe von Emma Jung, die auch hier nicht nur als die Ehefrau ihres berühmten Mannes agiert, sondern die für sich selbst spricht und gleichzeitig, auf eigenen Füßen stehend, für ihren Gatten in einem Augenblick Partei ergreift, als die Männerfreundschaft in eine kritische Phase einzutreten beginnt. Mit großer menschlicher Reife macht die junge Frau auf die Problemlage aufmerksam, die sich seit geraumer Zeit zwischen Wien und Zürich anbahnt. Vermöge ihrer Intuition, aber auch bereits in praktischer Anwendung tiefenpsychologischer Erkenntnis benennt sie die Komplikationen, die zwischen «Vater» und «Sohn» bestehen, und sucht nach einer menschlichen Lösung, die dem Wesen, auch dem Reifegrad ihres Mannes entspricht. In ihrem Brief vom 6. November 1911 schreibt Emma Jung an Freud:

«Man ist ja gewiß nicht ungestraft eines großen Mannes Kind, wenn man schon von gewöhnlichen Vätern solche Mühe hat loszukommen. Und wenn nun dieser bedeutende Vater gar noch Sinn für Patriarchalismus hat, wie Sie ja selbst sagten», heißt es da zu Freuds familiären Verhältnissen. Und auf Jung bezogen: «Sie können sich denken, daß ich durch das Vertrauen, das Sie zu Carl haben, erfreut und geehrt bin, aber es will mir fast scheinen, als gäben Sie manchmal zu viel; sehen

Sie nicht in ihm mehr als nötig den Nachfolger und Vollender? Schenkt man nicht oft viel, weil man viel behalten will?...» Eine entlarvende Frage, die den weisen Gründervater getroffen haben muß, zumal von einer jungen Frau ausgesprochen, die nicht durch seine Schule gegangen ist! – Schließlich der eindringliche Appell: «Denken Sie an Carl nicht mit dem Gefühl des Vaters: ‹Er wird wachsen, ich aber muß abnehmen›, sondern als Mensch an einen Menschen, der gleich Ihnen sein eigenes Gesetz erfüllen muß.» So die erst Neunundzwanzigjährige an den fünfundfünfzigjährigen «Vater» der Psychoanalyse – ein beherztes Wort einer gereiften Frau!

Aus der Fülle des in vieler Hinsicht gewichtigen Briefmaterials seien wenigstens zwei Beispiele – in ausführlichem Zitat – vorgestellt, die dem heutigen Leser etwas von der persönlichen Problematik veranschaulichen können, die schon Emma Jung berührt hat. Der Vorgang verdiente zwar im Kontext der Darstellungen Freuds und Jungs, vor allem im Kontext von «Erinnerungen, Träume, Gedanken» gelesen zu werden. Aber die beiden Schreiben vom Dezember 1912 gewähren einen Einblick, der zeigt, daß es sich nicht allein um die theoretische Kontroverse handelt, sondern daß die existentielle Note in den Vordergrund rückt. Am 18. 12. 1912 schreibt Jung dem «lieben Herrn Professor»:

«Darf ich Ihnen einige ernsthafte Worte sagen? Ich anerkenne meine Unsicherheit Ihnen gegenüber, habe aber die Tendenz, die Situation in ehrlicher und absolut anständiger Weise zu halten. Wenn sie daran zweifeln, so fällt das Ihnen zur Last. Ich möchte Sie aber darauf aufmerksam machen, daß Ihre Technik, Ihre Schüler wie Ihre Patienten zu behandeln, ein Mißgriff ist. Damit erzeugen Sie sklavische Söhne oder freche Schlingel (Adler-Stekel und die ganze freche Bande, die sich in Wien breitmacht). Ich bin objektiv genug, um Ihren Truc zu durchschauen. Sie weisen rund um sich herum alle Symptomhandlungen nach, damit setzen Sie die ganze Umgebung auf das Niveau des Sohnes und der Tochter herunter, die mit Erröten die Existenz fehlerhafter Tendenzen zugeben. Unterdessen bleiben Sie immer schön oben als Vater. Vor lauter Untertänigkeit kommt keiner dazu, den Propheten am Barte zu zupfen und sich einmal zu erkundigen, was Sie denn zu einem Patienten sagen, welcher die Tendenz hat, den Analytiker zu analysieren anstatt sich selbst? Sie fragen ihn doch: ‹Wer hat denn eigentlich die Neurose?›

Sehen Sie, mein lieber Herr Professor, solange Sie mit diesem Zeugs laborieren, sind mir meine Symptomhandlungen ganz wurscht, denn die wollen gar nichts bedeuten neben dem beträchtlichen Balken, den mein Bruder Freud im Auge trägt. – Ich bin nämlich gar nicht neurotisch – unberufen! Ich habe mich nämlich lege artis (d. i. sachgemäß) et tout humblement analysieren lassen, was mir sehr gut bekommen ist. Sie wissen ja, wie weit ein Patient mit Selbstanalyse kommt, nämlich nicht aus der Neurose heraus – wie Sie. Wann Sie dann selber einmal ganz komplexfrei geworden sind und gar nicht mehr Vater spielen an Ihren Söhnen, denen Sie beständig auf die schwachen Punkte zielen, indem Sie sich selber einmal dort aufs Korn nehmen, dann will ich in mich gehen und meine lasterhafte Uneinigkeit mit mir selber Ihnen gegenüber zu einem Mal ausrotten. Lieben Sie denn die Neurotiker so sehr, daß Sie immer ganz eins mit sich selber wären? Sie hassen vielleicht die Neurotiker; wie können Sie dann erwarten, daß Ihre Anstrengungen, möglichst schonend und liebevoll mit den Patienten umzugehen, nicht von etwas gemischten Gefühlen begleitet wären? Adler und Stekel sind Ihrem Truc aufgesessen und wurden kindisch frech. Ich werde öffentlich mich zu Ihnen halten, unter Wahrung meiner Ansichten, und werde insgeheim in meinen Briefen anfangen, Ihnen einmal zu sagen, wie ich wirklich über Sie denke. Ich halte diesen Weg für den anständigsten.

Sie werden über diesen sonderbaren Freundschaftsdienst schimpfen, aber vielleicht tut es Ihnen doch gut.

Mit besten Grüßen

Ihr ganz ergebener

Jung».

Den Vorwurf, seine eigenen Kollegen wie Patienten behandelt zu haben, vor allem wenn sie sich nicht auf dogmatische Thesen einschwören ließen, konnte Freud so wenig ableugnen wie die Tatsache, daß er väterliche Prioritäten bei denen in Anspruch nahm, die, wie Jung, das Werk der Psychoanalyse erfolgreich und offensiv betrieben. Um so schwerer mußte ihm eine angemessene Antwort fallen. Zu tief war binnen weniger Jahre der Graben zwischen beiden Männern geworden. Ehe der endgültige Bruch zwischen ihm und Jung zustande kam, schrieb Freud eine Erwiderung, die es vermied, auf den angebotenen «sonderbaren Freundschaftsdienst» zu antworten. Jungs Brief sei eigentlich gar nicht einer Beantwortung fähig. Freud spricht von einer «ganz unlösbaren» Situation. Er weist Jungs Beteuerung zurück, durch keine Neurose belastet zu sein, weil er den Verdacht erwecke, es fehle ihm «die Krankheitseinsicht». Aus diesem Grund schlägt er vor, die bis Ende 1912 bestehenden privaten Beziehungen aufzugeben – weshalb? «Ich verliere nichts dabei, denn ich bin gemütlich längst nur durch den dünnen Faden der Fortwirkung früher erlebter Enttäuschungen an Sie (Jung) geknüpft, und Sie können nur gewinnen, da Sie letzthin (anläßlich des Jahreskongresses) in München bekannt haben, eine intimere Beziehung zu einem Mann wirke hemmend auf Ihre wissenschaftliche Freiheit. Nehmen Sie sich also die volle Freiheit und ersparen Sie mir die angeblichen ‹Freundschaftsdienste›. Wir sind einig darin, daß der Mensch seine persönlichen Empfindungen den allgemeinen Interessen in seinem Bereich unterordnen soll. Sie werden also niemals Grund finden, sich über Mangel an Korrektheit bei mir zu beklagen, wo es sich um Arbeitsgemeinschaft und Verfolgung wissenschaftlicher Ziele handelt; ich kann sagen, so wenig Grund späterhin wie bisher...»

Trotz des Nachsatzes muten diese Zeilen wie ein jäher Abschied an, obwohl noch einige Briefe gefolgt sind und der tatsächliche Bruch erst im darauffolgenden Jahr vollzogen wurde. Insgesamt trägt der Freud-Jung-Briefwechsel im Zusammenhang der psychoanalytischen Bewegung symptomatische Züge: Da treffen Menschen zusammen, die sich nicht nur durch diese Methodik der Seelenforschung angesprochen fühlen, sondern sich mit großem Elan einsetzen. Relativ frühzeitig tauchen Momente auf, die auf eine prinzipielle Unvereinbarkeit von Grundanschauungen hindeuten. Das Ende der Zusammenarbeit dehnt sich in der Regel auf die zwischenmenschliche Sphäre aus; Kollegialität und Sympathie verkehren sich in unversöhnliche Gegnerschaft.

Mit diesem Blick in den Briefwechsel sind wir bei der Betrachtung der psychoanalytischen Geschichte weit vorangeeilt. Das Verhältnis zwischen Freud und Jung ist im Positiven wie im Negativen noch durch zwei Ereignisse zu beleuchten: zum einen in Gestalt des harmonischen Zusammenwirkens, wie es sich zur Zeit der gemeinsamen Amerika-Reise darstellte; zum anderen ist noch ein Blick auf die Umstände zu werfen, die mit dem Ende der Gemeinsamkeit zusammenhängen.

Die gemeinsame Amerikareise

Für den weiteren Ausbau und die Fortentwicklung der Psychoanalyse war es von großer Bedeutung, die junge Wissenschaft auf eine möglichst breite Basis zu stellen und ihr internationale Anerkennung zu verschaffen. In dieser Hinsicht machte Freud mancherlei Anstrengungen. Die Gewinnung der Zürcher Gruppe lag auf dieser Linie. Ihre Mitglieder, mit Bleuler und Jung an der Spitze, trugen maßgeblich dazu bei, daß

Psychoanalyse nicht mehr nur als Interessenverband jüdischer Wiener Ärzte betrachtet wurde. Als einmal einige jener Schweizer an der Teilnahme an einem Kongreß verhindert waren, entfuhr Freud das besorgte Wort: «Was soll werden, wenn meine Zürcher mich verlassen?» – Der andere Schritt bestand in der Einberufung von jährlichen Fachtagungen sowie in der Einrichtung von diversen Publikationsorganen, durch die, abgesehen von Einzelschriften, eine kontinuierliche Information über die psychoanalytischen Bestrebungen in Forschung und Anwendung gewährleistet war. Die erste der dann folgenden Jahrestagungen, die mit 42 Teilnehmern im April 1908 in Salzburg stattfand, war im Einladungsschreiben noch als «Erster Kongreß für Freudsche Psychologie» betitelt. Ein wichtiges Ereignis des zweiten, 1910 in Nürnberg zusammengerufenen Kongresses stellte die Begründung der «Internationalen psychoanalytischen Vereinigung» dar, mit C. G. Jung als deren Präsident. Wie wichtig und wie zweckmäßig diese Bestrebungen auf Internationalisierung der Bewegung waren, sollte sich in der Folgezeit erweisen.

Einen Meilenstein in dieser Entwicklung stellt die Tatsache dar, daß die Psychoanalyse bereits im ersten Jahrzehnt des Jahrhunderts in den Vereinigten Staaten Fuß fassen konnte. Erste Interessentenkreise bildeten sich. Eine große Überraschung stellte in diesem Zusammenhang eine Einladung dar, die im Jahre 1909 zunächst Freud, dann auch C. G. Jung erhielten, anläßlich des 20. Jahrestages der Universität von Worcester (Mass.) dort gemeinsam Vorlesungen zur Einführung in die Psychoanalyse sowie über die Praxis des Assoziationstests zu halten, wie sie am Zürcher Burghölzli durchgeführt wurde. Die von den Veranstaltungen und von der freundschaftlichen Aufnahme durch die amerikanischen Kollegen erhaltenen Berichte unterstreichen, wie positiv das Ereignis in jenen Septembertagen eingeschätzt wurde.[74] Von kaum geringerem Gewicht waren die ausgiebigen Gespräche zwischen Freud und Jung, zu denen die etwa achttägige Überfahrt per Schiff eine willkommene Möglichkeit bot. Zunächst der äußere Vorgang:

Am 20. August trafen sich Freud, Jung und Sandor Ferenczi aus Budapest in Bremen, um am darauffolgenden Tag auf dem Dampfer «George Washington» die Reise anzutreten. Am 29. August in New York angekommen, schloß sich dem Triumvirat noch Ernest Jones an. A. A. Brill, der einst Mitarbeiter Eugen Bleulers in Zürich war, hatte offensichtlich das psychoanalytische Gedankengut in die Vereinigten Staaten getragen. Er ergänzte bzw. geleitete die Reisegesellschaft. Etwa eine Woche lang genoß man allerlei Eindrücke der Neuen Welt, bevor man auf dem Landweg über Boston nach Worcester fuhr.

In den Vorlesungen und Diskussionen gaben sich die beiden mittlerweile auch als Kontrahenten anzusehenden Europäer diplomatisch genug, die zwischen ihnen bestehenden Meinungsverschiedenheiten vor den Gastgebern nicht auszubreiten. Von Freud wissen wir, wie angenehm er überrascht war, die von ihm vertretene Einschätzung der Sexualität im unbewußten Seelenleben von den amerikanischen Kollegen ohne nennenswerten «Widerstand» akzeptiert zu sehen. Der Lernprozeß war demnach nicht von einseitiger Natur. Das hohe Maß aber der Anerkennung, das Freud und auch Jung an der Clark University von Worcester zuteil wurde, drückte sich schließlich durch die Verleihung des juristischen Ehrendoktors aus. Jung, der seine Frau während der mehrwöchigen Reise Tag für Tag auf dem laufenden hielt, schrieb am 14. September 1909: «Gestern Abend war ein furchtbar großer Zauber und Mummenschanz mit allen möglichen roten und schwarzen Roben und viereckigen Goldtroddelhüten. Man hat mich in großer Festversammlung zum Doctor of Laws honoris causa promoviert, ebenso Freud. Ich darf jetzt hinter meinen Namen ‹LL D› setzen. Bedeutend, nicht?» – Anschaulich schilderte

In der Clark University im Jahre 1909. Stehend von links nach rechts: A. A. Brill, Ernest Jones, Sandor Ferenczi. Sitzend: Freud, G. Stanley Hall, C. G. Jung.

Jung ein abschließendes Country-seeing-Programm, bei dem, abseits von dem Großstadt- und Gesellschaftstrubel, Jung als naturverbundener Mensch voll auf seine Rechnung kam.

Sieht man einmal davon ab, wie sich die Aufnahme der Psychoanalyse für die Außenwelt und für die Anhängerschaft gestaltete, dann stellt die Amerika-Reise auch ein wichtiges Faktum für ihre Weiterentwicklung dar, nicht zuletzt für die nach und nach sich ergebende Herausbildung der Analytischen bzw. Komplexen Psychologie C. G. Jungs, wenngleich dieser Prozeß für einige Jahre noch innerhalb der bisherigen Gruppierung geschah. Und das kam so:

Enthüllende und wegweisende Träume

Für ihre täglichen Zusammenkünfte kamen Freud und Jung überein, einander ihre in diesen Tagen sich einstellenden Träume vorzulegen und zu besprechen. Dabei kam es zu Begebenheiten, die auch die weitere menschliche Beziehung veränderte und Jung zu neuen, sein künftiges Arbeitsgebiet betreffenden Einsichten gelangen ließ. Das eine Ereignis bezog sich auf die in gewissen Gegenden Norddeutschlands durch Mumifizierungsprozesse erhaltengebliebenen Moorleichen. Von ihnen hatte Jung gelesen. Und in Bremen angekommen, kam er einige Male darauf zu sprechen. Das ging Freud auf die Nerven: «Was haben Sie denn mit diesen Leichen?» fragte er mehrere Male. Plötzlich erlitt er während des Gesprächs eine Ohnmacht. Was Jung schockierte, war indes Freuds Deutung, wonach er, Jung, seinen Tod wünsche. Jahre danach wiederholte sich jener Ohnmachtsanfall bei Freud. Konsterniert war Jung, weil er sich bis dahin nicht vorstellen konnte, daß der Meister der Psychoanalyse selbst von derlei Phantasien oder fixen Ideen beunruhigt war. Hinzu kam ein Traum, über den Jung aufgrund ärztlicher Diskretion keine näheren Angaben gemacht hat. Aber er berichtet: Als er Freud nach zusätzlichen familiären Details fragte, wie dies bei einer Traumanalyse erforderlich ist, versagte der Gefragte die Auskunft mit der Bemerkung: «Ich kann doch meine Autorität nicht riskieren.» Jungs Erwiderung, wie er sie in seinem Erinnerungsbuch referiert, konnte hierzu nur lauten: «In diesem Augenblick hatte er sie verloren. Dieser Satz hat sich mir ins Gedächtnis gegraben. In ihm lag für mich das Ende unserer Beziehung bereits beschlossen. Freud stellte persönliche Autorität über Wahrheit» – eine überaus gewichtige Feststellung, die für Jung nicht ohne Folgen bleiben konnte.

Aber daraus ist nicht zu schließen, daß das hierbei sich äußernde Mißtrauen den Ausschlag für die spätere Trennung gegeben hätte. Erwähnenswert ist auch ein Traum Jungs, der – je nach angewandtem Deutungsmuster – zu sehr unterschiedlicher Sinngebung führt:

Im Traum befand sich Jung in einem ihm unbekannten Haus mit verschiedenen Stockwerken. Auf einer oberen Etage, in der sich der Träumer befand, gab es ein kostbares Mobiliar im Rokokostil. Eine Treppe tiefer gelangte man ins Erdgeschoß, wo alles viel älter war. Die ganze Umgebung mutete mittelalterlich an. Eine steinerne Treppe führte in den Keller mit einem Mauerwerk, das in die römische Epoche zurückzuweisen schien. Schließlich gab es einen noch tiefer gelegenen Ort, eine niedrige Felshöhle mit Knochen und zerbrochenen Gefäßen samt zwei sehr alten und halb zerfallenen Menschenschädeln. – Wie beinahe zu erwarten, richtete sich Freuds Interesse auf diese Totenschädel. Von seiner «Traumdeutung» her weiß man, daß der Traum als eine Art von Wunscherfüllung anzusehen sei. Sollte es sich demnach wieder um einen verborgenen, uneingestandenen Todeswunsch des Träumers handeln, der sich auf den Analytiker richten konnte? Auf wen könnte sich aber der zweite Schädel beziehen?

Eines stand für Jung fest: Geht man mit diesem fixierten Deutungsschema an das mehrschichtige Traumbild heran, dann bleibt der eventuelle Traumsinn nur auf die Begierdestruktur des Menschen gerichtet. Alle anderen «Stockwerke» bleiben unberücksichtigt. Befriedigen kann ein derartiger Deutungsversuch kaum. Räumt man hingegen ein, daß es neben der Bewußtseinsebene diejenige des Unbewußtseins gibt, vielleicht sogar eine noch tiefer, das heißt unterhalb des Individuellen liegende Sphäre des Unbewußten, dann macht das eher Sinn. Was Jung spontan aufging und was ihm nach und nach immer deutlicher wurde, das war jenes Haus als bildhafte Vergegenwärtigung der menschlichen Psyche. Auf der obersten bewußten Etage wohnt man. Darunter liegen Stockwerke, die immer bewußtseinsferner angelegt sind und die schließlich an das Leben der Tierseele grenzen. Die Höhle an der Basis des geträumten Hauses erinnerte ihn daran, daß in den Höhlen der Urzeit Tiere und Menschen nahe beieinander lebten. Demzufolge gewann er den Eindruck, daß die Psyche nicht nur ein individuelles, aus vergessenen und verdrängten Inhalten erfülltes Unbewußtes habe, sondern darüber hinaus ein solches, das auf die Teilhabe an sehr viel elementareren, «tiefer» liegenden Stufen der menschheitlichen Bewußtseinsgeschichte hinweist. In «Erinnerungen, Träume, Gedanken» kommt Jung auf den gedanklichen Ertrag seiner Beschäftigung zu sprechen:

«(Mein Traum) ging offenbar zurück bis in die Grundlagen der Kulturgeschichte, einer Geschichte aufeinanderfolgender Bewußtseinslagen. Er stellte etwas wie ein Strukturdiagramm der menschlichen Seele dar, eine Voraussetzung durchaus *unpersönlicher* Natur. Diese Idee schlug ein, ‹it clicked›, wie der Engländer sagt; und der Traum wurde mir zu einem Leitbild, das sich mir als die erste Ahnung eines kollektiven a priori der persönlichen Psyche bildete, das ich zunächst als Spuren früherer Funktionsweisen auffaßte. Erst später, bei vermehrter Erfahrung und zuverlässigerem Wissen erkannte ich die Funktionsweisen als Instinktformen, als *Archetypen...*»

Die Tragweite dessen, was dem Hervorbringer dieses Traumes aufging, kann in seiner Bedeutung für Jung und damit für die Weiterentwicklung der Psychoanalyse kaum überschätzt werden. Das auf der Überfahrt nach Amerika produzierte Traumbild entsprach der Landung auf einem neuen Kontinent seelischer Wirklichkeit. Wie erwähnt, war für Freud die Annahme eines nichtindividuellen Unbewußten keineswegs ganz fremd, zumal ihn die Welt der Mythen, die Ausdruck eines alten kollektiven Menschheitswissens sind, beschäftigten. Anders als Jung legte er jedoch den Schwerpunkt auf die individuelle Bedeutsamkeit solcher Bilder; zur Archetypik vermochte er nicht durchzudringen.

Dieser Traum vom mehrstöckigen Haus beflügelte Jungs wissenschaftlichen Eros ebenso wie er sein emotionales Leben aufrührte. Aus Amerika zurückgekehrt, vertiefte er sich in historische, archäologische und mythengeschichtliche Werke. Die Dokumente der frühchristlich-gnostischen Tradition wurden in das Studium einbezogen. Allein schon die hierher gehörige Materialfülle war geeignet, den Leser «in einen ähnlichen Zustand der Ratlosigkeit (zu versetzen) wie seinerzeit in der Klinik, als ich den Sinn psychotischer Geisteszustände zu verstehen suchte. Ich kam mir vor wie in einem imaginären Irrenhaus und begann, die Kentauren, Nymphen, Götter und Göttinnen in Friedrich Creuzers Buch (‹Symbolik und Mythologie der alten Völker›, 1810–23) zu ‹behandeln› und zu analysieren, als wären sie meine Patienten...» Über dieser Beschäftigung ging ihm auf, daß eine Beziehung der antiken Mythologie zur Psychologie besteht. Und nicht nur das! Ein Prozeß hatte in Jung – sowohl in seinem Forschungszusammenhang als auch in seinem dadurch stark aktivierten Traumleben – begonnen, der einer Klärung entgegenstrebte, dessen Ausgang aber noch völlig offen war. Es handelte sich um die Auseinandersetzung mit seinem eigenen Unbewußten – perspektivenreich, aber auch gefahrvoll für den, der die «Nachtmeerfahrt» der Seele antritt.

Der Bruch mit Freud und die Begründung der Analytischen Psychologie

So ambivalent sich die inneren und äußeren Begebenheiten auswirkten, die mit der gemeinsamen Amerika-Reise zusammenhängen, eine Trennung als ein unvermeidliches Geschick zeichnete sich im Jahre 1909 noch keineswegs ab. Noch gab es die ungeteilte Wiener Vereinigung mit Adler, Stekel und den anderen. Meinungsverschiedenheiten schienen im Rahmen der wissenschaftlichen Diskussion noch durchaus möglich. Das galt auch für die Zürcher, die in der Gunst Freuds aus den genannten Gründen noch an Wertschätzung zunahmen. Von außen betrachtet, konnte man den Eindruck gewinnen, daß Psychoanalyse trotz des anhaltenden Widerstands von seiten der universitären Psychologie sich weiter konsolidierte. Dieser Eindruck wurde durch die Amerika-Reise verstärkt. Zukunftweisende Tendenzen zeichneten sich ab. Bereits 1911 konstituierte sich in den USA die «American Psychoanalytic Association», mit James J. Putnam als Vorsitzendem und Ernest Jones als Sekretär. Freuds und Jungs Vortragstexte wurden in amerikanischen Zeitschriften einer breiteren Leserschaft publik gemacht. Noch dauerte die Freundschaft der beiden Männer an. Wenn von Psychoanalyse die Rede war, dann trat neben Freud immer stärker C. G. Jung in den Vordergrund. Die Amerikaner luden ihn nach dem gemeinsamem Auftritt gleich mehrfach zu Vorträgen ein. Die hier und auch in anderen Äußerungen abzusehenden Akzentverschiebungen, zum Beispiel in der Einschätzung der Sexualität, wurden von außen kaum wahrgenommen; Freud blieb dies selbstverständlich nicht verborgen. Er warnte vor Zugeständnissen, welche die psychoanalytischen Grundüberzeugungen tangierten. Der Eindruck einer weiterhin bestehenden engen Kampfgemeinschaft blieb erhalten – noch für wenige Jahre immerhin.

Divergierende Momente in den Konzepten Adlers und Jungs ließen sich anfangs geradezu als bereichernde und horizonterweiternde Aspekte dieser tiefenpsychologischen Richtung verstehen. Das praktische psychotherapeutische Tun der auch zahlenmäßig zunehmenden Analytiker sowie die in Publikationen und bei Kongressen vorgetragenen Beiträge zur Forschung waren geeignet, dem Werk Freuds und seiner Mitarbeiter weitere Interessenten zuzuführen.

Zieht man die zeitgenössischen Dokumente heran, wie sie in Protokollen und Briefwechseln, später in den – freilich mit einiger Vorsicht zu betrachtenden – Memoiren der Beteiligten vorliegen, dann ergibt sich schon ein anderes Bild. Unverkennbar ist die Dynamik, die den unterschiedlichen Ansätzen der sogenannten «Schüler» im Verhältnis zu ihrem Meister innewohnte. Was den Fall Jung betrifft, so hat er im ausführlichen Freud-Kapitel seiner Erinnerungen dargelegt, wie sich die Konfrontation mit dessen Theorie anließ. Freuds Sexuallehre machte auf Jung zunächst durchaus Eindruck. Er hatte ohnehin zu respektieren, welche grundlegende Rolle die Sexualität bzw. «Psychosexualität» in der psychoanalytischen Doktrin wie auch in Freuds Philosophie spielte: die der eigentlichen Triebkraft für jede kulturelle Schöpfung. Die Wende aber mußte eines Tages eintreten. Lebhaft erinnerte sich Jung an die geradezu beschwörenden Worte aus einem Gespräch im Jahre 1910: «‹Mein lieber Jung, versprechen Sie mir, nie die Sexualtheorie aufzugeben. Das ist das Allerwesentlichste. Sehen Sie, wir müssen daraus ein Dogma machen, ein unerschütterliches Bollwerk.› – Das sagte er zu mir voll Leidenschaft und in einem Ton, als sagte ein Vater: ‹Und versprich mir eines, mein lieber Sohn: geh jeden Sonntag in die Kirche!› Etwas erstaunt fragte ich ihn: ‹Ein Bollwerk – wogegen?› Worauf er antwortete: ‹Gegen die schwarze Schlammflut› – hier zögerte er einen Moment, um beizufügen: ‹des Okkultismus›. Zunächst war es das ‹Bollwerk› und das ‹Dogma›, was mich erschreckte; denn ein Dogma, das heißt ein undiskutables Bekenntnis, stellt man ja nur dort auf, wo man Zweifel ein für alle Mal unterdrücken will. Das hat aber mit wissenschaftlichem Urteil nichts mehr zu tun, sondern nur noch mit persönlichem Machttrieb...»[75] Ob sich Freud dieser neuerlichen Selbstentlarvung bewußt war?

Jung empfand diese Beschwörung als einen Stoß «ins Lebensmark unserer Freundschaft». Und was den «Okkultismus» betraf, so schien Freud – laut Jung – so ziemlich alles darunter zu verstehen, was mit Philosophie, mit Religion und mit der damals gerade aufgekommenen Parapsychologie (zuvor auch «Geheimwissenschaft» genannt) zusammenhängt. Die Sexualtheorie hatte im Dogmenbestand des «glaubenslosen Juden» geradezu ein fehlendes Gottesbild zu ersetzen. Demgegenüber ist bekannt, wie wichtig in C. G. Jungs frühen Jahren das parapsychologische Experiment war, daß er seine psychiatrische Dissertation unter den Titel «Zur Psychologie sogenannter okkulter Phänomene» stellte. Wie erwähnt, löste jener Traum vom mehrstöckigen Haus der Seele bei Jung eine intensive Beschäftigung mit dem weiten Feld der Mythologie aus, eine Beschäftigung, die in späteren Jahren bis tief in die Sonderbereiche der Gnosis, der Mystik und der Alchemie reichen sollte. Und wie mußte die Setzung eines Dogmas auf einen reformierten Pfarrerssohn wirken, noch dazu auf einen demokratisch gesinnten Schweizer, der zu den traditionellen, im alten Österreich gültigen Autoritäten ein völlig anderes Verhältnis hatte als Freud!

«Wandlungen und Symbole der Libido»

Während seiner Mythologie-Studien wurde Jung mit dem Phantasiematerial einer ihm unbekannten Amerikanerin bekannt, das seinerseits mythologisch strukturiert war. Die in einer Fachzeitschrift publizierten Texte wirkten auf ihn «wie ein Katalysator». Bisher Erfahrenes, Gedachtes, Erwogenes begann sich in ein Ideenbild zu ordnen, analog zu dem, was sein eigener Traum nahelegte, nämlich die Existenz eines überpersönlich bzw. kollektiv gearteten Unbewußten, das nicht mit dem von Freud und der bisherigen Psychoanalyse untersuchten Unbewußten identisch sein konnte. Schon Ende Januar 1910 sprach Jung davon, daß er einen ganzen Vortragszyklus über die entwicklungspsychologische Behandlung der Symbolik gehalten hätte. Damit ist der Zeitpunkt genannt, an dem sich in ihm sein erstes größeres Werk vorbereitete. Es erhielt den Titel «Wandlungen und Symbole der Libido» (1911/12). Nach den Briefen zu urteilen, die den Werdeprozeß dieses Forschungsgangs betrifft, so nahm Freud durchaus noch interessiert zustimmenden Anteil. Er zeigte sich «erquickt». Hätte er, der oftmals Vorausschauende, geahnt, daß der von seinem «Kronprinzen» betretene Pfad ein doppeltes Resultat haben würde – die Ausbildung einer eigenen Psychologie und dadurch mitbedingt den Bruch mit ihm –, Freud hätte eher jeden anderen, aber nicht den mit so großen Hoffnungen begleiteten C. G. Jung für die Präsidentschaft der Internationalen Psychoanalytischen Vereinigung vorgeschlagen.

Liest man die Briefe der Jahre 1910 bis 1912, so meint man, der sonst so mitteilsame C. G. Jung bediene sich in der Erörterung seiner in vollem Gang befindlichen mythopsychologischen Untersuchungen einer gewissen Dramaturgie des Erwähnens, des Zitierens, des Andeutens und gleichzeitig einer Verschleierungstaktik. Doch die ist offenbar durch die Sache selbst und durch den noch ganz unabgeschlossenen Prozeß des Findens – auch des Irrens! – und Forschens bedingt, dessen Ende der Briefschreiber selbst noch nicht abzusehen vermag. Ihm kam es vor, er sei einsam in ein fremdes Land gezogen und sehe «Wunderdinge, die noch niemand gesehen und die auch sonst niemand zu sehen braucht». Was dann die Öffentlichkeit, insbesondere Freud, zu sehen bekam, eben jenes Buch «Wandlungen und Symbole der Libido», schuf bestürzende Tatsachen, freilich solche, die Jung teils im Gespräch, teils in seinen Briefen an Freud zumindest andeutend vorbereitet hatte.

Der eindeutig sexuell gestimmte Libidobegriff, wie er in Freuds «anrüchigen» «Drei Abhandlungen zur Sexualtheorie» (1905) und andernorts zugrunde gelegt war, müsse erweitert

Ödipus angesichts der Sphinx.

werden. Das «genetische Moment», das heißt die einseitige sexuelle Motiviertheit, ist aufzugeben. Also ein kompromißloser Widerspruch gegen jenes unabdingbare Freudsche «Dogma». Ein Abgrund von Ketzerei tut sich mit einem Male auf. Im Klartext: Jung faßte die Psyche in ihrer Gesamtheit als einen andauernden Prozeß auf. Die Energie, die sich hierbei manifestiert, nannte auch er Libido, aber in dem Sinn, der gemeint ist, eben: psychische Energie, psychische Kraft, die zwar sexuell motiviert sein kann, jedoch nicht sein muß.

Im biographischen wie im theoretischen Kontext sollte diese unterschiedliche Definition der Libido von erheblicher Tragweite sein. Anders ausgedrückt: Das Buch «Wandlungen und Symbole der Libido» markiert den biographischen und den theoretischen Wendepunkt in der beiderseitigen Beziehung. Jung hielt das in diesem Frühwerk Niedergelegte für wichtig genug, um es als Fünfundsiebzigjähriger nochmals, und zwar in gereifter Form, vorzulegen. Diesmal unter dem veränderten Titel «Symbole der Wandlung» (1950). In der Vorrede zur vierten Auflage legt der Verfasser Rechenschaft über sein Tun ab. Danach kamen jene Erlebnisse und Gedanken «wie ein Bergsturz» über ihn. Er empfand dies als «die Explosion aller jener seelischen Inhalte, welche in der drangvollen Enge der Freudschen Psychologie und Weltanschauung keine Aufnahme finden konnten...» Es ging ihm im wesentlichen darum, «die medizinische Psychologie von dem damals vorherrschenden subjektiven und personalistischen Charakter ihrer Anschauungsweise wenigstens so weit zu befreien, daß es möglich wurde, das Unbewußte als eine objektive und kollektive Psyche zu verstehen...» Und dann die abschließende Bemerkung:

«Dieses Buch (‹Wandlungen und Symbole der Libido›) wurde 1911 in meinem sechsunddreißigsten Jahre verfaßt. Dieser Zeitpunkt ist kritisch, denn er bezeichnet den Anfang der zweiten Lebenshälfte, in welchem nicht selten eine Metánoia, eine Sinnesänderung stattfindet. Der Verlust der Arbeitsgemeinschaft mit und der freundschaftlichen Beziehung zu Freud war mir damals gewiß. Der praktischen und moralischen Unterstützung, die mir meine liebe Frau in jener schwierigen Zeit gewährte, muß ich mich hier dankbar erinnern.»[76]

Zwischen den Fronten der Lehre

Hierbei handelt es sich um mehr als nur um eine beiläufige Notiz. Und wenn Jung dieses Buch am angegebenen Ort als einen «Markstein» bezeichnete, «gesetzt an der Stelle, wo sich zwei Wege trennten», dann muß man hinzunehmen, was er in seinen Erinnerungen unter die Überschrift «Die Auseinandersetzung mit dem Unbewußten» beschrieben hat. Es ist jener um die Weihnachtszeit 1912 in Gang gekommene, in eine kritische Phase eingetretene Prozeß einer ungewöhnlich starken Belebung seines Unbewußten. Da war die Sphäre der Spekulation oder eines klugen Theoretisierens verlassen. Der Seelenarzt, der sich den geistig-seelischen Verirrungen und Leiden seiner

Patienten zu widmen hatte, war geradezu schlagartig mit seinen eigenen Dunkelheiten und inneren Abgründen konfrontiert. Ihnen mußte er standhalten, wenn er zu weiterer therapeutischer Tätigkeit ermächtigt sein wollte. Daß er hier seiner Frau Emma Jung dankbar gedenkt, bedarf keiner zusätzlichen Rechtfertigung. Sie ist es gewesen, die dem auf der «Nachtmeerfahrt» der Seele Befindlichen, der sich eine Zeitlang hart am Rand des Wahnsinns und der Desorientiertheit bewegte, den Bezug zur Alltagsrealität sicherstellen half.

Die imaginativen Innenwahrnehmungen, die an ihn heranbrandeten, empfand er «wie feurig-flüssigen Basalt», der in kristallisierter Form der Bearbeitung bedurfte. C. G. Jungs Resümee hierzu lautet: «Die Jahre, in denen ich den inneren Bildern nachging, waren die wichtigste Zeit meines Lebens, in der sich alles Wesentliche entschied. Damals begann es, und die späteren Einzelheiten sind nur Ergänzungen und Verdeutlichungen. Meine gesamte spätere Tätigkeit bestand darin, das auszuarbeiten, was in jenen Jahren aus dem Unbewußten aufgebrochen war und mich zunächst überflutete. Es war der Urstoff für ein Lebenswerk.»[77]

Jung, der durch seine eigenen Innenerfahrungen, aber auch durch seine kulturhistorischen und religionsgeschichtlichen Interessen Schritt um Schritt mit der Tiefenpsyche vertraut wurde und der als Psychiater die Brauchbarkeit der psychoanalytischen Methode erproben lernte, konnte nicht an den Grenzen haltmachen, die die Freudsche Sicht- und Arbeitsweise vorgab. Um den Preis einer beinahe zehn Jahre währenden Übereinstimmung und Freundschaft mußte er diese Grenzen der Freudschen Psychoanalyse überschreiten. Er mußte das Feld, aber auch die Methode der Psychoanalyse erweitern und qualitativ verändern. Der «Sohn» mußte sich vom «Vater» lösen; der «Kronprinz» hatte auf das ihm von seinem Wiener Meister zugedachte Erbteil, wie Freud es verstand, zu verzichten. Für wertvoller als das hielt Jung, was sich ihm seitdem erschloß. Sein Hauptanliegen war es, über die persönliche, auf die Person begrenzte Bedeutung hinaus, die Freud der Sexualität und deren biologischer Funktion beimaß, ihre geistige Seite zu erforschen, ihren numinosen Sinn zu erhellen. Der Vorwurf, deshalb ein Mystiker, ein Spiritualist, ein Gnostiker o. ä. geworden zu sein, konnte ihn nicht von der konsequenten Fortführung seiner zweifellos sehr speziellen Forschungen abhalten. Unter der Bezeichnung «Analytische Psychologie» (gelegentlich auch «Komplexe Psychologie» oder «Archetypische Psychologie» genannt) unterschied er sich jetzt von der herkömmlichen Psychoanalyse.

Die Trennung als solche, wie sie nach außen in Erscheinung trat, wurde Zug um Zug vollstreckt: auf den Kongressen der Internationalen Psychoanalytischen Vereinigung (obwohl Jung anläßlich des Münchener Kongresses im September 1913 nochmals als Präsident bestätigt wurde); durch Abbruch des Briefwechsels; ferner dadurch, daß Jung seine Ämter, auch die, welche mit publizistischen Aufgaben zusammenhingen, niederlegte. Die Parallelität, die sich aus Gleichzeitigkeit dieses Endes und dem Anfang ergibt, den Jung für seinen Teil zu setzen hatte, mag daran abgelesen werden, daß er bei seinem letzten Auftritt in München über die Frage der psychologischen Typen referierte. Damit war das Thema des ersten seiner Hauptwerke («Psychologische Typen», 1920) intoniert, das Jung nach der Trennung im Druck erscheinen ließ.

Freuds Einschätzung der Trennung

Bedenkt man, welche großen Hoffnungen Freud anfangs auf C. G. Jung und die Zürcher Anhänger gesetzt hat, dann begreift man die Schwere der ihm zugefügten Enttäuschung. Sie betraf naturgemäß beide: ihn als den «Vater», der seinen Sohn verloren hatte, aber eben einen «verlorenen Sohn»; sie betraf aber nicht weniger auch die psychoanalytische Bewegung selbst, die nun vor die Frage gestellt war, wer die leergewordene Stelle vor allem geistig-produktiv auszufüllen vermochte. Manche wird in diesem Zusammenhang die Frage bewegt haben, ob die Gefahr inzwischen gebannt sei, Psychoanalyse als «jüdische Wissenschaft» mißdeuten zu können. Der Aderlaß war nicht unerheblich.

Nun entsprach es nicht Freuds Wesensart, angesichts des Vorgefallenen in ein mitleidheischendes Lamento auszubrechen. Er zog es offensichtlich vor, den Verlust für sich und die Seinen ins Positive zu wenden. Als Adler sich getrennt hatte, schrieb er beispielsweise (1911) an seinen «lieben Freund» nach Zürich: «Adler bin ich endlich los geworden», desgleichen die «Adler-Bande». Sollte er mit Jung – «Kronprinz» ja oder nein? – jetzt anders verfahren? Nachdem «die Bombe» geplatzt war und Freud aufs neue ein siegesgewisses «Hurrah» vernehmen ließ, schrieb er geradezu enthusiasmiert an Karl Abraham nach Berlin: «So sind wir sie endlich los, den brutalen heiligen Jung und seine Nachbeter!»[78] Verlust als Befreiung zu kaschieren ist offenbar eine psychoanalytische Möglichkeit, seine schwärenden Wunden zu- statt aufzudecken... An der Art, wie die verbliebenen Freunde das Ereignis dieser zweiten Demission kommentierten, indem sie «Erschütterung» mit «Bewunderung» beantworteten, konnte der strahlende Hauptleidtragende die Gefolgsschaftstreue derer ermessen, die sich um so enger um ihn scharten, etwa Abraham, Eitingon, Ferenczi und andere. In einer Hinsicht ließ sich der Verlust in der Tat als ein Gewinn interpretieren: Nach dem Weggang von Adler und Jung erhielt die orthodoxe Psychoanalyse ein schärferes Profil. Sie konnte sich um so unverwechselbarer gegenüber den konkurrierenden Psychologien und tiefenpsychologisch fundierten Therapieweisen behaupten. Aus deren Sicht handelte es sich dagegen um Einseitigkeit bzw. um dogmatische Verfestigung, die der Mehrdimensionalität seelischer Wirklichkeit nicht gerecht werde.

In seinen Aufzeichnungen zur Geschichte der psychoanalytischen Bewegung zog Sigmund Freud die zu erwartende Bilanz, indem er nach der Besprechung Adlers auch die Jungs einer kritischen Bewertung unterzog. Für die Fixierung des Tatbestandes bedient er sich hier einer knappen Formel: «Die Adlersche Abfallbewegung vollzog sich vor dem Kongreß in Weimar 1911; nach diesem Datum setzte die der Schweizer ein.»[79] Beide Male habe es sich – gemäß seiner Definition – um «Umdeutungsversuche an den analytischen Tatsachen» gehandelt, um «Bestrebungen zur Ablenkung von den Gesichtspunkten zur Analyse». Gemeint sind damit Abwandlungen der «mühsam erworbenen Wahrheiten der Psychoanalyse», nämlich die weitgehende Preisgabe des sexuellen Moments zugunsten einer auf persönlicher Willkür basierenden Geringschätzung des wissenschaftlichen Denkens. Sieht man einmal davon ab, daß diese 1914, also unmittelbar nach dem Ende der mehrjährigen Gemeinsamkeit niedergeschriebenen Gedanken polemisch gefärbt sind, darf auch der noch in der Ausformung begriffene Charakter des Jungschen Konzepts nicht außer acht gelassen werden. Sein Frühwerk «Wandlungen und Symbole der Libido» ist in diesem Zusammenhang eher als eine Richtungsanzeige für die künftige Entwicklung zu betrachten.

Der neunzehn Jahre Jüngere hatte bei der Durchformung seines Werkes eigenen Gesetzen zu folgen. Sein Bestreben, auch die überpersönliche, die geistige Dimension in die Tiefenpsychologie einzubeziehen, wurde in der Folgezeit auch außerhalb der Jung-Schule befürwortet, und zwar bis hin zur Psychosynthese Roberto Assagiolis, bis hin zu Erich Fromm und zur Logotherapie Viktor E. Frankls. Darin erblickte Freud jedoch eine unzulässige Relativierung seiner Hauptlehre. Es spricht für die

Freud um 1925.

bei ihm entstandene Erbitterung, daß er zu fragwürdigen Verteidigungsgesten Zuflucht nahm. Derselbe Kollege, dessen geistige Kapazität er noch vor wenigen Jahren rühmte und den er über seine Wiener Anhänger stellte, sollte ihm plötzlich nicht mehr seriös genug sein. So liest man in den historisch sein sollenden Aufzeichnungen, Jungs Abwandlung des psychoanalytischen Ansatzes lockere nicht allein den Zusammenhang mit dem Triebleben; sie sei zudem «unklar, undurchsichtig und ver-

C. G. Jung, 1955, der aus Anlaß seines 80. Geburtstags mit dem Ehrendoktorat der Eidgenössischen Technischen Hochschule ausgezeichnet wurde.

worren». Und damit nicht genug. Freud sinnt darüber nach, inwiefern sich besagte «Unklarheit» mit der ihm unterstellten «Unaufrichtigkeit» messe...

Von da ist der Schritt nicht mehr weit, den einst Hochgeschätzten mit einem bloßen «Emporkömmling, der sich der Abstammung von uradeliger, aber ortsfremder Familie rühme», zu vergleichen. Faktisch sei mit Jungs eigenem Entwurf, der Analytischen Psychologie, der «völlige Zerfall mit der Psychoanalyse» gegeben. Ferner meint Freud gezeigt zu haben, «daß die neue Lehre, welche die Psychoanalyse subsiduieren möchte, ein Aufgeben der Analyse und einen Abfall von ihr» bedeutet. Seine Bilanz schließt Freud mit der Feststellung:

«Menschen sind stark, solange sie eine starke Idee vertreten; sie werden ohnmächtig, wenn sie sich ihr widersetzen. Die Psychoanalyse wird diesen Verlust ertragen und für diese Anhänger andere gewinnen. Ich kann nur mit dem Wunsche schließen, daß das Schicksal allen eine bequeme Auffahrt bescheren möge, denen der Aufenthalt in der Unterwelt der Psychoanalyse unbehaglich geworden ist. Den anderen möge es gestattet sein, ihre Arbeiten in der Tiefe unbelästigt zu Ende zu führen.» Wie die Geschichte zeigt, haben sich die Beteiligten diesseits und jenseits der beschriebenen Fronten, in Psychoanalyse, Individualpsychologie und Jungs Analytischer Psychologie daran gehalten. Ohne besondere wechselseitige Kenntnisnahme sind sie ihren eigenen Weg weitergegangen. Es blieb jeweils dem einzelnen überlassen, die partielle Berechtigung der einen bzw. der anderen Lehre anzuerkennen und gegebenenfalls zu erproben.

Was Freud anlangt, so scheint es späte Äußerungen von ihm gegeben zu haben, wonach er im hohen Alter versöhnlicher gestimmt war. In einem Brief an den amerikanischen Analytiker James Putnam hatte er noch 1915 geäußert: «Er (Jung) war ein mir sympathischer Mensch, solange er blind dahinlebte wie ich. Dann kam bei ihm die religiös-ethische Krisis mit höherer Sittlichkeit, Wiedergeburt und Bergson, und gleichzeitig Lüge, Brutalität und antisemitische Überhebung gegen mich...» Anders tönt die kurze Äußerung, die der sechsundsiebzigjährige Freud einem amerikanischen Besucher, dem Arzt E. A. Bennet, gegenüber gemacht hat. Als er ihn 1932 in Wien besuchte und fragte, wie der Weggang Adlers und Jungs auf ihn gewirkt habe, meinte Freud, Adlers Trennung sei kein Verlust gewesen, den er zu bedauern gehabt hätte, aber: «Jung war ein großer Verlust!»

Dieses späte Geständnis dürfte am ehesten Freuds tatsächlicher Einschätzung C. G. Jungs entsprechen. Man mag es seinem Bedürfnis zugute halten, mit Rücksicht auf die Schar der verbliebenen Anhänger den Verlust herunterzuspielen. Sie, die auf ihren Meister fixierten Freudianer, durften durch eine nach außen getragene Trauer ihres Gründervaters nicht verunsichert werden. Auf der anderen Seite hatte die wechselseitige Distanz ihr Gutes: Relativ unbeeindruckt durch konkurrierende Schulrichtungen war man da wie dort in die Lage versetzt, den je eigenen Weg auszubauen, ohne – zumindest zwischenzeitlich – auf eine allgemeine Doktrin Rücksicht nehmen zu müssen.

Lou Andreas-Salomé in der Schule bei Freud

Obgleich Lou Andreas-Salomé weder dem Gründerkreis noch der Fachschaft der ersten Psychoanalytiker zugerechnet werden kann, ist sie aus dem Bild dieser Vereinigung nicht wegzudenken. Dafür gibt es mancherlei Gründe. Sie liegen in erster Linie in ihrer Person, in der Spontaneität, mit der diese außergewöhnliche Frau auf «Männer von Geist» zugehen konnte, aber auch darin, wie sie sich für die Sache Freuds eingesetzt hat, als wäre es ihr ganz persönliches Anliegen. Das wurde es schließlich auch, wenn man bedenkt, daß sie mit dem Gründer der Psychoanalyse ebenso wie mit Anna Freud und einer Reihe weiterer Mitglieder der Vereinigung der Seelenforschung in enger lebenslanger Verbindung blieb. Ihre Schriftstellerei sei im Grunde eine Art von Selbstanalyse gewesen, ein Ausloten der eigenen Persönlichkeit, ein Akt der Befreiung, meint ihr Biograph Heinz Frederick Peters: «Als sie diesen Zweck erfüllt sah und Freud ihr gezeigt hatte, wie sie ihre psychologischen Erkenntnisse therapeutisch nutzen konnte, gab sie das Schreiben praktisch auf.»[80] Und doch sind die Schriftstellerin und die Psychoanalytikerin nicht voneinander zu trennen.

Ihre Beschäftigung mit der modernen Seelenforschung geschah durchaus in Achtung und Anerkennung durch andere Analytiker aus dem Wiener Kreis, auch solcher, die sich, wie Alfred Adler, vom Gründervater entfernt hatten und eigene Wege gingen. Wie selbstverständlich posiert sie für das eingangs besprochene Gruppenfoto zum Weimarer Kongreß von 1911. Schon von ihrer äußeren, auf Selbstdarstellung angelegten Erscheinung her wirkt sie in die Mitte genommen, ins Gre-

Lou Andreas-Salomé, die langjährige Freundin und Kollegin Sigmund Freuds.

mium der offiziellen Tagungsteilnehmer integriert. Dabei konnten ihr Kontakt und ihre damaligen psychologischen Kenntnisse bestenfalls recht anfänglicher Natur gewesen sein. Und das kam so.

Louise von Salomé, genannt Lou, die 1861 in Sankt Petersburg geborene Tochter eines russischen Generals, hatte nach ihren Beziehungen zu Nietzsche, Paul Rée und anderen bereits ein bewegtes Leben von knapp dreieinhalb Jahrzehnten hinter sich, als sie im Frühjahr 1895 für kurze Zeit nach Wien kam, Die Wiener Literaten, an ihrer Spitze Arthur Schnitzler, Richard Beer-Hofmann, Hugo von Hofmannsthal, Felix Salten, Peter Altenberg und Marie von Ebner-Eschenbach machten ihre Bekanntschaft. In dem Jahr, in dem Breuer und Freud ihre «Studien über Hysterie» herausgaben und die Aufsehen erregenden Thesen des Doktors die Runde machten, muß Lou erstmals von Psychoanalyse gehört haben, jedoch ohne ihr in diesem Augenblick bereits näherzutreten. Noch war nicht abzusehen, daß sie nach geraumer Zeit die Lebenswege zahlreicher Psychoanalytiker der ersten Stunde kreuzen würde. Zuvor sollte sich eine andere Schicksalsfigur konstellieren, die der lebenslangen Freundschaft mit Rainer Maria Rilke.

Eineinhalb Jahrzehnte später, im Sommer 1911, besuchte Lou ihre Freundin, die Reformpädagogin und frauenbewegte Schriftstellerin Ellen Key in Alvastra (Schweden). Dort lernte sie deren Verwandten, den jungen schwedischen Neurologen Dr. Poul Bjerre (1876–1964) kennen. Die rasch angebahnte, freilich kurzlebige Liebesbeziehung bewirkte eine erste Einführung in die Psychoanalyse. Der schwedische Arzt hatte sich Sigmund Freud angeschlossen, ohne ihm freilich in allen Punkten zu folgen. Es bedurfte jedoch keiner besonderen Werbung Bjerres, um Lou nach Weimar einzuladen. Hier lernte sie endlich auch Freud persönlich kennen, der das Interesse der weitgereisten Dame zu würdigen wußte. Will man Lou Andreas-

Salomé charakterisieren, dann kann man Bjerre folgen, der sie so porträtiert hat:

«Sie war ein ungewöhnlicher Mensch, das merkte man sofort. Sie hatte die Gabe, sich unmittelbar in die Gedankenwelt eines anderen zu versetzen, besonders wenn sie liebte. Ihre enorme geistige Konzentration schürte gleichsam das geistige Feuer ihres Liebespartners. In meinem langen Leben hab ich nie wieder jemanden getroffen, der mich so schnell, so gut und so vollkommen verstand wie Lou. Dazu kam eine erstaunliche Offenheit ihrer Aussagen. Sie sprach mit dem größten Gleichmut über die heikelsten und persönlichsten Dinge... In dieser Hinsicht war sie mehr eine Naturkraft als ein menschliches Wesen... Als ich sie traf, arbeitete ich an den Grundlagen meiner Psychotherapie, die ganz im Gegensatz zu Freud auf dem Prinzip der Synthese fußt. In Gesprächen mit Lou sind mir Dinge klar geworden, die ich sonst wohl nicht gefunden hätte. Wie ein Katalysator aktivierte sie mein Denken. Ja, sie hat Ehen und Menschenleben zerstört, aber im Geistigen wirkte ihre Nähe befruchtend und schöpferisch. Nicht nur *an*regend – *auf*regend. Man fühlte den Funken der Genialität in ihr. Man wuchs in ihrer Nähe... Sie vereinte in sich eine ungewöhnliche Intuition mit einem außerordentlichen Intellekt. Im ersten erschien sie mir russisch (Dostojewskij); im letzteren sehr ‹westlich›...»[81]

Damit sind zwei Qualitäten genannt, die der analytischen Arbeit förderlich, wenn nicht unersetzlich sein können. Die vorbereitenden Gespräche mit Bjerre müssen so intensiv gewesen sein, daß Lou aus ihrer Begeisterung für die Tiefenpsychologie schon in Weimar kein Hehl gemacht hat. Die Psychoanalyse schien ihr Lehre und Handhabe zu sein, zu den Wurzeln der Seelenrätsel und der menschlichen Existenz gelangen zu können. Diese intensive Suche nach den Urgründen des Seins muß auch anderen an ihr aufgefallen sein, Martin Buber etwa, der als Herausgeber einer Schriftenreihe ihr zu Jahrhundertbeginn die Bearbeitung des Themas «Erotik» übertrug. Unerheblich waren die ihr bis dahin zugewachsenen Erfahrungen nicht. Aber es bedurfte der Grundlegung einer Seelenkunde, die geeignet war, tiefer ins Labyrinth der Psyche vorzustoßen. Nun schien ein solches Wissen vorzuliegen, das zu Abenteuern besonderer Art einlud. Gerade dazu fand sich Lou bereit. Sie selbst spricht im «Lebensrückblick» von der «Vehemenz», mit der sie in das Gebiet dieser neuen Wissenschaft eindringen wollte. Freud zeigte Skepsis, aber ihn amüsierte das; er lachte sie aus, weil zu diesem Zeitpunkt noch kaum von Ausbildungsgängen oder gar von Schulungsstätten für Psychoanalyse die Rede war. Wohl gab es seine und seiner Kollegen Schriften, in die man sich vertiefen konnte. Einfach waren Terminologie und Gedankenführung für einen nichtpsychiatrisch ausgebildeten «Lehrling» aber nicht. Lou hielt das nicht für ein ernsthaftes Hindernis, nachdem sie einmal Feuer gefangen hatte und der Eintritt in die «Schule bei Freud» ihr schließlich als einer der damals noch wenigen Frauen gestattet wurde.

Fest stand immerhin, daß man um 1911/12 ins Zentrum der «Freud-Schule», eben nach Wien, gehen mußte, wenn man Information aus erster Hand empfangen, wenn man Psychoanalyse gleichsam in statu nascendi erlebend erlernen wollte. Abgesehen von einem aufschlußreichen Briefwechsel mit Freud und Erinnerungen an ihn gibt es jenes berühmte Tagebuch «In der Schule bei Freud»[82], in dem Lou ihre Beobachtungen und Eindrücke festgehalten hat. Im «Lebensrückblick» berichtet sie:

«Als ich dann, nach halbjährigem autodidaktischen Vorstudium, bei Freud in Wien anlangte, da lachte er mich, die Ahnungslose noch herzlicher aus, da ich ihm mitteilte, außer mit ihm auch mit Alfred Adler, dem ihm inzwischen spinnefeind Gewordenen, arbeiten zu wollen. Gutmütig gab er das zu unter der Bedingung, daß weder von ihm dorthin, noch von dort in seinen Umkreis geredet würde. Diese Bedingung erfüllte sich so sehr, daß Freud erst nach Monaten meine Trennung von Adlers Arbeitskreis in Erfahrung brachte.»[83]

Freuds Entdeckungen faszinierten sie; sehr viel weniger die in den Analytiker-Zirkeln diskutierten theoretischen Divergenzen, wenngleich auch ihre Aufzeichnungen immer wieder die Theoriebildung tangieren. Eigens hebt sie hervor, mit welcher Rücksichts- und Rückhaltlosigkeit über gemeinhin als «anrüchig» erachtete Themen vor und mit Freud gesprochen werden konnte. Tabus schien es keine zu geben. Das entsprach ihrer eigenen Mentalität einer durchs Leben gereiften Frau. Und so kam jener eigentümliche Schulbesuch zustande:

Von Göttingen aus schrieb Lou unter dem 27. September 1912 nach Wien an Sigmund Freud: «Seitdem ich im vorigen Herbst dem Weimarer Kongreß beiwohnen durfte, hat mich das Studium der Psychoanalyse nicht mehr losgelassen, und es hält mich immer fester, je tiefer ich hineinkomme. Nun erfüllt sich mir der Wunsch, für einige Monate nach Wien gehn zu können. Nicht wahr, ich darf mich dann an Sie wenden, Ihr Kolleg besuchen, und auch die Zulassung zu den Mittwoch-Abenden von Ihnen erbitten? Mich dieser Sache nach allen Seiten zu widmen ist der einzige Zweck meines Aufenthalts dort.»

Freud sagte postwendend zu. Auch zögerte er nicht, der Studienbeflissenen seine Unterstützung anzubieten: «Wenn Sie nach Wien kommen, werden wir alle bemüht sein, Ihnen das Wenige, was sich an der Psychoanalyse zeigen und mitteilen läßt, zugänglich zu machen. Ich habe bereits Ihre Teilnahme am Weimarer Kongreß als ein günstiges Vorzeichen gedeutet.»[84]

Positiver hätte die Antwort nicht ausfallen können. Ihrer Wesensart gemäß hatte es Lou wohl nicht nur geschickt angepackt, daß sie ihren Weg nach Wien durch einige Männer bahnen ließ. Ihr Interesse gründete tief. Entsprechend intensiv gestaltete sie ihre Vorbereitung für Wien. Abgesehen von Poul Bjerre hatte sie sich im Frühjahr 1912 an den von Freud sehr geschätzten Berliner Kollegen Karl Abraham gewandt. Und der konnte Freud melden, wie genau er sie inzwischen kennengelernt habe, vor allem, daß er einem «solchen Verständnis der Psychoanalyse bis ins Letzte und Feinste» noch nicht begegnet wäre. Dieses Urteil konnte seine Wirkung nicht verfehlen. Und was Adler anlangt, so hatte sie sich ebenfalls vor ihrer Anfrage an Freud mit ähnlichem Ansuchen an ihn gewandt. Das muß in dem Wissen geschehen sein, welche Trennung innerhalb der Freud-Schule bereits eingetreten war. Ihre Anerkennung des Freudschen Konzepts kann sie im Brief an Adler nicht verleugnet haben. Dennoch gab auch er grünes Licht. Seine Antwort vom 6. August ist nicht zuletzt deshalb von Interesse, weil Adler seine derzeitige Einstellung zu Freud durchblicken läßt:

«Ihr Brief und die Aussicht, Sie im Oktober in Wien sprechen zu können, gehören meiner Meinung nach so sehr zusammen, daß ich Ihnen in Einem danke... Ihre Wertschätzung des wissenschaftlich bedeutenden Freud teile ich ja bis zu jenem Punkte, wo ich von ihm mehr und mehr abwich. Sein heuristisches Schema ist als Schema gewiß wichtig und brauchbar, weil sich in ihm auch alle Linien eines psychischen Systems widerspiegeln. Dazu kommt aber, daß die Freudsche Schule die sexuelle Floskel für das Wesen der Dinge nimmt. Mag sein, daß mich der Mensch zu kritischer Stellungnahme veranlaßt hat. Ich kann es nicht bereuen.»[85]

Völlig eigennützig oder allein von ihrer Interessenlage bestimmt handelte Lou wohl nicht. Die Kenntnis der Leiden und inneren Bedrängnisse Rilkes müssen bei ihrem Vorhaben mit im Spiel gewesen sein. Sie wollte ihrem Freund psychotherapeutisch helfen und ihn zu gegebener Zeit mit Freud in Verbindung bringen. Das gelang später auch.

Aber zunächst sind die Tage und Wochen ausgefüllt. Das Tagebuch, in das einige Briefwechsel eingestreut sind, hält die Vorgänge, die Begegnungen und Diskussionen – bis in spezielle psychoanalytische Auseinandersetzungen hinein – anschaulich fest. Auf diese Weise erhält man einen Einblick in die Vorgänge, wie sie im Mittwoch-Kreis, aber auch in den Donnerstag-Versammlungen mit Adler zu beobachten sind. Und Lou erweist sich nicht nur als eine aufmerksame Beobachterin. Da wie dort bringt sie sich mit ihren relativ rasch gewonnenen Kenntnissen ein und zögert weder bei Freud noch bei Adler, ihren eigenen Standpunkt zur Geltung zu bringen.

Die Entscheidung zwischen beiden Psychologien und deren Vertretern, die nicht auf einen gemeinsamen Nenner zu bringen sind, fällt alsbald eindeutig zugunsten von Freud aus. Aber schon bei einem der ersten Abende kommt es zum intensiven, durchaus kontroversen Meinungsaustausch. Freud rechnet mit ihrer regelmäßigen Anwesenheit, ja er ertappt sich, daß er auf den für sie freigehaltenen Platz starrt, wenn sie einmal nicht zugegen sein kann.

In Lous Aufzeichnungen lernt man auch die meisten der Kreismitglieder beider Gruppierungen kennen. Selbst C. G. Jung, den ihr nicht ganz geheuren «Kronprinzen» aus Zürich, nimmt sie unter ihre kritische Lupe. Sie vernimmt mancherlei Neues, z. B. über den Begriff des Unbewußten. Dieses bestehe durchaus nicht nur aus verdrängten Inhalten, wie man von der Zürcher Schule immer wieder vernehmen konnte. Das Unbewußte habe auch in der Meinung Freuds noch einen «weiteren Umfang». In dem bewußtseinsfernen «Es» seien in einer für uns noch dunklen Weise «angehäufte Erfahrungen der Vorzeit» aufbewahrt... Zweifellos eine bemerkenswerte, von Freud in späteren Arbeiten beleuchtete Feststellung. Man wird freilich einräumen müssen, daß der Schwerpunkt seines Forschens doch ein wesentlich anderer war und auch blieb, als dies bei den Archetypik-Studien C. G. Jungs der Fall war.

Abgesehen von Freud und Adler ist es einer der Analytiker, der während des Wiener Aufenthalts Lous besondere Aufmerksamkeit in Anspruch nimmt, und, wie sich denken läßt, nicht nur in fachlich-psychoanalytischer Hinsicht. Es ist der aus Kroatien stammende Wiener Nervenarzt Dr. Viktor Tausk, ein seinem analytischen Lehrmeister treu ergebener, eigenständiger Freud-Schüler, etwa achtzehn Jahre jünger als Lou, deren Fängen er nicht zu entgehen vermochte. Vergebens suchte sie den Geliebten, das «Brudertier», wie sie ihn in einem Anflug animalisch anmutender Zärtlichkeit betitelte, mit Freud zu versöhnen, wenn immer dieser mit seinem Zögling hart ins Gericht ging. Die Beziehung als solche blieb Episode, eine unter vielen anderen, in die noch weitere junge Wiener Analytiker involviert wurden.

Die eigenartige Wortfindung «Brudertier» verweist auf die Tatsache, daß Lou geradezu in eine Welt von Brüdern hineingewachsen war. Sechs leibliche Brüder gab es bereits, als sie geboren wurde. Brüderliche Empfindungen brachte sie offenbar Männern wie Nietzsche und Rée entgegen, Empfindungen, die sehr zu deren Enttäuschung durch eine Art Inzest-Tabu belegt waren. Erst als der 14 Jahre jüngere Rainer Maria Rilke in ihr Leben trat, erfuhr sie sich als «Frau»; so gesteht sie im «Lebensrückblick». Den Kreis um Freud erlebt sie von neuem als einen Kreis von Brüdern, ja als eine «Brüderschaft», von der sie sagt, daß sie sich in ihr «jedesmal heimischer und wohler» fühle.

«Dichtung ist etwas zwischen dem Traum und seiner Deutung», notierte Lou im November 1912 an den Rand ihrer Aufzeichnung zu Freuds Kolleg über die Technik der Deutung von Traum und Dichtung. Von daher erschloß sich ihr eine neue Dimension im Schaffen Rilkes. Sie hatte Rainer mit Freud und anderen aus dem Wiener Kreis zusammengeführt, als im September des folgenden Jahres die Internationale Psychoanalytische Vereinigung in München tagte, zum letzten Mal unter C. G. Jungs Vorsitz. Gerade aus der Freudschen Schule kommend, meinte sie, Rainers Träume sexuell interpretieren zu können, als sie im Oktober 1913 sich mit ihm in Dresden und im Erzgebirge aufhielt. Eingehend besprach sie hier sein Schaffen und eventuelle Gründe seines Leidensdrucks. Es war die Zeit, als er die «Sieben Gedichte» als «phallische Hymnen» konzipierte:

Auf einmal faßt die Rosenpflückerin
die volle Knospe seines Lebensgliedes...

In den Oktober-Aufzeichnungen, die insbesondere Rilke gewidmet sind, erfährt man, wie die Tagebuch-Schreiberin analysierend zu Werke ging: «Die Idee der ‹phallischen Hymnen›, die in Rainer lebt, ist wunderschön; er versucht allerdings dadurch zu erheben, was ihm zu wenig in der erotischen Objektbeziehung gelingt; wie immer ist hier die Poesie seine Selbstverklärung. – Während unserer Rückreise aus den Bergen machten wir eine Traum-Analyse, während welcher unter anderem auch viele entlegene Kindheitserinnerungen in Rainer hochkamen...»[86]

An den Bericht schließen sich Skizzen zu den Themen Geschlechtlichkeit, Bisexualität, Widerstand, Verdrängung an. Auch sie sind im Tagebuch zumindest skizzenhaft umrissen.

Mit einiger Skepsis, ja mit Besorgnis, verfolgten die ihr Nahestehenden, mit welcher Ausschließlichkeit sich Lou der Psychoanalyse zuwandte. Sie fürchteten, die in dieser Frau lebende naturhafte Frömmigkeit könne durch rigoros empfundene psychoanalytische Offenlegung Schaden leiden. Nicht zu übersehen war indes, daß Lou trotz ihrer Rückhaltlosigkeit bei der

Besprechung intimer, ja anrüchig erscheinender Fragen ein durchaus diskreter Mensch geblieben ist. Ihre Biographin Cordula Koepcke bemerkt: Ohne eine besondere «Begabung zum Ausbalancieren schwieriger menschlicher Verhältnisse» hätte sie ihr Leben gar nicht bestehen können. Als sie beispielsweise durch Sigmund Freud einmal erfährt, daß der mit ihm im Briefwechsel stehende Schriftstellerkollege Arnold Zweig über Friedrich Nietzsche schreiben wolle und von ihr entsprechende Auskünfte über diesen rätselhaften «Seelenerrater» erhofft, antwortet sie entsetzt: «Das ist für mich eine *ganz und gar undenkbare Beteiligung,* und wäre es die allergeringste, loseste! Bitte sagen Sie es dem Betreffenden mit den stärksten Ausdrücken und für immer.»[87] An dieser Einstellung hat sie nichts geändert.

So stellt ihr «Mein Dank an Freud», niedergeschrieben und veröffentlicht (Wien 1931) aus Anlaß von Sigmund Freuds 75. Geburtstag, eine Lebensbilanz dar, mit der sie gleichzeitig den allzu Besorgten antwortet. Darin bekennt sie sich als die Empfängerin von Einsichten, die ihr das «Hineinhorchen», das «Sich-Einfühlen in die fremden Seelenäußerungen» dadurch ermöglicht hat, daß sie ihr eigenes Unbewußtes zum Filter und Spiegel machen lernte. «Denn worin besteht genauer betrachtet, das jedesmal Einzige der seelischen Situation? Darin, daß nur innerhalb ihrer dem Forscher in uns sich ein Material bietet, wie es, so intim und lebensnahe, selbst dem nächststehenden Freunde noch entginge, und daß dennoch gerade seiner rein forscherischen Zuwendung dazu sich die Tiefe unseres Allmenschentums auftut, als ob sie sich unserer Selbsterkenntnis erschlösse. So handelt es sich um ein Doppelergebnis von Geben und Nehmen, indem das Forschungsziel nur erreichbar wird auf Grund eines Erlebens von Mensch zu Mensch, und dies Erleben seinerseits doch nur als der Erfolg forscherischer Objektivität.»[88]

Damit ist deutlich zum Ausdruck gebracht, daß Psychoanalyse ihre Identität, d. h. ihre Fähigkeit zur zwischenmenschlichen Beziehung, nicht nur erhalten, sondern zum Allmenschlichen hin erweitert hat. Identisch blieb sie sich somit eben darin, daß Lou nicht etwa jenen zu folgen bereit war, die sich durch Freud allein zur Erlangung «forscherischer Objektivität» anspornen ließen. Darauf mußte der Gründer einer neuen wissenschaftlichen Disziplin gewiß sein Augenmerk richten. Aber schon Adler, Jung, Maeder und andere legten – mit unterschiedlicher Akzentuierung – großen Wert darauf, daß in der Analyse das soziale Element zu seinem Recht komme, und zwar nicht weniger als das tiefer zu verstehende «Ich». Schon während der Wiener Zeit von 1912/13 war ihr aufgegangen, welche Bedeutung die Freudsche Erkenntnisweise für sie persönlich hatte. In einem Brief an Alfred Adler hat sie sich hierzu geäußert. Ein Vergleich mit späteren Aufzeichnungen unterstreicht die Kontinuität, die ihre Einschätzung des Erlebten während der letzten beiden Jahrzehnte ihres Lebens hatte. In diesem Brief heißt es:

«Das aber ist fast das Schönste, was ich durch Freud erfuhr: die stets erneute und vertiefte Freude an den Tatsachen seiner Entdeckungen selber, die er immer weiter begleitet und immer wieder an einen neuen Anfang stellt. Denn in seinem Fall handelte es sich ja niemals um das Sammeln und Ausfindigmachen ‹stofflicher› Einzelheiten, denen erst eine rein philosophische Diskussion darüber ihre Würde gäbe; was er ausgrub, waren ja nicht alte Steine oder Gerätschaften, sondern wir selbst sind in alledem, und darum sind die Einsichten, die ganz unmittelbar für uns drinstecken, auch philosophisch nicht weniger schwerwiegend, als etwa für das Kind die Erlebnisse, an denen es zuerst ‹Ich› sagen lernt.»[89]

Aber nicht nur in diesem wichtigen Punkt bestimmt sie, durchaus kritisch, ihre eigene Position gegenüber der Psychoanalyse. Ihr Dank an Freud läßt sie nicht vergessen, daß sie für ein Frommsein eintreten müsse, für das der Wiener Meister nur die Gleichung fand: Religion ist eine Zwangsneurose – so problematisch formelhafte Gleichsetzungen wie alle Vereinfachungen sein mögen, wenn sie anderen zur Kennzeichnung – oder gar mit der Absicht der Diffamierung – angeheftet werden. Wie sich Lous Denken um die Nachbarschaft von Religiosität und erotischer Leidenschaft drehte, so regte die Freundschaft mit Rilke ihr Interesse an der Problematik des künstlerischen Schaffens an. Es ist das Interesse am künstlerischen Prozeß als solchem, der aus jenen unbewußten Tiefen emporsteigt, die von einer schöpferischen Libido erfüllt sind, also bei weitem nicht allein verdrängte Inhalte bergen.

Mit diesen und ähnlichen Überzeugungen, die durch Psychoanalyse nicht etwa unterdrückt, sondern eher noch gefördert wurden, beschrieb Lou Andreas-Salomé ihre eigene Position, die sich von derjenigen Freuds bisweilen deutlich abhebt. Der auf diese Weise dankbar Kritisierte zeigte sich gerührt. Ihn rührte die Offenheit ihres Bekenntnisses. Ja, er lobte seinerseits das Buch seiner «liebsten Lou», weil es «eine echte Synthese (sei)..., der man zutrauen könnte, daß sie die Sammlung von Nerven, Sehnen und Gefäßen, in die das analytische Messer den Leib verwandelt hat, wieder zum lebenden Organismus rückverwandeln kann.»

Darf aus einer solchen Äußerung Freuds das Eingeständnis herausgelesen werden, daß er die Ergänzungsbedürftigkeit der Psycho*analyse* durch eine Psycho*synthese* letztlich gebilligt hat? Wie auch immer – hier geht es primär um die Anerkennung der eigenständigen Erkenntnisarbeit einer Frau, die längst aus dem Stadium der bloßen Schülerschaft herausgewachsen ist. Im selben Brief stellt er der Autorin ein außergewöhnliches Zeugnis aus:

«Es ist gewiß nicht oft vorgekommen, daß ich eine psychoanalytische Arbeit bewundert habe, anstatt sie zu kritisieren. Das muß ich diesmal tun. Es ist das schönste, was ich von Ihnen gelesen habe, ein unfreiwilliger Beweis Ihrer Überlegenheit über uns alle, entsprechend den Höhen, von denen herab Sie zu uns gekommen sind. Es ist eine echte Synthese, nicht die unsinnige, therapeutische unserer Gegner...»[90]

Also eben doch nicht die von anderen (z.B. von R. Assagioli oder auch von Poul Bjerre) angestrebte «Psychosynthese», weil diese sich dort «gegnerisch» und «unsinnig» gebärde.

Sigmund Freud hat die knapp fünf Jahre Jüngere überlebt. Verbunden blieb er mit ihr bis an ihr von schwerer Krankheit überschattetes Ende. Eine enge Freundschaft verband sie mit seiner Lieblingstochter und geistigen Nachlaßverwalterin Anna Freud, mit der sie zum vertrauten Gespräch zusammentraf, wenn immer sie zum Besuch nach Wien kam. Als Lou am 5. Februar 1937, nur wenige Tage vor Vollendung ihres 76. Geburtstags, in ihrem Göttinger Haus am Hainberg gestorben war, schrieb ihr Sigmund Freud einen Nachruf, in dem er Lou Andreas-Salomé den ihr zustehenden Platz in der Geschichte der Psychoanalyse mit folgenden Worten markierte:

«Die letzten 25 Jahre dieser außerordentlichen Frau gehörten der Psychoanalyse an, zu der sie wertvolle wissenschaftliche Arbeiten beitrug und die sie auch praktisch ausübte. Ich sage nicht zu viel, wenn ich bekenne, daß wir es alle als eine Ehre empfanden, als sie in die Reihen unserer Mitarbeiter und Mitstreiter eintrat, und gleichzeitig als eine neue Gewähr für den Wahrheitsgehalt der analytischen Lehren... Wer ihr näher kam, bekam den stärksten Eindruck von der Echtheit und der Harmonie ihres Wesens und konnte zu seinem Erstaunen feststellen, daß ihr alle weiblichen, vielleicht die meisten menschlichen Schwächen fremd oder im Lauf des Lebens von ihr überwunden waren. In Wien hat sich einst das ergreifendste Stück ihrer weiblichen Schicksale abgespielt...»[91]

In der Nachfolge Sigmund Freuds

Wie bekannt, unternahm Freud mancherlei Anstrengungen, um eine wirkungsvolle Repräsentanz durch seine Schüler und sonstige seinem Werk Aufgeschlossene zu sichern. Er hatte kaum das 50. Lebensjahr überschritten, als er sich schon nach einem Nachfolger umsah. Seine Wiener Kollegen enttäuschten ihn – nicht nur – in dieser Hinsicht. Jedenfalls war da niemand mit der fachlichen Kompetenz und dem geistigen Horizont, der für die Erfüllung einer solchen Aufgabe in Frage gekommen wäre.

Der für die Nachfolge- oder Stellvertreterrolle zunächst ausersehene Zürcher Professor Eugen Bleuler blieb – so haben wir gesehen – dem Wiener Meister gegenüber auf Distanz. Die Wahl der vielversprechenden Erscheinung von C. G. Jung erwies sich aus Freuds Sicht als ein Fehlgriff. Es endete mit der dramatischen Entfremdung und Trennung. Freuds eigene Söhne, Jean Martin (geb. 1889), Oliver (geb. 1891) und Ernst (geb. 1892), ließen sich erst gar nicht für das Metier ihres Vaters erwärmen. Einzig Anna, die 1895 geborene jüngste Tochter, zeigte nicht allein Interesse am Tun des Vaters; sie setzte sich vor allem auch in hingebungsvoller Weise für das anspruchsvolle geistige Erbe ein, jedoch ohne als erklärte «Erbin» der Psychoanalyse gelten zu können. Das mindert sie nicht in ihrer Bedeutung innerhalb der psychoanalytischen Bewegung, zumal sie eigenständige, die Dogmen ihres Vaters jedoch kaum in Frage stellende Beiträge lieferte. Sie ist neben einer Reihe weiterer Frauen eine der Nachfolgerinnen Sigmund Freuds geworden. Chronologisch betrachtet wären andere Analytikerinnen vor ihr zu nennen. Aber keiner schenkte er das Vertrauen, das er seiner Tochter entgegenbrachte. Schließlich war sie es, die mit großem, lebenslangem Einsatz Freuds Werk vor der Welt vertrat. Deshalb sei hier Anna Freud anderen Persönlichkeiten der Freud-Schule vorangestellt. War der «Kronprinz» ausgefallen, so ging es darum, daß eine Thronfolgerin an dessen Stelle trat. Wie bekannt, bediente sich Freud gerne solcher Bezeichnungen. Er tat es in der Überzeugung, als Gründer-Heros «das Reich» der Psychoanalyse erobert zu haben, somit auch ermächtigt zu sein, «das Erbe» einer Person seiner Wahl zuzuschreiben. Dem kam der Umstand entgegen, daß Anna Freud ehelos blieb und auf die Gründung einer Familie verzichtete.

Doch was die Fortführung, die Erweiterung, auch die Korrektur des ursprünglichen psychoanalytischen Entwurfs anlangt, so teilten sich mehrere Mitarbeiter (einschließlich der immer wieder auftauchenden Kontrahenten), die dem Gründervater zum Teil schon zu dessen Lebzeiten bald stützend, bald opponierend zur Seite traten, in diese wichtige Aufgabe.

Anna Freud und andere Frauen

Anna Freud, am 3. Dezember 1895 als sechstes und letztes Kind der Freud-Familie in Wien geboren, wuchs heran, als die Psychoanalyse wichtige Stationen ihrer Frühzeit durchlief. Die gemeinsam mit Josef Breuer herausgegebenen «Studien zur Hysterie» hatten im selben Jahr die Druckerpresse verlassen. Die Auflösung der Männerfreundschaft war ein Preis für die Durchführung des psychoanalytischen Wegs, den Breuer nicht mitzugehen vermochte. An seinem Hauptwerk «Die Traumdeutung» arbeitete Freud während Annas erster Lebenszeit. Daß er eigene Träume sowie die von Familienangehörigen in seine Untersuchungen einbezog, versteht sich von selbst. Bemerkenswert ist hierbei die Erwähnung eines Traums seiner Jüngsten. In dem Kapitel mit der programmatischen Überschrift «Der Traum ist eine Wunscherfüllung» gibt er den

Anna Freud, die engste Mitarbeiterin ihres Vaters.

Traumtext wieder; später zitiert er ihn ein zweites und ein drittes Mal, ein Beleg dafür, wie wichtig er die für seine These darin enthaltene Botschaft hielt. Wörtlich heißt es da:

«Mein jüngstes Mädchen, damals 19 Monate alt, hatte eines Morgens erbrochen und war darum den Tag über nüchtern erhalten worden. In der Nacht, die diesem Hungertag folgte, hörte man sie erregt aus dem Schlaf rufen: ‹Anna Freud, Er(d)beer, Hochbeer, Eier(s)peis, Papp.› Ihren Namen gebrauchte sie damals, um die Besitzergreifung auszudrücken; der Speisezettel umfaßte wohl alles, was ihr als begehrenswerte Mahlzeit erscheinen mußte; daß die Erdbeeren darin in zwei Varietäten vorkommen, war eine Demonstration gegen die häusliche Sanitätspolizei und hatte seinen Grund in dem von ihr wohlbemerkten Nebenumstand, daß die Kinderfrau ihre

Indisposition auf allzu reichlichen Erdbeergenuß geschoben hatte; für dies ihr unbequeme Gutachten nahm sie also im Traum ihre Revanche.»[92]

Anders als die Familie, der Vater Freud entstammte, hatte es Sigmund Freud selbst um die Jahrhundertwende zu einigem Wohlstand gebracht, so daß Anna in einem großbürgerlich geführten Haus aufwuchs. Das begabte Mädchen absolvierte bereits mit 15 Jahren am unweit der Berggasse gelegenen Lyceum die Matura. Ihrem Wunsch, sich als Lehrerin ausbilden zu lassen, stand nichts im Wege. Es war damals einer der wenigen Frauenberufe, den eine «höhere Tochter» zu erlernen pflegte. Seinen Kindern war Freud väterlich zugetan; er schenkte ihnen gebührende Aufmerksamkeit und Liebe. Seiner besonderen Gunst erfreute sich aber Anna. In seinen Briefen erwähnte er sie öfter als andere Familienmitglieder. Auf Reisen war es oft Anna, die ihren Vater begleiten durfte. Denkt man an seine schwere und langwierige Krebserkrankung, so war es die jüngste Tochter, deren spezieller Pflege er sich anvertraute. Schon Ernest Jones bemerkte in seiner Biographie, daß Freud während der Zeit seiner Erkrankung sich weigerte, eine andere Pflegerin als Tochter Anna um sich zu haben. Gleich zu Beginn habe er mit ihr einen Pakt geschlossen, «daß kein Gefühl zur Schau getragen werden dürfe; alles Nötige solle sachlich, ohne emotionale Beteiligung, wie es für den Chirurgen charakteristisch ist, ausgeführt werden.» In den Zeiten, als die mehrfachen Mundoperationen ihm das Sprechen unmöglich machten und damit sein öffentliches Auftreten verhinderten, vertrat Anna ihren Vater, las seine Vortragsmanuskripte und handelte in seinem Auftrag. So nahm sie (1930) in seinem Namen den Frankfurter Goethe-Preis entgegen und verlas seine Dankesrede. Schließlich geleitete sie Freud auf seine letzte Lebensstation, als er 1938 unter dem Druck der Nazis Wien verließ und nach London übersiedelte. Gelegentlich nannte er sie «Anti-

Sigmund Freud ist 1938 gezwungen, ins englische Exil zu gehen.

gone-Anna». Nach der griechischen Sage ist Antigone die Idealgestalt der selbstlosen Liebe zum Vater wie zu den Geschwistern. Das ist jedoch nur *ein* Aspekt für die nachträgliche Namenswahl, wenn man bedenkt, daß Antigone zugleich als Tochter des kranken Königs Ödipus von Theben gilt. Auf diese Weise hat der Entdecker bzw. Erfinder des Ödipus-Komplexes diese besondere Vater-Tochter-Beziehung anerkannt und ausdrücklich bestätigt.

Anna Freud konnte daher keinen kompetenteren Lehrmeister und Mystagogen der Psychoanalyse erhalten als ihren eigenen Vater. Auf diese Feststellung fällt – zumindest für einen Moment – ein Schatten, denn wer andere psychoanalytisch begleiten will, braucht mehr als nur eine theoretische Ausbildung. Es bedarf der tiefenpsychologischen Eigenerfahrung. Und die wird auf dem Weg der sogenannten Lehranalyse erworben. Freud betätigte sich als der Lehranalytiker seiner Tochter – eine Kuriosität, die den ebenfalls auf Erfahrung gegründeten Richtlinien der Psychoanalyse widerspricht. Irrte hier Freud, und beging er einen geradezu unverzeihlichen Kunstfehler? – Nun ist einzuräumen, daß in der Anfangszeit nicht jeder Analytiker eine solche Lehranalyse durchlaufen hatte. Die heute übliche Praxis gab es noch nicht. Man mußte sich erst über die Notwendigkeit einer Analyse für den Analytiker klarwerden. Für eine hierzu geeignete Richtlinie sorgte man erst später, etwa von 1926 an, als der jährliche Kongreß unter Karl Abraham in Bad Homburg tagte. Natürlich war sich Freud der Problematik bewußt, die darin besteht, daß einander eng verbundene Menschen das unbewußte Material des anderen analysierend bearbeiten. Auf die Frage seines italienischen Kollegen Edoardo Weiß, ob es ratsam sei, wenn ein junger Mann durch seinen Vater analysiert würde, antwortete er im Brief vom 1. November 1935 einigermaßen differenzierend, jedoch ohne eine letztlich verbindliche Anweisung zu geben:

«Was die Analyse Ihres hoffnungsvollen Sohnes betrifft, so ist das gewiß eine heikle Sache. Bei einem jüngeren Bruder möchte es leichter gehen, bei der eigenen Tochter ist es mir gut geraten, bei einem Sohn hat es besondere Bedenken. Nicht daß ich direkt vor einer Gefahr warnen könnte; es kommt offenbar alles auf die beiden Personen und ihr Verhältnis zueinander an. Die Schwierigkeiten sind Ihnen bekannt. Ich würde mich nicht verwundern, wenn es Ihnen trotzdem gelänge. Es ist für den Fremden schwer zu entscheiden. Ich würde Ihnen nicht dazu raten und habe kein Recht, es Ihnen zu untersagen.»[93]

Zweifellos war die nach Freuds Meinung «gut geratene» Analyse geeignet, die Tochter noch stärker an sich zu binden. Wie mag Anna Freud in ihren reifen Jahren selbst über das an sich Erfahrene gedacht haben? Wir haben immerhin ein Votum aus ihrer Feder, in dem sie darauf hinweist, «daß viele Analytiker... an ihren ungelösten Bindungen zu ihrem Lehranalytiker leiden, die ihren theoretischen Standpunkt beeinflussen». Dies setzt sie als eine bekannte Tatsache voraus. Für sie selbst gilt, daß sie an der klassischen Psychoanalyse festgehalten hat und auch darin ihrem Vater verbunden geblieben ist.[94]

Einen besonderen Vorteil genoß die Tochter Sigmund Freuds darin, daß sie neben ihrer pädagogischen Ausbildung und Tätigkeit auf eigenen Wunsch an die psychoanalytische Bewegung herangeführt wurde. Die Aufnahme in die Wiener Vereinigung erfolgte für die Siebenundzwanzigjährige 1922. Entscheidend für die Akzeptanz ihrer Person war aber zweifellos das Verständnis und der Elan, mit dem sie sich in die mittlerweile etablierte neue Wissenschaft einarbeitete. Ihre Beiträge konzentrierten sich in der Hauptsache naturgemäß auf Fragen, die sich aus ihrem Umgang mit Kindern ergaben, sei es, daß sie «Auffälligkeiten» zeigten, sei es, daß die junge Lehrerin angeregt wurde, grundlegende Fragen zu untersuchen. Zu ihnen gehörte für sie die immer wieder problematisierte Mutter-Kind-Beziehung oder die Frage nach den verschiedensten frühkindlichen Verletzungen, die einer psychotherapeutischen Behandlung zugeführt werden sollten.

Praktisch handelte es sich um die Ausarbeitung einer psychoanalytischen Kindertherapie, die Anna Freuds Lebensaufgabe werden sollte, eine hauptsächlich praxisbezogene Arbeit, wenngleich ihre theoretischen Arbeiten allgemein gewürdigt werden. Das gilt, seitdem ihre Schriften – relativ spät – in einer umfangreichen Werkausgabe vorliegen.[95] Darin setzt sie sich für die Verbindung der Psychoanalyse mit pädagogischen Zielsetzungen ein. Sie nahm ferner die Gelegenheit wahr, an der Wiener Psychiatrischen Klinik unter Julius Wagner-Jauregg zu hospitieren und einige Jahre hindurch an den Visiten bekannter Fachärzte regelmäßig teilzunehmen. Mit einigem Stolz berichtet Freud im Brief vom 23. März 1923 nach Göttingen an Lou Andreas-Salomé: «Anna ist jetzt auch unter die ausübenden Analytiker gegangen, benimmt sich wenigstens vorsichtig dabei und hat noch Freude daran.» Diese Freude an der Arbeit mit Kindern sollte sie bis ins hohe Alter begleiten, und sie wurde als Nichtmedizinerin uneingeschränkt anerkannt, auch durch eine Reihe akademischer Ehrungen.

Begonnen hat ihre praktische Tätigkeit ebenfalls Berggasse 19 in der elterlichen Wohnung, neben dem Sprechzimmer ihres Vaters. Als Helene Deutsch[96], eine andere, von Freud besonders geschätzte und allgemein beliebte Pionierin der Psychoanalyse und Assistentin Freuds, in Wien 1925 das Psychoanalytische Lehrinstitut begründete, erhielt Anna Freud den Auftrag, dort zu unterrichten und die Sache der Kinderanalyse zu vertreten. In ihrem ersten Buch «Einführung in die Technik der Kinderanalyse» sind ihre Vorlesungen aus den Jahren 1926 und 1927 zusammengetragen.

Daß hierbei Neuland zu betreten war, liegt auf der Hand, wenn man sich klarmacht, daß sich Psychoanalyse in erster

Helene Deutsch.

Linie an den Erwachsenen wendet. Das methodische Vorgehen setzt somit die Entscheidung des Erwachsenen voraus, sich dieser Kur zu unterziehen. Sie setzt sodann die Fähigkeit voraus, seine Träume und Einfälle zu erzählen und die daraus sich ergebenden Assoziationen zu verbalisieren. Eine solche «Analyse» ist einem Kind jüngeren Alters nicht gemäß. Und doch geht es darum, bis zu einem gewissen Grade unbewußte Produktionen wahrnehmbar und zumindest partiell auch bewußt zu machen. Das Miteinander von Kind und Analytiker(in) war demzufolge so einzurichten, daß unbewußte Strebungen, Ängste, Hemmungen, Widerstände und dergleichen in spielerischer Form zum Vorschein kamen. Daraus waren bzw. sind dann entsprechende Rückschlüsse zu ziehen, und die Gesprächsführung mußte den Blick auf eine behutsame Bewußtmachung lenken.

Zeitlich vorausgreifend sei erwähnt, wie Anna Freud immer wieder Gelegenheit fand, das erzieherisch-mütterliche Element in ihrem praktischen Tun zur Geltung zu bringen. So übernahm sie während der Zeit des Zweiten Weltkriegs die Leitung eines Kinderheims im englischen Hampstead, in dem gegen neunzig Kinder untergebracht waren. Ihr oblag die Aufgabe einer Hausmutter, als Ersatz der fehlenden Mütter. Erziehung, Therapie und Forschung wußte sie zu verbinden, als unmittelbar nach Kriegsende einige Kinder in ihre Obhut kamen, die das Konzentrationslager Theresienstadt überlebt und schwerwiegende Traumata erlitten hatten, z. B. den Verlust der Mutter, die Entwürdigungen des Menschen bereits im jüngsten Kindesalter, das daraus resultierende aggressiv-feindselige Verhalten samt weiteren kompensierenden Mangelerscheinungen, die die Not hervorgerufen hatte. Natürlich stand die therapeutisch-erzieherische Betreuung dieser Kinder im Vordergrund aller Bemühungen. Aber es war der Forschung wichtig festzustellen, daß die Reaktion der an ihrem Menschsein verletzten Kinder dem entsprach, was psychologische und biologische Untersuchungen vorweg ergeben hatten.

In ihrem Versuch, die Psychoanalyse im Bereich der Erziehung fruchtbar zu machen, stand Anna Freud nicht allein. Vor allem war sie nicht die erste, die sich den damit verbundenen Problemen stellte. Eine ältere, aber auf tragische Weise früh verstorbene Analytikerin, Hermine von Hug-Hellmuth (1871–1924), war ihr darin vorausgegangen.[97] Als eine der wenigen Nichtjüdinnen, überhaupt als eine der wenigen Frauen in der Wiener Vereinigung, bereicherte sie die sogenannte Kinderanalyse u. a. durch Einbezug der Spieltherapie.

Ihr folgte darin eine andere Analytikerin, die sich dem gleichen Arbeitsfeld zugewandt und ihrerseits ergänzende Gesichtspunkte zur Anwendung gebracht hat: die ebenfalls aus Wien stammende Melanie Klein (1882–1960)[98]. Indem sie

Melanie Klein.

Hug-Hellmuths Anregungen aufgriff, Malstifte, Scheren, Papiere, Fäden und dergleichen einsetzte, um zu phantasievollen Gestalten anzuregen, oder indem sie Kinder mit kleinen Figuren hantieren ließ, entwickelte sie eine Spieltechnik, die den verbalen Äußerungen in der Erwachsenenanalyse in etwa entspricht. Wie ein spielendes Kind seinen Figuren Rollen zuweist, wie es mit den Gestaltungen seiner Phantasie umgeht, artikuliert es durchaus eine aussagekräftige «Sprache». Sie kann entziffert und als Ausdruckswille des Unbewußten «verstanden» werden. Die in der Spieltherapie gewonnenen Erfahrungen wußte Melanie Klein in theoretische Konzepte zu überführen, teils in Übereinstimmung mit der Freudschen Theorie, teils in einem Spannungsverhältnis zu dieser.

Zu den Psychoanalytikerinnen der ersten Stunde gehören noch eine Reihe weiterer Frauen. In einer Liste, die Otto Rank

1924 zusammenstellte, um diejenigen Schüler zu benennen, die Freud die Treue gehalten haben, fehlen jedoch Frauennamen. (Daß Anna Freud aufgrund ihrer Sonderstellung eine Ausnahme macht, versteht sich von selbst.) Aber von der Mitte der zwanziger Jahre an nahm die Zahl der Frauen zu, die für die Psychoanalyse einige Bedeutung erlangen sollten, sei es, daß es sich um Interessentinnen handelte, die eine Einführung in diese Therapieweise erwarteten, sei es, daß andere dem Wiener Meister ihre Bewunderung, ihre ideelle wie materielle Unterstützung beweisen wollten.

Eine «königliche Hoheit», väterlicherseits aus der Linie Napoleon abstammend, mit dem Prinzen Georg von Griechenland verheiratet, trat im Jahre 1925 Marie Bonaparte (1882–1962) an Freud heran.[99] Als Abkömmling des französischen Hochadels hatte sie mutterlos in einer Atmosphäre seelischer Kälte aufwachsen müssen. Erst die Psychoanalyse brachte Zuversicht und Lebensglück ins Leben der hochbegabten Schriftstellerin und sehr reichen Aristokratin. In der praktischen Durchführung von Analysen, in der Übersetzung psychoanalytischer Texte ins Französische, in organisatorischer Pionierarbeit für die Etablierung der Psychoanalyse in Frankreich, nicht zuletzt als Mäzenin Freuds fand sie Erfüllung. Ihre weitgespannten internationalen Verbindungen wußte sie einzusetzen, um schließlich dem Todkranken die Übersiedelung ins englische Exil zu ermöglichen. Was Anna Freud in der englischsprachigen Welt für das Werk des Vaters tat, das fand durch Marie Bonaparte in Frankreich eine Entsprechung.

Neben der bereits erwähnten, vor allem in Wien für die psychoanalytische Ausbildung tätigen Helene Deutsch zählt die Ärztin Karen Horney (1885–1952) zu den für die Entfaltung der Bewegung wichtigsten Psychoanalytikerinnen des Jahrhunderts.[100] Die Frau des Berliner Rechtsanwalts Oskar Horney (bis 1926) hatte in Berlin bei Karl Abraham und Hanns Sachs ihre Lehranalyse absolviert. Früh erblickte sie ihre Aufgabe darin, die psychoanalytische Methode speziell der weiblichen Psyche dienstbar zu machen und damit eine psychologische Erkenntnisart zu formen, die nicht von vorgegebenen patriarchalisch geprägten Dogmen, sondern von der Psychologie «des Weibes» ihren Ausgang nehmen sollte. Darin widersprach sie Freuds Theorien von Wesen und Wert der Weiblichkeit, Anstoß nehmend am angeblichen «Penis-Neid» der Frau und der daraus sich ergebenden Einschätzung. So wird mit Recht darauf aufmerksam gemacht, daß dieser Zweig der Psychoanalyse insbesondere durch Karen Horney den emanzipatorischen Bestrebungen der Frau zugute kam. In Nordamerika, wohin sie schon zu Beginn der dreißiger Jahre übergesiedelt war, entfaltete sie eine weitverzweigte Tätigkeit, die sich über die engeren Grenzen der analytischen Disziplin hinaus erstreckte. Das zeigen u.a. ihre Kontakte zu Paul Tillich, zu Erich Fromm, zu dem vielgenannten Zen-Buddhisten D. T. Suzuki und anderen.[101] Nicht unerwähnt darf bleiben, daß sich Karen Horney sowohl den Unwillen Freuds als auch anderer zuzog. Ihr Biograph Jack L. Rubins verweist auf die ungemein widersprüchliche Art, in der diese Frau von ihrer Mitwelt erlebt worden ist, in einer großen Bandbreite der Gefühle: «Sie erstreckten sich über Extreme, reichten von Verdammung bis zum Preislied, von heftiger Ablehnung bis hin zur Bewunderung, ja Vergötterung. Sie wurde als alles bezeichnet, angefangen bei der Behauptung, sie sei eine ausgezeichnete, höchst wahrnehmungsbegabte klinische Psychoanalytikerin, bis hin zu dem Vorwurf, sie sei überhaupt keine Analytikerin – ein höfliches Standessynonym für ‹Scharlatan›... So wurde sie unterschiedlich – und gegensätzlich – sowohl als zerbrechlich als auch als stark beschrieben, als offen und verschlossen, zurückgezogen und ‹in einem›, entfernt und nahe, als sorgend und mütterlich...

als gut und als niederträchtig.»[102] So untypisch ist diese Charakteristik wohl nicht, bedenkt man, wie gegensätzlich die Urteile über die Psychoanalyse einst und heute ausfallen, je nach Standpunkt des Beurteilers und je nach den Erfahrungen, die mit dieser Vorgehensweise und ihren Vertretern gemacht werden können.

Das Komitee – ein geheimer Männerbund?

Wie bekannt, ging aus dem kleinen Zirkel der Mittwoch-Gesellschaft zunächst die Wiener Vereinigung und schließlich die Internationale Psychoanalytische Vereinigung hervor, mit der die Freudschen Analytiker vor die Weltöffentlichkeit traten. Doch die ursprüngliche Absicht, Gleichgesinnte zu gemeinsa-

Sigmund Freud im Kreis seines «Komitees»; stehend von links: Otto Rank, Karl Abraham, Max Eitingon, Ernest Jones; sitzend neben Freud: Sandor Ferenczi und Hanns Sachs. Als Ausdruck der Verbundenheit mit dem «Gründervater» trugen die Mitglieder einen mit einer griechischen Gemme gezierten goldenen Ring.

mer Forschung und Gedankenaustausch zusammenzuführen, war von Anfang an mit schweren Hypotheken belastet. Schon der Präsident der Wiener Vereinigung, Alfred Adler, sah sich gezwungen zu demissionieren. Daß weitere Kollegen sich «untreu» erwiesen, schien nur eine Frage der Zeit zu sein. Die Vereinigung schien von einem Spaltungsvirus infiziert zu sein. Als sich in den Jahren 1911/12 immer deutlicher abzeichnete, daß auch C. G. Jung im Begriffe war, eigene Wege zu gehen, sannen die verbliebenen engsten Mitarbeiter Freuds daher auf eine Möglichkeit, das von ihrem Gründervater erklärte «Bollwerk» auf eine geeignete Weise gegen weitere Zersetzung zu schützen. Das konnte, so hatte man den Eindruck, nur in der Weise geschehen, daß sich die «Treuen» nur um so fester um den Garanten ihrer Wahl scharten und eine Art Bund gründeten, dessen Angehörige sich gegenseitig ihrer Prinzipientreue versicherten, um damit der gemeinsamen Sache zu dienen. Nach Art der antiken Mysterien- und Philosophenschulen galt es, einen esoterischen, d.h. nach innen wirksamen Kreis zu schaffen, der über der Reinerhaltung der Lehre zu wachen hätte. Im biographischen Zusammenhang stellte Peter Gay das Vorgehen wie folgt dar:

«Im Juni (1912) war Ernest Jones in Wien. Er sah Ferenczi und ergriff die Gelegenheit, um über die Drohung weiterer Zwietracht im psychoanalytischen Lager zu sprechen. Die emotionalen Wunden, die Adlers Ausscheiden bei Freud und seinen Anhängern hinterlassen hatte, waren noch nicht verheilt, und Schwierigkeiten mit Jung erschienen nun ebenso wahrscheinlich, wie sie katastrophal sein würden. Da hatte Jones eine jener Ideen, die psychoanalytische Geschichte machten: Nötig sei, dachte er, eine engverbundene kleine Organisation von Treugesinnten, ein geheimes Komitee, das sich als seine verläßliche Palastwache um Freud scharte. Die Mitglieder des Komitees würden Neuigkeiten und Gedanken miteinander teilen und unter strengster Geheimhaltung jeden Wunsch diskutieren, ‹von einer der Grundlehren der psychoanalytischen Theorie abzugehen, das heißt von den Begriffen der Verdrängung, des Unbewußten, der infantilen Sexualität usw.›[103] Ferenczi war von Jones' Vorschlag begeistert, ebenso Rank. Dadurch ermutigt, unterbreitete Jones seinen Plan Freud, der sich gerade in Karlsbad von der Arbeit des Jahres erholte.»[104]

Freud nahm die Idee bereitwillig auf. Er zeigte sich von diesem Versuch, eine «streng geheime» Verbindung ins Leben zu rufen, so angetan, daß er sogar die «Vaterschaft», wie er sich ausdrückte, für dies Projekt in Anspruch nahm. Freud, der die Psychoanalyse gern mit seinem «Reich» verglich, assoziierte folgerichtig, es handle sich um eine Analogie zu den Paladinen im Reich Karls des Großen... Gleichzeitig gestand er sich die «knabenhaften, romantischen» Züge ein, die der Unternehmung anhafteten. Der Komiteebildung stand nun nichts mehr im Wege. Es war lediglich zu entscheiden, wer in den naturgemäß klein zu haltenden Kreis der «Paladine» gerufen werden sollte. Fest standen im vornherein die drei Erstlinge: Jones, Ferenczi und Rank. Hinzugerufen wurden Karl Abraham und Hanns Sachs, dem Freud «unbegrenztes Vertrauen» entgegenbrachte. Die Geheimhaltung erwies sich zweifellos als ein konstitutives Charakteristikum. Immerhin gab es auch ein äußeres Zeichen: Freud überreichte als sichtbares Unterpfand jedem Mitglied eine antike Gemme, die man jeweils in einen goldenen Ring fassen ließ. Damit hatte die innere Verbundenheit auch einen symbolischen Ausdruck gefunden, der zur unverbrüchlichen Loyalität aufrief.

Dem Vernehmen nach erfüllte das Komitee die ihm zugedachte Aufgabe zumindest einige Jahre hindurch erwartungsgemäß. Geographisch gesehen handelte es sich um ein Beziehungsgeflecht zwischen Wien, Budapest, London und Berlin.

Weitere Mitglieder konnten berufen werden, was auch geschah. Gemmenbesetzte Ringe erhielten Max Eitingon, der Freud als Zeichen seines Zugetanseins mit allerlei Geschenken überhäufte; später empfingen einen ähnlichen Ring auch Frauen, die innerhalb der Vereinigung eine außerordentliche Wertschätzung genossen. Zu ihnen gehörten die Ehefrauen einiger Analytiker-Kollegen, ferner Lou Andreas-Salomé, Tochter Anna Freud und Prinzessin Marie Bonaparte. Vor einem Treuebruch schützte besagter Ring freilich nicht. Auch das sollte sich in einzelnen Fällen zeigen.

Karl Abraham

Versuchen wir uns vor Augen zu führen, aus welchen Persönlichkeiten sich das Komitee zusammensetzte, dann ist an erster Stelle auf Karl Abraham zu blicken. Dafür spricht die Tatsache, daß Freud diesen seit 1908 in Berlin mit einigem Erfolg tätigen Analytiker als Jungs Nachfolger für den vakanten Präsidentenstuhl vorschlug. Das spricht für eine hohe Einschätzung dieses wissenschaftlich umsichtigen, leider früh verstorbenen Mannes.

Karl Abraham war 1877 als Sohn eines jüdischen Lehrerehepaars in Bremen geboren. Nach seinem Medizinstudium in Würzburg und Freiburg war er 1904 für etwa ein Jahr ans Burghölzli in Zürich gegangen. Unter Bleuler und Jung hatte er sich mit der Freudschen Behandlungstechnik bekannt gemacht. Im Sommer 1907 wandte sich Freud an den jungen Kollegen, indem er auf dessen gerade erschienene Studie positiv reagierte. Mit ihr hatte sich ein weiterer Vertreter der Psychoanalyse zu deren Gründer bekannt. Dieses Echo eröffnete den bald in wechselseitige Vertraulichkeit und Freundschaft einmündenden, bis 1925 reichenden Briefwechsel. In diesem Jahr verstarb Abraham, erst 48 Jahre alt.[105]

Für die Bewegung war der frühe Tod Abrahams in mehrfacher Hinsicht ein schmerzlicher Verlust. Er, der erste Psychoanalytiker Deutschlands, der aus seiner kritischen Distanz zu dem nur zwei Jahre älteren Kollegen C. G. Jung insbesondere Freud gegenüber kein Hehl machte, zeichnete sich sowohl durch große Prinzipientreue als auch durch die Fähigkeit aus, eben diese orthodoxe Position in Gestalt eines ersten psychoanalytischen Ausbildungsinstituts an die nach und nach sich einstellende Schülerschaft weiterzugeben. Mit finanzieller Unterstützung des begüterten russischen Arztes Max Eitingon (1881–1943) und des reichen ungarischen Brauereibesitzers Anton von Freund konnte mit dem Aufbau des Berliner Instituts bereits 1908 begonnen werden, also lange vor der Wiener Ausbildungsstätte.[106] Als Zürich für die Bewegung (zumindest großenteils) verloren gegangen war, hatte sich hier in Berlin ein zweites Zentrum neben Wien konstelliert. Seinem analytisch arbeitenden Arzt und engagierten Leiter gelang es, als Organisator des Ganzen eine Reihe von Mitarbeitern um sich zu scharen. Zahlreiche Vertreter und Vertreterinnen der zweiten Generation erlebten Abraham als ihren Lehranalytiker. Seine theoretischen Arbeiten bezogen sich auf die Psychosenforschung, auf deren Bearbeitung Freud weniger Aufmerksamkeit lenkte, sodann auf Mythologie, Traumlehre und Völkerpsychologie. Beachtung und Anerkennung fanden Abrahams Studien über Libidotheorie, Frühsexualität – was Freud mit besonderer Genugtuung zur Kenntnis nahm. Hinzu traten Arbeiten zur Charakterologie sowie zu einer psychoanalytischen Biographieforschung.[107] Alles in allem erwies sich Karl Abraham als einer, der als Komitee-Mitglied Freuds Vertrauen weitgehend bestätigte.

Sandor Ferenczi

Als Sohn eines Buchhändlers und Verlegers 1873 in der nordungarischen Stadt Miskolcz geboren, rückte Sandor Ferenczi zum «Senior» in Freuds Zirkel auf.[108] Anfang der neunziger Jahre hatte er in Wien Medizin studiert. In seiner Landeshauptstadt Budapest ließ er sich zunächst als Psychiater nieder. In der Erstbegegnung mit Freuds Hauptwerk «Die Traumdeutung» (1900) ging es ihm ähnlich wie C. G. Jung: Das Buch machte anfangs keinen sonderlichen Eindruck auf ihn. Er legte es als «unwissenschaftlich» durchgeführt beiseite. Er korrigierte sein Verhalten jedoch, als er sah, mit welchen Resultaten man in Zürich die Assoziationsexperimente anstellte, um in der Diagnose an versteckte neurotische Herde heranzukommen. Ein übriges bewirkte bei Sandor Ferenczi ein dadurch angeregtes gründliches Studium der bis dahin vorliegenden psychoanalytischen Literatur. Und was die Begegnung mit Freud anlangte, so erlebte er ähnliches wie eine Reihe anderer vor ihm: Der für jeden verständnisvollen Zeitgenossen dankbare Wiener Professor schenkte dem jungen ungarischen Arzt sein Wohlwollen – über Jahrzehnte hinweg. Ein umfangreicher, etwa zweitausend Schreiben umfassender Briefwechsel belegt dies. Im übrigen ist es kein Zufall, daß Ferenczi einer der wenigen war, die Freud und Jung auf ihrer Amerikareise begleiteten. Auf ihn ging auch die Anregung zurück, daß der nominierte «Kronprinz» für die Präsidentschaft in der Internationalen Psychoanalytischen Vereinigung gewählt würde. Insofern unterschied er sich einerseits von den Wiener Kollegen, die sich zurückgesetzt fühlten, aber andererseits auch von dem in Berlin tätigen Karl Abraham, der in der Einschätzung C. G. Jungs eine deutlich kritische Note angeschlagen hatte, lange bevor Freud selbst den Zürchern gegenüber auf Distanz ging.

Ferenczis theoretische Beiträge erstreckten sich über weite Gebiete der Forschung. Ohne seinem Lehrmeister durch Modifikationen entgegenzutreten, gab er doch zu erkennen, daß er ihm in einem wichtigen Punkt der Praxis widersprechen mußte, nämlich darin, wie sich der Analytiker in der Frage der sogenannten «Gegenübertragung» verhalten solle. Entgegen manchen Unterstellungen der Kritik bestand die unverrückbare Position der klassischen Psychoanalyse darin, daß der Analytiker den Erinnerungen seiner Patienten mit größtmöglicher Neutralität begegnen müsse. Keine Äußerung einer Gefühlsregung war erlaubt, geschweige denn eine zärtliche Geste, wie sie zwischen Menschen ausgetauscht wird, die einander Intimstes anvertrauen, und sei es in der Form des analytischen Gesprächs. Wie ein (relativ) objektiver Beobachter solle der Analytiker, die Analytikerin sich ausschließlich darauf beschränken, die anvertrauten Mitteilungen zu registrieren, zu sortieren und zu deuten, und zwar ohne jede persönliche Teilnahme, also auch ohne jedes Mitempfinden. Der Analytiker dürfe nicht – wie Freud es einmal im Brief ausdrückte – «mit seinen Schülerinnen Mutter und Kind spielen». Auf einen einfachen Nenner gebracht, könnte man den Unterschied zwischen beiden Einstellungen so charakterisieren:

Bestand Freuds Hauptinteresse darin, auf dem Wege der Forschung durch seine Patienten Einblicke in die Verstecktheiten der menschlichen Psyche zu erhalten, so ließ sich Ferenczi entsprechend stärker vom therapeutischen Impetus führen. Dabei hielt er es – von Fall zu Fall – für geboten, dem leidenden Menschen durch Zuwendung, durch Gesten der Berührung und dergleichen in der Lösung seiner Verspanntheiten und Problemen näher zu kommen. Eine behutsame Umarmung, gar ein Kuß konnten sich aus der besonderen Situation heraus einmal ergeben, ohne deswegen als ein «Ausrutscher» betrachtet werden zu müssen. Gerade der leidende, der desorientierte, vereinsamte Mensch bedarf des anteilnehmenden Menschen in der Gestalt des Analytikers.

Diese Einsichten ergaben sich für Ferenczi sowohl von seiner emotional aktiven Charakteranlage her als auch durch frühkindliche Erscheinungen des Liebesentzuges bedingt.

Freud mußte dem Ansinnen seines Kollegen indes energisch entgegentreten. Das in der klassischen Psychoanalyse streng durchgehaltene Prinzip der emotionalen Nichtteilnahme an den Hervorbringungen der Patienten schien auf eine Weise preisgegeben, die den Ruf des Analytikers gefährden könnte. Wie rasch könnte selbst eine diszipliniert geäußerte Vertraulichkeit von der mißgünstigen Mitwelt als Fehltritt diffamiert werden. Insofern war ein gewisser Selbstschutz geboten.

In einem Brief vom Dezember 1931 wendet sich Freud gegen Ferenczis methodische Neuerungen, die er als revolutionär, als umstürzlerisch und die bisherige Analysetechnik verändernd anprangerte:

«Es gibt keinen Revolutionär, der nicht von einem noch radikaleren aus dem Feld geschlagen würde. Soundso viele unabhängige Denker in der Technik werden sich sagen: Warum beim Kuß stehenbleiben? Gewiß erreicht man noch mehr, wenn man das ‹Abtatscheln› dazunimmt, das ja auch noch keine Kinder macht. Und dann werden Kühnere kommen, die den weiteren Schritt machen werden zum Beschauen und Zeigen – und bald werden wir das ganze Repertoire des Demiviergetum und der Pettingparties in die Technik der Analyse aufgenommen haben, mit dem Erfolg einer großen Steigerung des Interesses an der Analyse bei Analytikern und Analysierten. Der neue Bundesgenosse wird aber leicht zuviel von diesem Interesse für sich selbst in Anspruch nehmen, die jüngeren unter unseren Kollegen werden es schwer finden, in den angeknüpften Beziehungen an dem Punkt stehenzubleiben, wo sie ursprünglich wollten, und ‹Godfather Ferenczi› wird vielleicht, auf die belebte Szenerie blickend, die er geschaffen hat, sich sagen: Vielleicht hätte ich mit meiner Technik der Mutterzärtlichkeit doch *vor* dem Kusse haltmachen sollen.»[109]

Damit ist dem Unterfangen des Kollegen in deutlicher, jedoch unpolemischer Form Einhalt geboten. Zu einem offenen

Bruch kam es nicht. Als Ferenczi 1933 nach längerer Krankheitsphase an einer Atemlähmung verstarb, hielt man ihn noch für einen «ausgezeichneten Paladin» Freuds. So jedenfalls kondolierte Oskar Pfister, Zürich, im Brief vom 24. Mai, der den Verstorbenen zugleich respektvoll würdigt: «Neben Abraham war er derjenige, der wohl am meisten nicht nur Ihre (Freuds) Gedanken, sondern auch Ihren Geist in sich aufgenommen hatte und durch ihn gezwungen und befähigt wurde, das Banner der Psychoanalyse in immer neuen Ländern aufzupflanzen. Besonders seine geistreichen Entdeckungen über die Psychologie des philosophischen Denkens, speziell der Metaphysik haben mich zu einem dankbaren Verehrer des bescheidenen Mannes gemacht... Der Verlust des wackeren Kämpen muß unserer geistarmen, verteufelten Zeit ganz besonders wehtun...»[110] Freud konnte diesem Nachruf nur zustimmen: «Er wird in unserem Gedächtnis bleiben, wie er die zwanzig Jahre vorher war...»[111]

Otto Rank

Wie immer man die Rolle Sigmund Freuds bei der Begründung der Psychoanalyse definieren will, die Stellung seiner ersten Mitarbeiter kann man daran messen, wie nahe sie dem Gründervater gestanden sind. Deutliche graduelle Unterschiede gab es schon innerhalb des Mittwoch-Kreises. Und nach der Komiteegründung, die eine kleine Schar aus der wachsenden Mehrheit der Analytiker in aller Welt herausheben sollte, fehlten wechselseitige mißgünstige Einstellungen zwischen den sogenannten Paladinen nicht. So konnte es beispielsweise nicht jeder verkraften, wie sehr der noch recht junge Otto Rank Freuds Gunst genoß, der den «absolvierten Gewerbeschüler» in der Mittwoch-Gesellschaft aufnahm und später mit mancherlei Aufgaben betraute, die als Auszeichnungen gedeutet werden konnten, z. B. als Protokollant der Zusammenkünfte;

er fungierte als Freuds Sekretär, ein Zeichen für die Zuverlässigkeit des umsichtigen Mitarbeiters. Freud konnte ihm auch herausgeberische Aufgaben anvertrauen. In der Freud-Familie hatte Rank einen festen Platz, so wie auch seine erste Frau, die ebenso gewandte wie gern gesehene junge Polin Beata Tola Mincer. Und wenn Anna Freud gelegentlich krank war, sah man Otto Rank, den «Adoptivsohn», als Reisebegleiter an Freuds Seite.[112] Bisweilen zog er diesen seinen Paladin bei der Erledigung wichtiger Geschäfte seinen eigenen Söhnen vor. An Neidern fehlte es demnach nicht.

Otto Rank mit dem ursprünglichen Namen «Rosenfeld» wurde 1884 in Wien geboren. Er entstammte einfachen Verhältnissen. Durch seinen Hausarzt Alfred Adler mochte der am literarischen wie wissenschaftlichen Leben interessierte junge Mann mit dem psychoanalytischen Schrifttum bekannt geworden sein. In einer ersten Studie hatte der Autodidakt den promovierten Analytikern eindrucksvoll gezeigt, welche respektable Mitarbeit er zu leisten vermochte. Ein nachgeholtes Philosophie- und kulturwissenschaftliches Studium, samt der mit Freuds Unterstützung im Jahre 1912 erreichten Promotion zum Dr. phil. an der Universität Wien, machte den Seiteneinsteiger zu einem mindestens gleichwertigen Kollegen. Er galt als sogenannter «Laienanalytiker», weil ihm die medizinische Ausbildung fehlte. Doch diesen «Mangel» wußte der vielseitig Gebildete durch andere Kenntnisse mehr als auszugleichen. Hinzu kam Freuds persönliche Wertschätzung, die Rank mit besonderer Dankbarkeit und Zuneigung zu beantworten wußte. Manche meinen, eine gewisse Unterwürfigkeit annehmen zu sollen, die selbst das zeitübliche Maß an Devotion überschritten hätte.

Ranks spezielles Interessengebiet war das der Mythologie, das mit den Erkenntnissen der Psychoanalyse zu bearbeiten war. Hier leistete er Vorzügliches. Die Übertragung der Redaktionsarbeit (gemeinsam mit Hanns Sachs) an «Imago» ergab sich darum ebenso wie die verantwortliche Leitung des Wiener Psychoanalytischen Verlags. Was nun die schriftstellerische Produktion anlangt, so konnte Rank mit einer Reihe von Veröffentlichungen aufwarten, durch die er auf sich aufmerksam machte. Da war zunächst die gemeinsam mit Sandor Ferenczi herausgegebene Schrift über «Entwicklungsziele der Psychoanalyse». Ernest Jones, der aus seiner Skepsis gegenüber Rank kein Geheimnis machte, hielt das Buch für «verhängnisvoll», da es dazu beitrage, einen Graben zwischen der ursprünglichen Lehre und den beiden Autoren aufzuwerfen – vermutlich ein Problem von Jones.

Besondere Erwähnung verdient Ranks Hauptwerk «Das Trauma der Geburt» (1924), in dem er die Folgen des Geburtstraumas als Grundlage für eine neu ansetzende Neurosentheorie ausgab. Das Schwergewicht ist hierbei nicht so sehr auf den erlittenen Geburtsschock als solchen gelegt. Bei seinen Darlegungen suchte er der Trennung des Kindes von seiner Mutter Rechnung zu tragen. Es werde eine Sehnsucht nach dem Mutterschoß erzeugt, der sich als eine extreme Regressionsform in Psychosen, Depressionen und Neurosen manifestiere. Die sich aus dem Geburtstrauma ergebenden Konflikte hat der Autor zur Grundlage vieler anderer psychosomatischer Probleme erhoben.[113] Daß Rank wichtige Gesichtspunkte herausarbeitete, die das Geburtstrauma auch in seinem positiven Aspekt sichtbar machten, steht indes außer Frage. Das zeigt zudem die geistige Nachbarschaft zu den Arbeiten von C. G. Jung, Erich Fromm, Karen Horney oder H. S. Sullivan, wo es um die Problematik der menschlichen Reifung geht. Denn eigentlich ist die Trennung des Kindes von seiner Mutter in leiblicher wie in seelisch-geistiger Hinsicht die Voraussetzung für das Selbständigwerden (Individuation). Solange das Kind das geradezu paradiesische Einssein mit dem bergenden Mutterleib empfindet, sind der Bewußtwerdung Grenzen gesetzt. Entscheidend ist freilich, daß das Erleiden des Verlustes an Geborgenheit bejaht und schließlich bewältigt wird. Auf diese Weise wird der Reifungsvorgang gefördert. (Unter diesem Gesichtspunkt verdient auch das literarische Werk der Autorin Anaïs Nin betrachtet zu werden, von der noch zu sprechen ist.[114])

Auch wenn sich Otto Rank später von manchen seiner in diesem Zusammenhang vertretenen Anschauungen distanziert hat, so schlug er doch prinzipiell eine Entwicklung ein, die ihn von der Triebtheorie Freuds und der Psychoanalyse mehr und mehr entfernte. Die eingehendere Betrachtung der Umstände zeigt, daß Rank sich zunächst auch weiterhin als «engsten Mitarbeiter und Mitstreiter des Professors» verstand. Seine Forschungsarbeit sah er immer noch als mit den Grundlehren der Psychoanalyse vereinbar. Und weil es nicht Freuds Art entsprach, rasche oder gar vorschnelle Werturteile abzugeben, zögerte er eine Weile mit seiner letztgültigen Entscheidung. Aber die konnte nicht ausbleiben. Seine Ablehnung von Ranks Ansichten mußte dann um so entschiedener ausfallen. Damit war die Trennung von Freud, die Loslösung aus dem Verband der psychoanalytischen Paladine unvermeidlich, obwohl es noch um 1925 so aussah, als ob der Dissens mit Freud und innerhalb des Komitees durch eine rückhaltlose «Selbstkritik» Ranks neutralisiert werden könnte. Letzteres war jedoch nicht der Fall. Seine weiteren Publikationen, die sich in Richtung der «Grundzüge einer genetischen Psychologie auf Grund der Psychoanalyse der Ich-Struktur» (Wien 1927/28) bewegten, dokumentierten den endgültigen Abschied von Freud und von den Wiener Kollegen.[115]

Rank, der zu Beginn der zwanziger Jahre wiederholt in die Vereinigten Staaten gereist war, wo er Beachtung gefunden hatte, verließ Wien, zunächst Richtung Frankreich. Anfang der dreißiger Jahre übersiedelte er in die USA. Dort war ihm eine erfolgreiche analytische Tätigkeit beschieden, die bis zu seinem Tod fortdauerte. Selbst wenn die Zeit in Paris und New York über die Jahrzehnte der Gründerjahre hinausweist, so ist doch der Episode von Ranks zeitweiliger Verbindung mit der Schriftstellerin Anaïs Nin (1903–1977), der Autorin des monumentalen Tagebuchwerks, zu gedenken. In ihm hat sie sich ausführlich über ihre private wie berufliche Verbindung mit Otto Rank geäußert.[116] In derselben Zeit, in der sie eine langjährige Liaison mit Henry Miller hatte, fungierte sie als eine Art Assistentin Ranks, indem sie in dessen Auftrag selbständig «analytische» Arbeit leistete. Unter ihren Aufzeichnungen finden sich auch Äußerungen Ranks, die ein Licht auf dessen Anschauungen werfen, wenn er sagte:

«Ich glaube nicht an langwierige Psychoanalysen. Ich halte nicht viel davon, in die Vergangenheit zurückzugehen und mit ihr die Zeit zu verschwenden. Meiner Meinung nach ist die Neurose wie ein virulenter Abszeß, eine Infektion. Man muß sie kräftig und in der Gegenwart anpacken. Natürlich mag der Ursprung der Krankheit in der Vergangenheit liegen, aber die bösartige Krise muß man dynamisch angehen. Man muß den Kern der Krankheit angehen, in ihren gegenwärtigen Symptomen, energisch, direkt. Die Vergangenheit ist ein Labyrinth. Man braucht nicht hinabzusteigen und Schritt für Schritt durch ihre Windungen zu kriechen. Sie enthüllt sich selbst unaufhörlich, in dem Fieber, das man heute hat, im Abszeß der Seele.

Meiner Meinung nach ist die Analyse zum schlimmsten Feind der Seele geworden. Sie tötet, was sie analysiert. Ich habe bei Freud und seinen Schülern genug Analysen erlebt, die nur noch zeremoniell und dogmatisch waren. Daher bin ich auch aus der ursprünglichen Gruppe ausgestoßen worden... Ich bin gegen die medizinische Fachsprache, sie ist steril.»[117]

Damit sind einige Gründe genannt, die ihn veranlaßt haben,

sich der Kunst, der Magie der Sprache, dem Wesen des Schöpferischen zuzuwenden, das nach Otto Ranks Überzeugung im Grunde so wenig «analysiert» werden darf wie der leidende Mensch, zumal derjenige, der in kreativen Prozessen gleich welcher Art drinsteht. Diese Motive weisen gleichzeitig über die Person dieses dritten Dissidenten hinaus auf Horizonte einer künstlerischen, an die geistig-seelischen Wachstumskräfte appellierenden Psychologie. Wer die Analyse als schlimmsten Feind der Seele wertet, hat sich freilich von der Freudschen Psychoanalyse ein für allemal verabschiedet – so wichtig die Anstöße waren, die er einst gerade von ihr empfangen hat.

Auch wenn sich Otto Rank in erster Linie als Psychologe und Therapeut, also nicht als Philosoph verstanden wissen wollte, sind die in seinem Denken und Tun enthaltenen Elemente einer «Philosophie der Psychologie» nicht zu übersehen. In seiner Darstellung des Rankschen Lebenswerks macht Anton Zottl darauf aufmerksam, daß sich im Schrifttum von Rank nicht zufällig immer wieder Hinweise auf Arthur Schopenhauer und andere Repräsentanten der Lebensphilosophie finden. Zur Geltung kommt die «Dynamik des Willens». Ihr spürt er nach, zumal ihr die ersten Analytiker – Freud, Adler und andere – noch nicht die gebührende Aufmerksamkeit gewidmet hätten. Wichtig sei dies insofern, als es wesentlich darauf ankomme, den Analysanden aus den nicht selten drohenden Abhängigkeiten vom Analytiker zu befreien, selbst von der Verpflichtung, im analytischen Geschehen (im Sinne Freuds) «alles sagen zu müssen».

Nicht der (offensichtliche oder verdeckt-unbewußte) Wille des Analytikers ist letztlich gefragt, sondern die Entfaltung des Willens auf der Seite des Analysanden: der Wille zur Gesundung, zur Selbstfindung, zum Ganzwerden. Was der Patient eigentlich selbst wolle, sei von Interesse. Damit ist das bewußte Ich in die Mitte des psychologischen Prozesses gerückt.

Nicht zuletzt werden diese Anschauungen im Zusammenhang der sogenannten «Wiedergeburtserfahrung» wichtig. Hierbei handelt es sich um den «schöpferisch tätigen Akt des menschlichen Seins». Das zielt auf mehr als auf bloße Anpassung an die Forderungen, die die Gesellschaft an den einzelnen und die Gemeinschaften stellt. Es geht letztlich darum, daß die menschliche Person (das Ich) erstarkt, um den Mächten des Es gegenüber Eigenständigkeit und Reife zu erlangen. Was Rank im Vorwort zu seinem Buch «Das Trauma der Geburt» vor einem tiefen Horizont andeutend umreißt, ist «der Versuch, die psychoanalytische Denkweise als solche auf das Verständnis der gesamten Menschheitsentwicklung, ja sogar der Menschwerdung selbst anzuwenden,... um die Fruchtbarmachung psychoanalytischen Denkens für die gesamte Auffassung vom Menschen und der Menschheitsgeschichte (zu erzielen), welche letzten Endes Geistesgeschichte, d. h. die Geschichte der Entwicklung des menschlichen Geistes und des von ihm Geschaffenen darstellt.»

Therapeuten mit eigenem Profil

Wie bereits aus der Frühgeschichte der psychoanalytischen Bewegung ersichtlich, hat der Forschungsansatz Sigmund Freuds schon nach einer kurzen Frist der Erprobung zahlreiche Abwandlungen erfahren. Deren Akteure waren zum Teil seine ersten Schüler, zum Teil handelte es sich um Psychiater, Nervenärzte oder Psychologen, die für Freuds Entdeckungen eintraten, ohne im strengen Sinn des Wortes seine Schüler gewesen zu sein, etwa Eugen Bleuler, C. G. Jung und andere Ärzte der Zürcher Gruppe. Die einen wie die andern – unter den Wienern z. B. Adler, Stekel, Rank – gaben binnen weniger Jahre der Zusammenarbeit zu erkennen, daß sie nicht gewillt waren, einer psychoanalytischen Dogmatik zu folgen. Es kam zu den bekannten Abzweigungen und Modifikationen des Freudschen Konzeptes bis hin zu einer ausgeprägten Gegensätzlichkeit, die eine weitere befruchtende Zusammenarbeit gar nicht erst aufkommen ließen. Die Trennung war somit geradezu vorprogrammiert. Wen wundert's? Hat Psychoanalyse nicht mit der Zerlegung der Seele zu tun? Wie soll dergleichen sich seelenverbindend auswirken – wenn es nicht gelingt, die Wendung zu einer wirklichen Psychosynthese zu vollziehen?

Um beim Thema zu bleiben: Im Laufe des Jahrhunderts erfolgten immer neue, anders geartete Schulbildungen, deren Initiatoren gemäß ihrer speziellen Leitidee in unterschiedlicher Weise von psychoanalytischen Grundvorstellungen Gebrauch machten. Von daher ergab sich jeweils nur eine relative Nähe zu den Anschauungen der Gründergeneration. Je nach der eigenen schicksalsbedingten Persönlichkeitsprägung, je nach dem Bild von Mensch und Wirklichkeit der betreffenden Neugründer gestalteten sich die einzelnen Forschungsansätze und Therapieweisen. Immer neue Profile zeigten sich.

So traten, wie wir gesehen haben, neben Freuds Psychoanalyse, Alfred Adlers Individualpsychologie und C. G. Jungs Analytische bzw. Archetypische Psychologie eine Anzahl weiterer Methoden, etwa die Neo-Analyse von Harald Schultz-Hencke; die den Körper einbeziehende Bioenergetik; die Transaktionsanalyse; Fritz Perls' Gestalttherapie; Leopold Szondis Bemühen, die Vererbung als Schicksal und als spezifische Möglichkeit der Lebensgestaltung zu berücksichtigen; sodann die nach dem Lebenssinn fragende Logotherapie Viktor Frankls; die existentialpsychologisch-meditative Therapie von Karlfried Graf Dürckheim und Maria Hippius Gräfin Dürckheim, in der Elemente des Zen ebenso zur Geltung kommen wie Elemente der Jungschen Tiefenpsychologie...[118]

Diese Aufzählung ließe sich nicht allein fortsetzen, etwa zur Humanistischen oder zur nochmals breiter gefächerten Transpersonalen Psychologie hin, in der tiefenpsychologische und spirituelle Disziplinen integriert sind. Es wäre auch mit der Tatsache zu rechnen, daß die Praxis vielfach eine Kombination verschiedener Vorgehensweisen nahelegt, weshalb sich beispielsweise Wilhelm Bitter im Rahmen der von ihm mitbegründeten «Internationalen Gesellschaft für Tiefenpsychologie» (einst «Arzt und Seelsorger») für eine Synopse (nicht unbedingt: Synthese!) verschiedener Methoden eingesetzt hat. Dadurch wurde zwar nicht gerade einem methodischen Wildwuchs eine Grenze gesetzt, doch die Dialogbereitschaft zwischen den divergierenden Schulrichtungen gefördert. Statt nun an dieser Stelle lediglich weitere Namen und Strömungen aufzulisten, seien abschließend noch einige ihrer Vertreter aufgeführt, die für z. T. weit auseinanderliegende weltanschauliche Positionen einstehen. Auf diese Weise werden Entwicklungstendenzen der Psychoanalyse sichtbar. Sie ergeben sich infolge ihrer Fähigkeit, sich mit anderen weltanschaulichen bzw. ideologischen Systemen zu einer neuen Forschungsrichtung oder Therapiemethode zu verbinden. Der Differenzierung wie der Kombination scheinen keine Grenzen gesetzt zu sein.

Wilhelm Reich – Lebensenergie aktivieren

In der gesellschaftlichen Aufbruchsstimmung der sechziger Jahre gehörte Wilhelm Reich, ein früh Verstorbener und viele Jahre Vergessener, zu den am meisten diskutierten Schülern Sigmund Freuds. Seine Außenseiterfunktion veranlaßte seine zahlreichen Kritiker, ihn bald als Eröffner eines neuen wissenschaftlichen Zeitalters zu rühmen, bald als einen (quasi-)genialen Spinner abzutun. Bewunderung und Verständnislosigkeit für das von ihm teils Erstrebte, teils zumindest in Ansätzen Erreichte erschweren eine ausgewogene Beurteilung. Ihm selbst ging es darum, naturwissenschaftlich-physikalische Begriffe in das psychoanalytische Denken einzuführen. Wer sich daher in Reichs Vorstellungswelt vertiefen will, der hat sich einzustellen auf energetische Quantitäten, auf Spannungen und Entspannungen, auf dynamische Vorgänge und als ökonomisch betrachtete Tatbestände. Ohne im eigentlichen Sinn des Wortes ein Politiker zu sein, wurde ihm – anders als Alfred Adler – frühzeitig klar, wie eng psychische Verhältnisse, individuelle Leiden mit politisch-ideologischen Gegebenheiten verknüpft sind. Reichs Bemühungen gingen u. a. dahin zu zeigen, daß Neurosen Ergebnisse einer patriarchalisch-familiären und sexualunterdrückenden Erziehung sind. Von daher gesehen komme nur eine Neurosenprophylaxe (Vorbeugung) in Frage, für deren praktische Durchführung im heutigen gesellschaftlichen System alle Voraussetzungen fehlten. Folglich sei eine herrschaftskritische, antidiktatorische, radikaldemokratische Gesellschaftsordnung zu schaffen. Von daher gesehen ergab sich schließlich seine Hinneigung zur Lehre von Karl Marx und

Wilhelm Reich, 1941.

zu einem Therapieansatz mit marxistischem Vorzeichen, z. B. in Gestalt einer «Sozialistischen Gesellschaft für Sexualberatung und Sexualforschung» in Wien etwa ab 1929.[119]

Wilhelm Reich wurde 1897 in einer galizischen Ortschaft als Sohn eines reichen Gutsbesitzers geboren. Als k. u. k. Untertan nahm er am Ersten Weltkrieg als Offizier teil. Nach dem Tod des Vaters und dem Verlust aller Besitzungen im Osten studierte er, in überaus beengten wirtschaftlichen Verhältnissen lebend, an der Universität Wien, wo er 1922 zum Dr. med. promoviert wurde. Wie er in seiner teils 1927 in Österreich, teils 1942 in den USA abgefaßten Schrift «Die Entdeckung des Orgons. Die Funktion des Orgasmus» berichtet, lernte er die Psychoanalyse «zufällig» kennen. Es geschah während seiner Studienzeit, in der er sich die für sein künftiges Schaffen erforderlichen Kenntnisse in Psychologie und Sexologie, in Naturwissenschaft und Naturphilosophie aneignete:

«Im Januar 1919 kreiste während einer anatomischen Vorlesung ein Laufzettel von Bank zu Bank. Er forderte zur Gründung einer sexuologischen Arbeitsgemeinschaft auf. Ich ging hin. Es waren etwa acht junge Mediziner da. Ich hörte, daß ein sexuologisches Seminar für Mediziner nötig wäre, da die Wiener Universität diese wichtige Frage vernachlässigte. Ich besuchte den Kursus regelmäßig.»[120]

Mit beinahe beängstigender Geschwindigkeit durchlief Reich die Einstiegsphasen in die Psychoanalyse, wenn man bedenkt, daß er, erst zweiundzwanzig Jahre alt, bereits seinen ersten «Fall» betreute, daß er in ausgesprochener Kurzform die Lehranalyse absolvierte und im Oktober 1920 als Mitglied der Wiener Psychoanalytischen Vereinigung anerkannt wurde. Der aus diesem Anlaß gehaltene obligatorische Vortrag Reichs hatte das Problem der «Triebenergetik» zum Gegenstand. Damit war geradezu das Lebensthema des Orgon-Entdeckers angeschlagen. Dieses Thema impliziert die Frage nach der Lebensenergie, der er sich mit steigender Intensität zuwenden sollte.

Von lebensentscheidender Bedeutung wurden für den angehenden Analytiker die Zusammenkünfte mit Sigmund Freud. Der Jungmediziner beschrieb diese Begegnungen als «ein ganz großes geistiges Erlebnis». Unbestreitbar erschien ihm dessen Meisterschaft, unbestreitbar auch seine Verpflichtung, diesen Meister aber auch zu korrigieren, zu ergänzen. Seine weitere wissenschaftliche Fundierung erarbeitete Reich in der Weise, daß er sich zunächst eine tragfähige naturwissenschaftliche Basis verschaffte, ehe er noch tiefer in die Psychologie eindrang.

Das Orgon als Lebensenergie

Als «einer der begabteren jüngeren Schüler Freuds, aber undiszipliniert (und zu originell), um auf die Dauer im psychoanalytischen System zu bleiben» (Paul Roazen), lenkte er die Aufmerksamkeit der Wiener Analytiker auf die diagnostische Bedeutung des Orgasmus als Erscheinungsform sexueller Befriedigung für die Gesamtheit der menschlichen Person und ihrer Befindlichkeit. Er gelangte zu der Überzeugung, daß psychische und somatische Gesundheit von der sogenannten «orgastischen Potenz» abhängig sei. Wilhelm Reichs Ringen mit der Frage nach der von ihm postulierten, als «Orgon» bezeichneten (kosmischen) Lebensenergie fand zunächst ein gewisses Interesse bei Freud. Er akzeptierte ihn als ersten Assistenten, dann als Vizedirektor an seiner psychoanalytischen Poliklinik. Die tabuisierte Grenze jeder weiteren Zusammenarbeit war dort erreicht, wo Reich für die – Freud zwar unterstellte, von ihm jedoch strikt abgelehnte – freie sexuelle Befriedigung eintrat. Er meinte, viele Probleme des Erwachsenenalters im individuellen Leben wie im gesellschaftlichen Zusammenhang würden erst gar nicht entstehen, wenn eine zwangfreie, nichtunterdrückte Entfaltung des geschlechtlichen Erlebens in der Gesellschaft toleriert würde. Reich konnte sich hierbei nicht mit bloßen theoretischen Erwägungen und kulturkritischen Forderungen nach einer Liberalisierung begnügen. Indem er mehrere Sexualberatungsstellen einrichtete, setzte er seine Einsichten in praktische Lebenshilfe um. Andere theoretische Entwürfe suchte er in der Krebsbehandlung fruchtbar zu machen. Für ihn stellte die wuchernde Krebszelle ein bio-energetisches Problem, mithin ein existentielles Problem dar, an dessen Wurzeln ein Mangel an Hoffnung, ein Mangel an Lebenszuversicht liege.

Freud pflegte bei speziellen therapeutischen Zielsetzungen darauf hinzuweisen, daß er in erster Linie Wissenschaftler sei. In einem der letzten Treffen, die der immer selbständiger werdende «Schüler» mit seinem Meister (1930) gehabt hat, soll ihm Freud entgegengehalten haben: «Es ist nicht unsere oder die Absicht unserer Existenz, die Welt zu retten.» Reichs Hinneigung zum Marxismus war für Freud, den erklärten Nichtpolitiker, ohnehin undiskutabel. Den Versuch, Psychoanalyse mit dem Marxismus zu verbinden, beantworteten die jeweils Orthodoxen beider Richtungen mit unverhohlener Ablehnung. Das übrige besorgte die politische Entwicklung der dreißiger Jahre, die nationalsozialistische Diktatur. Deren Zustandekommen analysierte Reich, indem er die ökonomische und ideologische Struktur der deutschen Gesellschaft der zwanziger und frühen dreißiger Jahre auf dem Hintergrund der Sexualunterdrückung und ihrer verhängnisvollen gesellschaftlichen Auswirkung darlegte. Er berichtet hierzu:

«Umfassende und gewissenhafte Heilarbeit am menschlichen Charakter hat mir die Überzeugung beigebracht, daß wir beim Beurteilen menschlicher Reaktionen grundsätzlich mit drei verschiedenen Schichten der biophysischen Struktur zu rechnen haben...[121] Die Orgonbiophysik vermochte das Freudsche Unbewußte, das Antisoziale im Menschen, als sekundäres Resultat der Unterdrückung primärer biologischer Antriebe zu begreifen. Dringt man durch diese zweite Schichte des Perversen tiefer ins biologische Fundament des Menschentieres vor, so entdeckt man regelmäßig die dritte und tiefste Schichte, den wir den ‹biologischen Kern› nennen. Zutiefst, in diesem Kern, ist der Mensch ein unter günstigen sozialen Umständen ehrliches, arbeitsames, kooperatives, liebendes oder, wenn begründet, rational hassendes Tier. Man kann nun in keinem Falle charakterlicher Auflockerung des Menschen von heute zu dieser tiefsten, so hoffnungsreichen Schichte vordringen, ohne erst die unechte scheinsoziale Oberfläche zu beseitigen. Fällt die Maske der Kultiviertheit, so kommt aber zunächst nicht die natürliche Sozialität, sondern nur die pervers-sadistische Charakterschichte zum Vorschein... Da der Faschismus stets und überall als eine von Menschenmassen getragene Bewegung auftritt, verrät er alle Züge und Widersprüche der Charakterstruktur des Massenmenschen: Er ist nicht, wie allgemein geglaubt wird, eine rein reaktionäre Bewegung, sondern er stellt ein Amalgam dar zwischen rebellischen Emotionen und reaktionären sozialen Ideen... Faschistisches Rebellentum entsteht immer dort, wo eine revolutionäre Emotion durch Angst vor der Wahrheit in die Illusion umgebogen wird... Der Faschismus stützt diejenige Religiosität, die aus der sexuellen Perversion stammt, und er verwandelt den masochistischen Charakter der Leidensreligion des alten Patriarchats in eine sadistische Religion. Demzufolge versetzt er die Religion aus dem Jenseitsbereiche der Leidensphilosophie in das Diesseits des sadistischen Mordens...»[122]

Politische Aktivitäten

Reich, der 1930 nach Berlin umgezogen war und dort seine «Sexpol»-Aktivitäten weiterzuentwickeln versuchte, mußte schon in der Anfangszeit des Nationalsozialismus emigrieren. Zur Auswirkung kamen die von ihm gegebenen, auf ihre Schlüssigkeit zu prüfenden Gedankenanstöße daher nicht mehr. Als jüdischer Analytiker in einer Außenseiterposition konnte er nicht einmal mit einer kollegialen Unterstützung der internationalen Vereinigung rechnen. Nur wenige hielten zu ihm. Die Solidarität der kommunistischen Genossen war ihrerseits eng begrenzt. So konnte er vom Triumphzug, in dem er, auf einem Schimmel reitend, eines Tages nach Berlin zurückkehren würde, nur träumen. So geschehen in einem Wachtraum im norwegischen Exil an Ostern 1936. Als eine sehr verspätete Wunscherfüllung mag man dagegen die Tatsache auffassen, daß ein Jahrzehnt nach seinem Tod rebellierende Studenten Transparente mit Reichs Namen durch die Westberliner Straßen trugen, indem sie zugleich für Mao, Marx und Herbert Marcuse demonstrierten. Er selbst, der zu unerwarteten Ehren gekommene abtrünnige Schüler Freuds, war 1957 in einer amerikanischen Gefängniszelle verstorben. Die US-Gesundheitsbehörde hatte den Begründer der Orgon- (oder Lebensenergie-)Lehre und dessen auch aus Medizinerkreisen rekrutierte Anhängerschaft angeprangert, als handelte es sich um unbelehrbare Irre. Amerikanische Gerichte verboten die Durchführung von Versuchen, die dem Nachweis dienen sowie die praktische Anwendbarkeit von Orgon-Energie bestätigen sollten. Seine Schriften und Geräte (der sogenannte Orgon-Akkumulator) wurden verboten bzw. zerstört. Als Mensch und Forscher war Reich auf tragische Weise gescheitert. Sieg der Demokratie über einen Antifaschisten?

Ein totales Scheitern ist Wilhelm Reichs Lehre jedoch keinesfalls zu attestieren, bedenkt man, daß wesentliche Elemente seiner Forschungsergebnisse in Gestalt der Bioenergetik[123] eine therapeutische Umsetzung erfahren haben und in den größeren Rahmen der Humanistischen Psychologie eingefügt worden sind.

In diesem Zusammenhang darf auch auf sein letztes größeres Werk «Christusmord»[124] hingewiesen werden, das bald nach Erscheinen als ein ungewöhnliches Buch bezeichnet wurde. Unnötig zu sagen, daß der mit marxistischen Kategorien operierende Psychoanalytiker eigener Prägung nicht etwa ins theologische Lager übergewechselt war. Ihm geht es auch hier um den selbstentfremdeten Menschen. Jesus Christus ist für Wilhelm Reich der als Typus verstandene Mensch, auf den sich alle Erlösungssehnsüchte der Menschheit richten. Christi Erdenweg, seine Passion entspricht dem Leidensweg des erniedrigten Menschen. Er, der Inbegriff des Lebens, ist bedroht; er wird wieder und wieder gemordet. Dieser Christusmord als Ausdruck einer umfassenden Lebensfeindlichkeit geschieht gerade von denen, die als «verordnete Diener der Kirche» den Menschen in allerlei Normen und Zwänge des Sünderseins hineinpressen und ihn auf diese Weise neurotisieren bzw. zu Gewalttaten aller Art psychotisieren. Und dabei meint Reich nicht allein die kirchlicherseits heute sehr wohl bekannten «ekklesiogenen Neurosen»[125], Schwierigkeiten und Erkrankungen, die im Namen einer regressiv-pervertierten Frömmigkeit erzeugt wurden. Er hält der Religion als solcher den Spiegel vor und fragt, wie sie es mit der Lebensbejahung im umfassenden Sinn des Wortes hält, sie, die den Menschen ständig versklavt, statt ihm die frohe Botschaft zu bringen.

Eine lebenszugewandte Haltung gelte es einzuüben. Und nicht allein das; denn Christus «hat in sich die volle Kraft der gottgegebenen *Lebensenergie*... Christus kennt das Reich Gottes, das das Reich des Lebens und der Liebe auf Erden ist. Es ist hier, genau hier, in jeder Blume, in jedem Spatz, in jedem Baum, in jedem Olivenzweig... Das Reich Gottes auf Erden, was gleichbedeutend ist mit dem Schwingen des lebendigen Menschen, wird mit Sicherheit kommen... Nicht Gott hat seine Kinder verlassen. Es muß der Mensch gewesen sein, der sich von Gott abgewandt hat.»[126] So ungewiß die Zukunft ist, auf die Wilhelm Reich blickt, er gibt sich zuversichtlich, was die Menschheitsentwicklung anlangt, die nach seiner Überzeugung nicht unablässig im Zeichen des Christusmordes stehen müsse, wiewohl die jeweils aktuellen Zeichen der Zeit dieser Hoffnung radikal entgegenstehen. Seine eigenen Erfahrungen im Umgang mit Menschen, von denen er Verständnis für seine Forschungen hätte erwarten können, waren enttäuschend genug. Dennoch prophezeit er:

«Ein neuer Menschentyp wird entstehen und seine neuen Eigenschaften an seine Kinder und Kindeskinder weitergeben, Eigenschaften eines uneingeschränkten Lebens. Niemand kann heute sagen, wie dieses Leben aussehen wird. Wie auch immer es einmal sein wird, es wird *es selbst* sein und nicht das Produkt einer kranken Mutter oder einer mürrischen, pestilenten Verwandten. Es wird *ES SELBST* sein, und es wird die Kraft haben, sich zu entwickeln und die Hindernisse, die seiner Entwicklung entgegenstehen, selbst zu beseitigen.»[127]

Mit einem Wort: In Wilhelm Reich haben die Gründergestalten ihre analytische Sichtweise mit der Zukunftsschau der Propheten und Utopisten vertauscht. Hier dominiert das Prinzip Hoffnung.

Erich Fromm – Das Wagnis, aus sich selbst zu leben

Anders und vor allem weniger spektakulär als Wilhelm Reich wurde auch Erich Fromm (1900–1980) als Schriftsteller einer breiten Öffentlichkeit bekannt. Seine Klientel beschränkte sich jedenfalls bei weitem nicht allein auf tiefenpsychologisch Interessierte. Auch er war sich bewußt, daß die soziale, die gesellschaftliche Dimension, nicht weniger die spirituelle angesichts der Krisenerscheinungen des heutigen Menschen zu berücksichtigen sind. Um den Brückenschlag zwischen Psychoanalyse und Soziologie bemüht, räumte er der Humanität, der Menschenliebe, der Lebensbejahung (Biophilie) die unbestrittene Priorität ein. Damit wies er sich als ein Seelenforscher der zweiten Generation aus, die aus ihrer kritischen Einstellung zu den Taten und Lehren der Gründerväter, namentlich gegenüber einem dogmatischen Freudianismus keinen Hehl machten. Ob der promovierte Soziologe, ob der durch den Freud-Schüler Hanns Sachs analysierte Psychologe noch als «Psychoanalytiker» gelten könne, wird mit guten Gründen in Frage gestellt. Jedenfalls markiert sein Name eine Grenzlinie, die Fromm in mehrfacher Hinsicht zu einer umfassenden Lebensphilosophie hin überschritten hat. Hierbei kommt ein starkes integratives Moment zur Geltung, das sein gesamtes Schaffen auszeichnet. Es handelt sich um eine Verbindung und wechselseitige Durchdringung von religiöser Tradition und zeitgenössischer Weltauffassung. Wer den Sozialpsychologen lediglich von seinen am meisten verbreiteten Büchern «Die Kunst des Liebens» (1956) und dem Spätwerk «Haben oder Sein» (1976) her kennt, wird sein Fromm-Bild in der angedeuteten Weise vervollständigen müssen. Zum Zeitpunkt der Niederschrift dieser Arbeiten hatte der Autor längst eine vielschichtige Persönlichkeitsentwicklung absolviert, die seinem Gesamtwerk zugute gekommen war.

Erich Fromm wurde am 23. März in Frankfurt am Main geboren.[128] Er entstammte nicht nur einer im Fränkischen beheimateten alten Rabbinerfamilie, sondern absolvierte in jungen Jahren selbst eine intensive talmudische Ausbildung, ehe er sich dem Studium der Soziologie und der Auseinandersetzung mit der Psychoanalyse zuwandte. Zu seinen Vorfahren gehörte im 19. Jahrhundert Seligmann Bär Bamberger, der angesehene «Würzburger Raw». Fromms Biograph Rainer Funk weist darauf hin, daß sich Erich Fromm mit der jüdischen Familientradition, mit dem Judentum als solchem bewußt identifizierte. Diese tiefe Verankerung garantierten drei prominente Talmudlehrer des 20. Jahrhunderts: sein Onkel Ludwig Krause, der sehr viel bekanntere Frankfurter Rabbiner Nehemia Anton Nobel und der sowohl an chassidischer Frömmigkeit wie an sozialistischen Idealen orientierte russische Gelehrte Salman Baruch Rabinkow. Nach Rainer Funk zu schließen, versuchte Fromm den hebräischen Humanismus der alttestamentlichen Propheten mit Hilfe von psychoanalytischen und sozialpsychologischen Untersuchungen zu verifizieren. Dabei ließ er sich von den «produktiven Kräften der Vernunft und Liebe» leiten.

Von der Soziologie zur Psychoanalyse

Nach seinem Soziologiestudium bei Alfred Weber in Heidelberg wurde Fromm in den zwanziger Jahren mit der Psychoanalyse bekannt, zunächst vor allem durch seine erste Frau Frieda Reichmann, die ihn als erste analysierte. Das geschah noch in der Heidelberger Zeit, etwa in der Mitte der zwanziger Jahre. Freud selbst lernte er nicht kennen. Doch wurde ihm

Erich Fromm zur Zeit seiner Erstbegegnung mit der Psychoanalyse, um 1920.

alsbald ein tieferes Eindringen in die klassische Psychoanalyse ermöglicht, zunächst in seiner Heimatstadt Frankfurt. Hier wurde der Neunundzwanzigjährige zum Mitbegründer des «Süddeutschen Instituts für Psychoanalyse». Im selben Jahr 1929 setzte er seine Ausbildung am Berliner Institut fort, wo er mit unmittelbaren Freud-Schülern zusammentraf. Der Freud-Intimus Hanns Sachs wurde bereits genannt. Andere wichtige Repräsentanten und Kritiker der Freud-Schule traten hinzu, z. B. Karen Horney, Otto Fenichel, Theodor Reik, der Neu-Analytiker Harald Schultz-Hencke, nicht zuletzt der gerade aus Wien in die Reichshauptstadt übersiedelte Wilhelm Reich.

Fromm, der in Berlin seine erste psychoanalytische Praxis aufnahm, vertrat anfangs noch die orthodoxe Linie der Wiener Vereinigung. Wie Wilhelm Reich berichtet, machten dessen triebenergetische Theorien, die sogenannte sexual-ökonomische Deutung, anfangs einen nicht geringen Eindruck auf Fromm. Er meinte, von daher auch die massenpsychologischen Phänomene samt der zugrundeliegenden Dynamik verstehen zu können. Doch diese zeitweilige Nähe zwischen beiden Analytikern hielt nicht lange an. Wohl schätzte er den Wert marxistischer Vorstellungen hoch ein, aber Reichs sexual-ökonomische Interpretation übernahm er so wenig wie dessen politisches Engagement. Durch die biblisch- bzw. hebräisch-humanistische Tradition war Fromm ungleich stärker geprägt als Reich. So unterblieb die von ihm erhoffte Zusammenarbeit. In seinem Buch «Die Entwicklung des Christus-Dogmas» (1930) hat er seinen derzeitigen religionssoziologischen und psychologischen Anschauungen Ausdruck gegeben. In ihnen stellt sich Erich Fromm als ein Grenzgänger dar, der auch über seine Position als Jude angesichts der Christus-Erscheinung Rechenschaft ablegt und dabei die Erkenntnismittel der Sozialpsychologie anwendet. Es empfiehlt sich, diese Studie im Zusammenhang mit der drei Jahrzehnte später konzipierten Schrift «Ihr werdet sein wie Gott» (1966) zu lesen. In ihr legt er eine «radikale Interpretation des Alten Testaments und seiner Tradition» vor. Insofern handelt es sich um ein Buch, das bekenntnishafte Züge trägt. Diese Rechenschaft macht deutlich, inwiefern er dem orthodoxen Väterglauben den Abschied gegeben hat, ohne aber das empfangene geistige Erbe zu verleugnen – eine Äußerung, mit der Freud seine eigene Position zu beschreiben anfängt. Im Blick auf seine religiöse Herkunft und auf seine Talmud-Lehrer heißt es beispielsweise:

«Da ich selbst kein praktizierender oder ‹gläubiger› Jude bin, stehe ich natürlich auf einem völlig anderen Standpunkt als sie, und ich würde um nichts in der Welt wagen, sie für die in diesem Buch geäußerten Ansichten verantwortlich zu machen. Und doch sind meine Auffassungen aus ihrer Lehre erwachsen, und es ist meine feste Überzeugung, daß die Kontinuität zwischen ihrer Lehre und meinen eigenen Ansichten nirgends unterbrochen ist. Auch hat mich das Beispiel des großen Kantianers Hermann Cohen[129] zu diesem Buch ermutigt, der in seinem Werk ‹Die Religion der Vernunft aus den Quellen des Judentums› sich der Methode bediente, das Alte Testament zusammen mit der späteren jüdischen Überlieferung als ein Ganzes zu betrachten. Wenn sich auch diese bescheidene Arbeit nicht mit seinem großen Werk vergleichen läßt und meine Schlußfolgerungen auch manchmal von seinen abweichen, so bin ich doch in bezug auf meine Methode von seiner Art der Bibelbetrachtung stark beeinflußt worden. Die Bibelinterpretation in diesem Buch ist die des radikalen Humanismus.»[130]

Dieses Votum ist für Erich Fromm insofern charakteristisch, als er mit dem «radikalen Humanismus» ein gesamtmenschheitliches Konzept, genauer: ein Ethos meint, das geeignet ist, Harmonie, Entfaltung des individuellen Selbst wie der Gesellschaft in Freiheit und Frieden zu fördern. Es dürfte unnötig sein, eigens darauf hinzuweisen, wie sehr sich der von Fromm und anderen – etwa Adler, Karen Horney[131] oder Harry S. Sullivan oder Georg Groddeck[132] – beschrittene Weg von der ursprünglichen psychoanalytischen Grundlegung Freuds entfernt hat.

Ohne an dieser Stelle näher auszuführen, welche Impulse und Anregungen Fromm von den Genannten empfangen und seinem eigenen Entwurf eingefügt hat, ist festzustellen, daß Fromm die ursprüngliche Psychoanalyse Freuds mit großer Entschiedenheit kritisiert hat, jedoch ohne hierbei den Erkenntnisimpuls zu übersehen, den er und mit ihm das ganze Jahrhundert empfangen hatten. Allein mit der Analyse seelischer Tatbestände und libidinöser Energien kann es nicht getan sein. Dabei machte er sich die Gedanken all derer zunutze, denen das Humanum, die Achtung des Mitmenschen in dialogischer Zuwendung und in anteilnehmendem Mitgefühl wichtiger war als die Aufdeckung von Triebkapazitäten und deren Verdrängung. In seiner in vieler Hinsicht richtungsweisenden Schrift «Die Furcht vor der Freiheit» (1941) sind die beiden Positionen deutlich herausgearbeitet: Freuds biologische und Fromms gesellschaftliche Orientierung.

Da ist zunächst die «große Bedeutung» der Freudschen Beobachtungen festgehalten, die sich auf die irrationalen Komponenten der Charakterstruktur beziehen und die das sexuelle, emotionale und intellektuelle Leben eines Menschen durchdringen. Doch habe er (Freud) seine Beobachtungen «falsch interpretiert». Fromm gibt zu bedenken:

«Es handelt sich darum, daß ich die menschliche Natur im wesentlichen geschichtlich bedingt ansehe, wenn ich auch die Bedeutung von biologischen Faktoren keineswegs unterschätzen möchte und nicht der Meinung bin, daß die Frage so zu stellen ist, daß man die kulturellen Faktoren *gegen* die biologischen ausspielt. Zweitens betrachtet Freud den Menschen grundsätzlich als ein geschlossenes System, das von der Natur mit bestimmten physiologisch bedingten Trieben ausgestattet wurde, und er interpretiert die Entwicklung des Charakters als Reaktion auf die Befriedigung oder Frustrierung dieser Triebe. Demgegenüber vertrete ich den Standpunkt, daß die menschliche Persönlichkeit grundsätzlich nur in ihrer Beziehung zur Welt, zu den anderen Menschen, zur Natur und zu sich selbst zu verstehen ist. Ich halte den Menschen *primär* für ein gesellschaftliches Wesen und glaube nicht, wie Freud es tut, daß er primär selbstgenügsam ist und nur sekundär die anderen braucht, um seine triebhaften Bedürfnisse zu befriedigen. In diesem Sinne glaube ich, daß die Individualpsychologie im Grund Sozialpsychologie ist, oder – um mit Sullivan zu reden – Psychologie zwischenmenschlicher Beziehung. Das Schlüsselproblem der Psychologie ist das Problem der besonderen Art der Bezogenheit des einzelnen auf die Welt, und nicht die Befriedigung oder Frustrierung einzelner triebhafter Begierden. Das Problem der Befriedigung der triebhaften Begierden des Menschen ist als Teil des Gesamtproblems seiner Beziehung zur Welt zu verstehen, und nicht als *das* Problem der menschlichen Persönlichkeit. Deshalb sind meiner Meinung nach die Bedürfnisse und Wünsche, bei denen es um die Beziehung des einzelnen zu anderen Menschen geht, wie zum Beispiel Liebe, Haß, Zärtlichkeit und Symbiose, die fundamentalen psychologischen Phänomene, während Freud in ihnen nur die sekundären Resultate aus Frustrationen oder Befriedigungen triebhafter Bedürfnisse sieht.»[133]

Am «Institut für Sozialforschung»

Seine sozialpsychologischen Forschungen vermochte Fromm vor allem im Rahmen des Frankfurter «Instituts für Sozialforschung» zu vertiefen, das zu Beginn der zwanziger Jahre ins Leben gerufen wurde und während der Zeit der nationalsozialistischen Herrschaft in New York in Verbindung mit der Columbia University weiterexistierte.[134] Er arbeitete im Sinne der am Marxismus und am Historischen Materialismus orientierten «Kritischen Theorie» mit. Hierbei oblag es ihm, die Psychoanalyse in den Systemzusammenhang zu integrieren, d. h. für die gesellschaftliche Analyse fruchtbar zu machen.[135] Die Aktualität der im Institut zu leistenden Arbeit ergab sich aus der Tatsache, daß der Nationalsozialismus im Laufe der zwanziger Jahre immer stärker wurde. Mit der sogenannten «Machtergreifung» Hitlers war diesen Bestrebungen auf Jahre hinaus ein Ende gesetzt. Das Gros der Mitarbeiter war zur Emigration gezwungen, so auch Erich Fromm, der zunächst in die USA ging.

Er machte deutlich, was die Freudsche Lehre der Soziologie zu bringen habe, nämlich die Kenntnis der unbewußten Psyche und die Anwendung der analytischen Methodik auf die gesellschaftlichen Vorgänge. Auf diese Weise könne ferner aufgezeigt werden, inwiefern bestimmte ökonomische Bedingungen auf den «seelischen Apparat des Menschen» einwirken und bestimmte ideologische Resultate erzeugen. In dieser relativ frühen Phase seiner Studien ging Fromm davon aus, daß die Psychoanalyse eine naturwissenschaftliche Disziplin und eine «materialistische Psychologie» sei.[136] In dem Maße, in dem er sich aber von Freuds Libido-Theorie als einem allgemeingültigen metaphysischen Erklärungsmuster entfernte, distanzierte er sich sowohl von der orthodoxen Psychoanalyse als auch von den orthodox-marxistisch eingestellten Mitarbeitern des Instituts. Seine kollegialen, zum Teil freundschaftlichen Beziehungen zu Theodor Wiesengrund-Adorno, Max Horkheimer, Herbert Marcuse waren dadurch berührt. So kam es 1938 in den USA zur Trennung vom «Institut für Sozialforschung». Fromm legte immerhin großen Wert auf die Feststellung, «stets Freudianer geblieben» zu sein; dies freilich mit der nicht unerheblichen Einschränkung, daß man Freud nicht mit seiner einseitig sexuell determinierten Libido-Theorie gleichsetzt.[137] Darin erblickte er eine Reduktion bzw. eine Verkennung des spezifisch Menschlichen. In einem Brief aus dem Jahr 1971 ist Fromms diesbezügliche Position im Rückblick wie folgt beschrieben:

«Freuds wichtigste Leistung sehe ich in seinem Begriff des Unbewußten und dessen Äußerungen in Neurosen, Träumen etc., in dem darin implizierten Widerstand, und ich sehe sie in seinem dynamischen Charakterbegriff. In allen meinen Arbeiten habe ich die grundlegende Bedeutung dieser Begriffe niemals in Zweifel gezogen; und zu sagen, ich sei von Freud abgerückt, weil ich nicht an der Libido-Theorie festhalte, ist eine äußerst undifferenzierte Behauptung, wie sie nur auf der Basis eines orthodoxen Freudianismus möglich ist. Jedenfalls bin ich niemals von der Psychoanalyse abgerückt. Und ich wollte auch nie eine eigene Schule gründen. Aus der Internationalen Psychoanalytischen Gesellschaft, der ich früher angehörte, bin ich ausgeschlossen worden, der Washington Psychoanalytic Association, einer freudianischen Vereinigung, gehöre ich heute (1971) noch an. Die freudianische Orthodoxie sowie die bürokratischen Methoden ihrer internationalen Organisation habe ich zu allen Zeiten kritisiert; was dagegen meine gesamte theoretische Arbeit anlangt, so basiert sie auf dem, was ich als Freuds wichtigste Forschungsergebnisse betrachte, die Metapsychologie allerdings ausgenommen.»[138]

Diese Beteuerung bringt immerhin zum Ausdruck, wie stark die Fernwirkung der Gründergestalten, insbesondere die Sigmund Freuds auch bei denen sein kann, die die ursprüngliche Form der Psychoanalyse sowohl abgewandelt als auch mit anderen Ideen verquickt haben. Man könnte es den Wachstumsprozeß nennen, der von der Psychoanalyse aus in die Humanistische Psychologie einmündet. Fromm, der neben vielen anderen seinerseits zu den Wegbereitern dieser Richtung gehört, sprach selbst gelegentlich von «humanistischer Psychoanalyse», wenn er den von ihm beschrittenen Weg charakterisieren wollte.

Noch ein weiterer Aspekt ist an dieser Stelle zu nennen, nämlich der einer «transpersonalen» Betrachtungsweise, wie er in der Begegnung zwischen Psychologie und Spiritualität bzw. Religiosität zum Ausdruck kommt.[139] Naturgemäß entfernt man sich hierbei von den ursprünglichen Ansätzen; gleichzeitig kann man sich eine Vorstellung von der Erweiterungs- und Wandlungsfähigkeit bilden, die der Psychoanalyse innewohnen, sofern man sie nicht als eine unabänderbare auf die Libido-Theorie reduzierte Dogmatik mißdeutet. Bei der Transpersonalen Psychologie handelt es sich um eine Entwicklung, die etwa seit den sechziger Jahren als die «vierte Kraft» neben Psychoanalyse, der positivistischen Verhaltenspsychologie (Behaviorismus) und der Humanistischen Psychologie besteht. Soweit es sich um Erich Fromm handelt, sind in seiner Biographie wie in seinem Denk- und Erfahrungsbereich – wie wir gesehen haben – drei wichtige Gebiete vereinigt, auch wenn sie in den einzelnen Lebensabschnitten jeweils eine unterschiedliche Rolle gespielt haben: die Religion in Gestalt des Judentums, die Sozialphilosophie und die Tiefenpsychologie bzw. Psychoanalyse.

Nun ist das Leben religiöser Menschen mehrheitlich auf ein personales Gottesverständnis angelegt. Das gilt für die orthodoxe Ausformung der abrahamitischen Religionen: Judentum, Christentum und Islam. Neben der allgemeinen bzw. exoterischen Religiosität in Lehre und Kultus hat es dort immer auch eine esoterische Frömmigkeit[140] gegeben, die Mystik. In ihr werden die traditionellen Gottesvorstellungen erweitert und transzendiert, d. h. der Mystiker kennt nicht nur den persönlichen Gott als Gegenüber bei der allgemeinen Anbetung, sondern auch die transpersonale Gottheit, die sich jeder Beschreibung oder Vorstellung entzieht.

Gotteserfahrung und Selbsterkenntnis

Bei Fromm handelte es sich neben der talmudischen Theologie um die kabbalistische Mystik. Durch seine Lehrer Nehemia Nobel u. a. wurde er mit ihr konfrontiert. Unabhängig davon kam er schon in den zwanziger Jahren auch mit dem Buddhismus in Berührung. Doch erst in der zweiten Hälfte seines Lebens trat er in einen regelrechten geistigen Austausch ein, bei dem er Psychoanalyse und Buddhismus als dialogisch aufeinander beziehbare Größen betrachtete.

Als ein Beispiel hierfür kann eine Arbeitstagung zu diesem Themenpaar gelten, die Fromm als Professor am Institut für Psychoanalyse der mexikanischen Staatsuniversität in Cuernavaca, Mexiko, durchführte.[141] Das geschah im August 1957. (Fromm war 1949 nach Mexiko übersiedelt, wo er lehrte und seine psychoanalytische Ausbildungsarbeit fortsetzte.) Mit dieser Kontaktaufnahme stand er weder allein, noch war er der erste. Ähnliche Interessen am Buddhismus verfolgten auch andere Analytiker-Kollegen, unter ihnen die befreundete Karen Horney, vor allem aber C. G. Jung, der in mehrfacher Hinsicht kommentierende Beiträge zur östlichen Spiritualität geliefert hatte.[142]

Fromm war zu der Erkenntnis gelangt, daß Freuds Werk zur Aufhellung der religiösen Problematik wesentlich beitragen könne, wiewohl dieser betont rationalistische Denker keinen Zugang zu lebendiger Religiosität oder gar zur mystischen Erfahrung gefunden hatte. «Für ihn war das Erlebnis der mystischen Einheit, dem Romain Rolland einmal den Namen ‹ozeanisches Gefühl› gegeben hatte, nichts als die ‹Regression› zum primären Narzißmus des Säuglings.»[143]

Unter Hinweis darauf, daß Freud in der Selbsterkenntnis sowie in der auf sie gerichteten Bemühung die zentrale Kategorie seines ganzen Werks und die Grundlage seiner Therapie gesehen habe, hielt es Fromm für aussichtsreich, Psychoanalyse und Buddhismus als eine besondere Weise der Achtsamkeit nicht nur miteinander zu vergleichen, sondern auch auf Gesichtspunkte für eine wechselseitige Befruchtung aufmerksam zu machen. Zwei prominente Vertreter des Buddhismus pflegte er eigens herauszustellen, den vielzitierten buddhistischen Gelehrten Daisetz Teitaro Suzuki (1870–1966), der schon vor der Jahrhundertmitte zu den wichtigsten und erfolgreichsten Wegbereitern des Zen-Buddhismus in der westlichen Welt gehörte, daneben den aus Deutschland stammenden buddhistischen Mönch Nyanaponika Mahathera.[144]

Anläßlich der erwähnten Arbeitstagung in Cuernavaca, an der sich eine Woche lang gegen 50 Analytiker verschiedener Schulrichtungen beteiligten, ging Fromm in seinen eigenen Darlegungen davon aus, daß Buddhismus (speziell in seiner zen-buddhistischen Variante) und Psychoanalyse sich mit dem Wohl und der Erkenntnis des Menschen beschäftigen. Dieser Aufgabe widmen sich beide, wenngleich in unterschiedlichen Vorgehensweisen. Das eine Mal geschieht es aus der Sicht des östlichen, das andere Mal aus der des westlichen Menschen. Beide Erkenntnisarten bzw. Therapien antworten je auf ihre Weise auf die geistig-existentielle Krise der heutigen Menschheit. Dabei denkt Fromm weniger an die ursprüngliche Ausprägung des Freudschen Ansatzes. Vielmehr bringt er die von ihm und anderen (z. B. Ch. Bühler, Horney, Sullivan) vertretene «humanistische» Spielart der Psychoanalyse zur Geltung. Mehrfach lenkt er die Aufmerksamkeit seiner Leser auf den «ganzen Menschen» und hebt hervor, daß dieser Mensch in stetiger Entwicklung begriffen sei, in einem «Prozeß fortwährender Geburt». Damit grenzt er sich gegen jene ab, denen es nicht gelingen will, diesen Prozeß einer Reifung in seelisch-geistiger Hinsicht folgerichtig zu vollziehen. Über die biologische Reifung sind sie kaum hinausgekommen: «Sie können die Nabelschnur sozusagen nicht vollständig zerreißen; sie bleiben symbiotisch mit Mutter, Vater, Familie, Rasse, Staat, Stand, Geld, Göttern usw. verknüpft; niemals werden sie ganz sie selbst und sind daher niemals ganz geboren.»[145]

Angesichts seines Interesses an der humanistisch-transpersonal ausgerichteten Psychologie kann es nicht wunder nehmen, daß sich Fromm der westlichen Tradition, namentlich in der Gestalt von Meister Eckhart, erinnert. Den Predigten des großen Dominikaner-Mystikers entnimmt er Einsichten, die ihn vor die Alternative von «Haben oder Sein» stellen. In seinem gleichnamigen Werk (1976)[146] sind diese beiden Grundhaltungen gegeneinander gestellt, die Eckhart auf den einfachen Nenner gebracht hat:

«Die Menschen sollten nicht so sehr bedenken, was sie *tun* sollen, sondern was sie *sind*.»

So gilt es «Haben» und «Sein» als die beiden unverwechselbaren Existenzweisen zu unterscheiden: Einerseits ist da der Modus des *Habens,* der sich auf den materiellen Besitz konzentriert, auf das Streben, gegenüber anderen der Erfolgreichere, Gewitztere, Stärkere zu sein; andererseits der *Seins*-Modus, dem Leben und der beglückenden Liebe zugewandt, in dem man ein schöpferischer Mensch ist, frei von Egoismus und hingabefähig, daher auch in der Lage, in ganzheitlicher Weise zu wachsen zu menschlicher Reife. – So skizzenhaft und fragmentarisch diese Gegenüberstellung der beiden Seins-Modi auf den ersten Blick erscheinen mag, im Zusammenhang seiner mehrfachen Darstellungen wird etwas von dem humanistischen Protest deutlich, mit dem Erich Fromm den Tendenzen der Entmenschlichung entgegentritt.

Oder unter anderem Aspekt betrachtet: Wenn Sigmund Freud einst mit der Devise angetreten ist: Was (unbewußtes) Es ist, soll ein (vollbewußtes) Ich werden, so zeigen Analytiker von der Geistesart eines Erich Fromm, daß es in einer humanistisch ausgeformten «Psychoanalyse» nicht nur um eine rationale Erhellung der irrationalen Triebstruktur des Menschen gehen soll. Vielmehr lassen sich bei ganzheitlicher Betrachtung Leitbilder für ein neues Menschsein gewinnen, die den vielfältigen Gefahren der Selbstentfremdung gewachsen sind. Ausdrücklich beruft er sich hierbei neben Freud auf den Erleuchtungsweg Buddhas, auf Radikalhumanisten wie Karl Marx oder Albert Schweitzer und auf die Eckhartsche Seins-Mystik – jeweils bezogen auf die Wirklichkeit der heutigen Gesellschaft.[147] Die Nüchternheit, mit der er seine Mitwelt beobachtete, und die Hellsicht, mit der er die in seiner Zeit sich abzeichnenden Tendenzen analysierte, verleihen seinen Reflexionen einen hohen Grad an Glaubwürdigkeit. Daher gehen gerade von jenen seiner Schriften wegweisende Impulse aus, in denen er die Voraussetzungen für eine Wandlung des derzeitigen Menschen benennt und zu einem neuen Mensch-Sein ermutigt. Hinzu treten Zeugnisse von denen, die mit ihm in der letzten Lebenszeit zusammengearbeitet haben, etwa von seinem Assistenten und Biographen Rainer Funk:

«Fromm war der lebendige Gegenbeweis für unsere von Haben und Mehr-Haben-Müssen gezeichneten Gesellschaft. Deshalb war und ist er anstößig. Ob er schrieb oder meditierte, ob er sich für einen humanistischen Sozialismus ereiferte oder ob er für sich und seine Frau einkaufen ging, ob er seine englische Sekretärin bat, doch auch noch die fünfte Fassung eines Kapitels zu schreiben, oder ob er zu seiner Frau Annis wie ein Zwanzigjähriger zärtlich war: Seine Lebenspraxis bezeugte seine Originalität.»[148]

Wenige Tage vor Vollendung seines 80. Lebensjahrs verstarb Erich Fromm am 18. März 1980 in seiner letzten Schweizer Wohnung nahe bei Locarno.

Viktor E. Frankl – Der Wille zum Sinn

Die Überleitung von Erich Fromm zum Begründer der Logotherapie, dem 1905 in Wien geborenen Viktor E. Frankl, ergibt sich aufgrund mancherlei Gemeinsamkeiten der geistigen Zielsetzung der beiden Therapeuten. Denn wem es wie Fromm darum geht, den leidenden Menschen zur Selbstwerdung und zur Neugeburt zu führen, der bemüht sich um die Sinnsuche, der sich auch Frankl verschrieben hat. Logotherapie läßt sich als «sinnzentrierte Form der Psychotherapie» (Uwe Böschemeyer)[149] beschreiben, als ein Beitrag zur Rehumanisierung der Seelenheilkunde. Also auch hier eine Überwindung einer einseitig trieborientierten Analyse. Dem von der Frage nach Wesen und Weg des Menschen beunruhigten Zeitgenossen ist nicht dadurch gedient, daß er den zeitüblichen Leistungsnormen weiterhin zu entsprechen vermag. Das hieße, sich mit der Wiederherstellung und dem Ausgleich psychosomatischer

Viktor E. Frankl, der Begründer der Logotherapie.

Mängel zu begnügen und im Sinne allgemeiner Erwartungen von neuem «funktionstüchtig» zu sein. Die Logotherapie (von griech. ‹logos›, das Wort, der Geist, mithin der Sinn) setzt auf den *Geist*aspekt, ohne den die menschliche Existenz nicht auskommt. «Indem nun der Mensch – trotz seiner Begrenztheit im Erkenntnisbereich – über sich selbst hinausfragt nach dem Grund und dem Sinn des Seins, fragt er nach der letzten Wirklichkeit, und deshalb sind für Frankl, wie z. B. auch für Paul Tillich, ‹Sinnglaube› und ‹religiöser Glaube› Synonyma... Logotherapeutisch die Frage nach dem Sinn stellen, heißt für Frankl, als konkreter Mensch in einer konkreten Situation nach einer konkreten Aufgabe fragen. Weil kein Mensch dem anderen gleicht und für jeden Menschen darum die jeweiligen Situationen seines Lebens unverwechselbar sind, ist der jeweilige Sinn nur einer ‹ad personam et ad situationem› (d. h. er ist person- und situationsbezogen).»[150]

Viktor Frankl, der Sohn jüdischer Eltern, der Vater aus Südmähren, die Mutter aus Prag stammend, beschloß schon als Kind, Arzt zu werden.[151] Seine ersten tiefenpsychologischen Kenntnisse eignete er sich bereits während seiner Schulzeit in Wien an, noch ehe er die Matura (Abitur) absolviert hatte. Es waren unmittelbare Freud-Schüler, deren Bekanntschaft er machte und die auch ihn unterwiesen. Freud selbst lernte er nicht nur kennen, er korrespondierte auch mit ihm und erweckte seine Aufmerksamkeit, so daß Freud ein Manuskript des erst Neunzehnjährigen zur Veröffentlichung beförderte. Diese frühen und in ihrer Art seltenen Dokumente eines Gedankenaustausches zwischen dem berühmten Gründervater und dem noch kaum der Schule entwachsenen, aber schon im Werden begriffenen Psychiater gingen verloren – konfisziert durch die Gestapo, als Frankl ins Konzentrationslager eingewiesen wurde.

Erstaunlich entwickelte sich der weitere Werdegang des künftigen Therapeuten insofern, als Frankl binnen weniger Jahre gleich einige psychoanalytische Schulen durchlief: zunächst die der Freudschen Richtung, dann infolge seines Interesses an sozialistischen Zielsetzungen die Individualpsychologie Alfred Adlers. Nicht bereit, weder der einen noch der anderen Lehrmeinung rückhaltlos zu folgen, kam es zur Trennung von der individualpsychologischen Vereinigung Adlers. Und weil es ihm in den verschiedenen Lebensabschnitten immer wieder darum ging, das Grenzgebiet von Psychotherapie und Philosophie aufzuhellen, unter besonderer Berücksichtigung der Sinn- und Wertproblematik in der Psychotherapie, näherte sich Frankl, inzwischen Arzt und Psychiater geworden, immer stärker seinem Lebensthema, der Logotherapie. In unterschiedlicher Weise bald mit C. G. Jungs

Lehren von der Individuation (Selbstwerdung) oder Fromms Auffassung vom Geborenwerden des neuen, «biophilen» Menschen verwandt, richten sich Frankls Gedanken darauf, die geistig-seelische Reifung als eine Weise der Selbsttranszendierung zu begreifen und als Arzt fördernd zu begleiten.

Auschwitz als «Experimentum crucis»

Angesichts derartiger Zielsetzungen stellt sich naturgemäß die Frage, wie der Autor selbst seine Erkenntnis im eigenen Leben umgesetzt und befolgt hat. Frankl muß diese Rückfrage am allerwenigsten fürchten, bedenkt man, daß seine Eltern, sein Bruder, seine erste Frau in nationalsozialistischen Vernichtungslagern umgekommen sind und er selbst das KZ Auschwitz und Dachau zu bestehen hatte. Wie mag ein solcher Mensch in der Konfrontation mit dem Unmenschlichen die Sinnproblematik bewältigen? Frankl schreibt mit Blick auf seine Auschwitz-Erschütterung:

«Es war das Experimentum crucis. Die eigentlich menschlichen Urvermögen der Selbsttranszendenz und Selbstdistanzierung, wie ich sie in den letzten Jahren so sehr unterstreiche und betone, wurden im Konzentrationslager existentiell verifiziert und validiert. Diese Empirie im weitesten Wortsinn bestätigte den ‹survival value› (wörtlich: Wert des Überlebens), um mit der amerikanisch-psychologischen Terminologie zu sprechen, der dem ‹Willen zum Sinn›, wie ich es nenne, oder eben der Selbsttranszendenz – dem Über-sich-selbst-Hinausgelangen menschlichen Daseins nach etwas, das nicht wieder es selbst ist – zukommt. (Es) überlebten jene noch am ehesten, die auf die Zukunft hin orientiert waren, auf einen Sinn hin, dessen Erfüllung in der Zukunft auf sie wartete.»[152]

Frankl schildert in diesem Zusammenhang anhand seiner niederschmetternden Eindrücke beispielhaft, wie er sie zu «objektivieren» vermochte; wie er sich in den kaum mehr erträglichen Zuständen des Hungerns, der Erfrierungen, der Schmerzen vorstellte, worin der Inhalt seiner Zukunft bestehen könne. Diese seelenaktiv, gleichsam in einer Imagination vorweggenommene Zukunft erwies sich als eine Möglichkeit, zu überleben, auch als eine Möglichkeit, mit den seelischen Verletzungen, mit den Verflechtungen von Schuld und Schicksal fertig zu werden. Daher Viktor Frankls Verwunderung über jene Kollegen, die anderen helfen wollen, jedoch nicht in der Lage sind, ihr eigenes Kreuz zu tragen:

«Es ist mir unbegreiflich, wie es selbst prominente und prominenteste Psychoanalytiker und wie sie es sogar nach einem Dritteljahrhundert noch nicht verstehen, über die Traumata hinwegzukommen, die ihnen der Rassismus zugefügt hatte. Nach wie vor neigen sie vielmehr dazu, zu generalisieren, zu pauschalieren, kollektiv schuldig zu sprechen. 1946 war es nicht populär, gegen die Kollektivschuld aufzutreten oder gar sich für einen Nationalsozialisten einzusetzen...»[153] Auch dazu war Frankl fähig!

Charakteristisch für den Elan, mit dem er auf die Ausgestaltung seines Lebenswerks zuging, ist wohl die Tatsache, daß er in der Lage war, noch im Konzentrationslager Grundgedanken seines Buches «Ärztliche Seelsorge»[154] zu rekonstruieren, nachdem ihm das ins Mantelfutter eingenähte Manuskript, das er für die Nachwelt hatte retten wollen, bei der Verhaftung entrissen worden war. Und unmittelbar nach der Befreiung war er dann in der Lage, sein Erleben als «Psychotherapeutische Erfahrungen im Konzentrationslager» niederzuschreiben. Geleitet von der Einsicht, daß jede Zeit ihre zeittypische Neurose erzeugt und daher ihre spezifische Therapie verlangt, formulierte er die für ihn und für sein ärztliches Schaffen gültige Maxime: «Nur die rehumanisierte Psychotherapie kann die Zeichen der Zeit verstehen und den Nöten der Zeit sich stellen.»[155]

Wieder stellt sich die Frage, welchen Weg jene Tiefenpsychologie und Psychotherapie, bei der Logotherapie Frankls angelangt, zurückgelegt hat, die in den Tagen Sigmund Freuds als Psychoanalyse begann. Hatte Thomas Mann einst von der weltverändernden analytischen Einsicht gesprochen, hatte er in seiner Laudatio auf Freud (1936) den «heiteren Argwohn» und den «entlarvenden Verdacht» gerühmt, mit dem die Psychoanalyse die Schwelle zum 20. Jahrhundert überschritt, so bedurfte es spätestens in der Jahrhundertmitte einer Überprüfung eben dieses Verfahrens. Dessen waren sich Therapeuten von der Statur Adlers, Jungs, auch Reichs und Fromms deutlich bewußt, mit ihnen alle, denen es um eine «Rehumanisierung der Psychotherapie» zu tun war.

Fragte man nach der von Frankl angewandten Modifikation des Freudschen, auf Analyse ausgerichteten Ansatzes, dann pflegte er zu antworten, es gehe um «die Entlarvung der Entlarver». Auch dürften Zynismus und Nihilismus nicht das letzte Wort sein, ebensowenig eine einseitig rationalistisch getönte Analytik der seelischen Wirklichkeit. Zu entlarven sei daher schließlich eine lediglich auf Entlarvung angelegte Psychologie: «Freud hat uns gelehrt, wie wichtig das Entlarven ist. Aber ich denke» – so fügt Viktor Frankl korrigierend hinzu – «irgendwo muß es auch Halt machen, und zwar dort, wo der ‹entlarvende Psychologe› mit etwas konfrontiert ist, das sich eben nicht mehr entlarven läßt, aus dem einfachen Grunde, weil es echt ist. Der Psychologe aber, der auch dort noch nicht aufhören kann zu entlarven, entlarvt nur die ihm unbewußte Tendenz, das Echte im Menschen, das Menschliche im Menschen zu entwerten... Mag sein, daß wirklich jeder, der ein eigenes System der Psychotherapie entwickelt, letzten Endes nur seine eigene Krankengeschichte schreibt. Es fragt sich nur, ob sie auch repräsentativ ist für die kollektive Neurose seiner Zeit. Dann könnte er nämlich sein Leiden für andere aufopfern, und seine Krankheit dazu beitragen, die anderen zu immunisieren.»[156]

So ist es ebenfalls ein betont humanistischer Akzent, den Frankl in der Logotherapie gesetzt hat, die er bisweilen auch als eine «Höhentherapie» anzusprechen pflegte.[157] Terminologische Neuprägungen und theoretische Entwürfe sind das eine; das andere ist die konkrete therapeutische Begegnung mit den vielfältigen, vom Sinnverlust stigmatisierten Leiden in der Gegenwart. Auch wenn das von Frankl mit vielfachem Erfolg angewandte Verfahren nicht mit einem theologischen oder religiösen Vorzeichen zu versehen ist, so fehlt es doch nicht an Wechselbezügen. Denn da wie dort gilt: Zum Wesen des Menschen gehört, daß er sich in Freiheit, in Verantwortlichkeit und Liebe seiner Mitwelt zuwenden kann, seien es Mitmenschen oder die ihm zugedachten Lebensaufgaben.

Und was das Schicksal, das jedem einzelnen zugedachte Geschick anlangt, so gibt es nach Frankls Erfahrung und Überzeugung – auch und gerade nach Auschwitz – keine Lebenssituation, die wirklich sinnlos wäre. Warum diese These gewagt werden könne? In seinen Vorlesungen, die dem Menschenbild der Seelenheilkunde gewidmet sind, liest man:

«Dies ist darauf zurückzuführen, daß die scheinbar negativen Seiten der menschlichen Existenz, insbesondere jene tragische Trias, zu der sich Leid, Schuld und Tod zusammenfügen, auch in etwas Positives, in eine Leistung gestaltet werden können, wenn ihnen nur mit der rechten Haltung und Einstellung begegnet wird. Nun liegt viel unvermeidliches Leiden im Wesen der menschlichen Verfassung, und der Arzt sollte sich davor hüten, angesichts solcher existentieller Fakten der Fluchttendenz des Patienten womöglich noch in die Hände zu arbeiten. Erst die Haltung und Einstellung, mit der der Mensch einem unvermeidlichen und unabänderlichen Schicksal begegnet, verstattet ihm, Zeugnis abzulegen von etwas, wessen der

Mensch fähig ist: das Leiden in eine Leistung umzugestalten...»[158]

Wilhelm Bitter – Von der Analyse zur Synopse

Überblickt man die Geschichte der Tiefenpsychologie und Psychoanalyse, wie sie seit den Tagen Sigmund Freuds ihren Weg in die Welt zurückgelegt hat, dann fällt auf, wie stark sich das Streben nach Modifikation und Absonderung bemerkbar gemacht hat. Immer neue Gesichtspunkte, die in der klassischen Psychoanalyse entweder vernachlässigt oder von ihr ganz außer acht gelassen worden waren, kamen zu Ehren. So konnte sich binnen weniger Jahrzehnte eine Vielfalt an Methoden der Diagnose und der Therapie entwickeln, an sich eine bereichernde, eine horizonterweiternde Entwicklung. Sie führte aber überall dort zu Konflikten, wo die jeweils eigene Sichtweise zum Maß aller Dinge erklärt wurde. Das geschah allzu oft.

In den Augen Freuds wurden Kollegen vom Rang Alfred Adlers oder C. G. Jungs zu ausgesprochenen «Gegnern» erklärt. Die Sympathisanten der einen oder der anderen Lehrmeinung vermieden es meist, eine zumindest partielle Berechtigung der mit ihr konkurrierenden «Schule» zuzugestehen. Bisweilen gewinnt man den Eindruck, daß es an der Bereitschaft zur Kooperation gefehlt hat, die mit Blick auf die Vielgestaltigkeit menschlicher Leiden geboten gewesen wäre. Dieses Defizit ist um so erstaunlicher, als man einem Seelenkundigen ein ungleich höheres Maß an Verständnis für die Mentalität des anderen und an Einsicht in die eigene Unzulänglichkeit zuerkennen möchte als einem psychologisch Ungeschulten.

So ist am Abschluß dieser Darstellung nach ernsthaften Versuchen zu fragen, die geeignet (gewesen) sind, die Vertreter unterschiedlicher Erkenntnisrichtungen und Therapien im Dialog

Wilhelm Bitter, maßgeblicher Mitbegründer und langjähriger Leiter der Internationalen Gesellschaft für Tiefenpsychologie («Arzt und Seelsorger») in Stuttgart.

und Gedankenaustausch einander näherzubringen. Es kann wohl nicht nur das Bestreben einzelner gewesen sein, andere Grundlagen der Lehre und der praktischen Vorgehensweise in Augenschein zu nehmen. Ein Vergleich könnte zeigen, daß wesentliche Gesichtspunkte auch dort beibehalten worden sind, wo man mit eigener Terminologie gleiche Tatbestände oder Geschehenszusammenhänge benennt. Sei es in der sogenannten Neoanalyse, in der bestimmte Elemente der Psychoanalyse Freuds zugunsten anderer ausgetauscht wurden, oder in der erwähnten Humanistischen Psychologie, die das Personale, das spezifisch Menschliche für wesentlicher erachtet als z. B. den psychoenergetischen Faktor, die Libido.

Statt eine Reihe einzelner Systeme daraufhin zu untersuchen, sei abschließend eine Persönlichkeit in Erinnerung gebracht, die dem Erfordernis einer Zusammenschau der divergierenden Richtungen entsprochen hat. Es handelt sich um den Stuttgarter Nervenarzt und Analytiker Wilhelm Bitter (1893–1974), den ersten Leiter der von ihm mitbegründeten «Internationalen Gesellschaft für Tiefenpsychologie» (Arzt und Seelsorger).

Wilhelm Bitter wurde auf sein spezielles, das übliche Spezialistentum jedoch überbrückende Lebenswerk in exemplarischer Weise vorbereitet.[159] Infolge seiner besonderen familiären Situation konnte er erst verspätet die Hochschulreife erlangen, nachdem er einige Jahre als Kaufmann tätig gewesen war. Und nachdem er vier Jahre lang als Soldat am Ersten Weltkrieg teilgenommen hatte, studierte er zunächst die Wirtschaftswissenschaften. Theologie und Medizin lagen ebenfalls im Bereich seiner weitgesteckten Interessen, mußten aber zurückgestellt werden. Eine erfolgreiche internationale Tätigkeit im Dienste enteigneten Ausländereigentums und dessen völkerrechtlicher Absicherung erstreckte sich über 14 Jahre. Dann erst trat der Einundvierzigjährige seine medizinische und psychotherapeutische Ausbildung an. Sie machte ihn sowohl mit der Freudschen als auch mit der Jungschen Analyse vertraut, ergänzt durch seine Mitarbeit an der Berliner Universitäts-Nervenklinik (Charité). Einen Teil seiner Lehranalyse konnte er noch unter C. G. Jung und einigen seiner Mitarbeiter absolvieren. Nachdem die Psychotherapie infolge des Nationalsozialismus und Zweiten Weltkriegs weitgehend zum Erliegen gekommen war, setzte er sich als Nervenfacharzt mit speziellen internationalen Beziehungen für die Intensivierung der psychotherapeutischen Ausbildung in Deutschland ein. Das geschah durch die Begründung des «Instituts für Psychotherapie» in Stuttgart (1948) und der «Deutschen Gesellschaft für Psychotherapie und Tiefenpsychologie» (DGPT; 1949). Die erwähnte «Internationale Gesellschaft für Tiefenpsychologie» (1948) ist aus kleinsten Anfängen aus der «Stuttgarter Gemeinschaft Arzt und Seelsorger» heraus erwachsen. Gerade diese Organisation geht auf den Gedanken zurück, die Vertreter der unterschiedlichen Bemühungen um Gesundheit und Heil des Menschen zum Dialog zusammenzuführen. «Seelsorge» ist demnach in einem inter- und überkonfessionellen Sinne zu verstehen als die «Sorge um die Totalität psychischer Strukturen und Prozesse, (um) eine cura animarum, wie sie der psychosomatischen Medizin und der Psychotherapie zugrunde liegt. Wir sehen unsere Aufgabe in der Verbreitung der neuen wissenschaftlichen Disziplinen, so in Psychologie, Pädagogik, Soziologie und Jurisprudenz. Wir sind eine interfakultative Gesellschaft für tiefenpsychologische Forschung und ihre Anwendung im Dienst am Menschen», betont Bitter in seinem Bericht, den er anläßlich des 25jährigen Bestehens dieser Gemeinschaft herausgegeben hat.[160]

Jenseits von Spezialistentum und Dogmatismus

Hinsichtlich der auf Spezialisierung und Abgrenzung ausgerichteten Tendenzen der einzelnen tiefenpsychologischen Schulen gab sich Wilhelm Bitter keinen Illusionen hin. Gerade diese Beobachtung veranlaßte ihn, dem Gesichtspunkt der Annäherung und der Zusammenschau der divergierenden Lehrmeinungen und Methoden den Weg zu bereiten – in Gestalt einer «synoptischen Psychotherapie». Daß er damit keine zusätzliche Schulenbildung meinte, dokumentieren die Berichtsbände zu den seit 1948/49 durchgeführten Jahrestagungen. Hierbei ging es ihm nicht um eine Synthese oder ein Amalgam aus unterschiedlichen Strömungen, also nicht um Vermischung oder Synkretismus. Sein inzwischen seit Jahrzehnten bewährtes, auch von anderen geübtes Vorgehen ist vielmehr durch folgenden Gedanken bestimmt:

«Die synoptische Psychotherapie berücksichtigt alle wesentlichen bewährten Elemente der Tiefenpsychologie, um den

Störungsursachen ganzheitlich gerecht zu werden. Nicht die vom Therapeuten erlernte Schulrichtung, sondern die individuelle Problematik des Kranken sollte für die Indikation über die Art der Behandlung richtunggebend sein. Bei einer solchen weit gefaßten, mehrdimensionalen Betrachtungsweise müssen allgemein-anthropologische Gesichtspunkte hinzugezogen werden, also außer psychologischen auch soziologische, politische, nicht zuletzt geistig-religiöse.»[161]

Allein die zahlreichen von Wilhelm Bitter selbst herausgegebenen Berichtsbände dokumentieren den Perspektivenreichtum wie den hohen Grad der Konkretion, mit dem Themen in solch synoptischer Weise von den Repräsentanten der jeweiligen Geistesart und der ihr entsprechenden Therapieweise behandelt worden sind, etwa: Wandlung, Meditation, westliche Therapie und östliche Weisheit, Krisis und Zukunft der Frau, Massenwahn, Einsamkeit, Angst und Schuld, Magie und Wunder, Mensch und Automation, religiöse Erfahrung in ihrer Vielgestalt u. a. m. Beim Gedanken eines synoptischen Vorgehens konnte sich Bitter insbesondere auf C. G. Jung berufen, der auf das Erfordernis mehrerer psychotherapeutischer Heilweisen ausdrücklich hingewiesen hat.[162]

Abschließend kann man sagen:

Der von Wilhelm Bitter und seinen Mitarbeitern initiierte Impuls hat längst seine Bewährungsprobe bestanden. Er steht im Einklang mit all denen, die sowohl der humanistischen wie der transpersonal-spirituellen Zielsetzung entsprechen. Oder auf die Gründergestalten der Psychoanalyse bezogen: Die bisweilen inkompatibel erscheinenden auseinanderstrebenden Neigungen ihrer Theorien erweisen im Stadium der praktischen Umsetzung oft eine überraschende Konvergenz. Sie ergibt sich aus einem ganzheitlichen Menschenbild und aus einer humanistischen Ausrichtung, die von jeder Psychotherapie zu erwarten ist.

Konkretisiert findet sich dieses Bemühen einerseits in den Tagungsbeiträgen selbst, deren Publikationen während der vergangenen Jahrzehnte nicht allein von historischem Wert sind, weil vielfach Grunderfahrungen tiefenpsychologischer Praxis und ärztlichen Handelns niedergelegt sind. Es sind vor allem auch die von Wilhelm Bitter in Einführungen und Zusammenfassungen eingebrachten Erkenntnisse, in denen er das von ihm geübte synoptische Verfahren auf seine Brauchbarkeit und Aktualität als eine innerhalb der Psychoanalyse und ihrer Grenzgebiete längst nötige Zeitforderung unter Beweis stellt. Indem er Vertreter der seit Freuds Tagen als «gegnerisch» betrachteten oder als irrelevant angesehenen Richtungen in einem Gedankenaustausch zu gemeinsam bedrängenden Sachproblemen zusammenrief, setzte er weiterführende Impulse frei. Pionierarbeit leistete Bitter nicht zuletzt darin, daß er profilierten Repräsentanten der einzelnen Gebiete die Möglichkeit zur Selbstdarstellung eröffnete, und zwar jeweils im Gegenüber zu komplementären Anschauungen oder Praktiken. So findet man beispielsweise in den Tagungen über die Rolle der Meditation in Religion und Psychotherapie oder über abendländische Therapie und östliche Weisheit[163] dialogisch angeordnete Szenarien. Man begegnet z. B. Ausführungen über die dialektische Funktion des Unbewußten im Gegenüber zum christlichen Mantram-Yoga des Herzensgebetes, die ignatianischen Exerzitien im Gegenüber zum anthroposophischen Erkenntnisweg, die Traummeditation im Gegenüber zur Aktiven Imagination im Sinne von C. G. Jung. Oder auf die Personen bezogen: Es kommen zu Wort Meditationslehrer wie Karlfried Graf Dürckheim und der Jesuit und Zen-Meister Hugo Enomiya-Lassalle, westliche Ärzte – unter ihnen der Begründer des autogenen Trainings, J. H. Schultz – Seelsorger, Psychotherapeuten treten mit ihren asiatischen Kollegen in einen Gedankenaustausch ein. Nach und nach ging man in der «Internationalen Gesellschaft für Tiefenpsychologie» immer mehr dazu über, während des Kongresses der praktischen Übung den dafür erforderlichen Raum zur Verfügung zu stellen.

Bei alledem teilte Wilhelm Bitter die Überzeugung des auf den Tagungen ebenfalls vertretenen Schweizer Kulturanthropologen Jean Gebser (1905–1973), der die in der Öffentlichkeit vielbeachtete Tagung über «Abendländische Therapie und östliche Weisheit» mit den Worten beschloß:

«Das jeweils Entscheidende vollzieht sich nie an der sichtbaren, materiellen, machtmäßigen Front; zu glauben, es geschähe dort, ist ein materialistischer Trugschluß. Unsere Zukunft, die durch unser Verhältnis zu Asien bestimmt wird, entscheidet sich *in uns*, in unserem Bewußtsein und der aus ihm sich neu gestaltenden Haltung. Ich wünsche es uns allen, daß wir die Kraft und die innere Größe zu dieser neuen Haltung aufbringen werden.»[164]

Anmerkungen

1 Die Statuten der Internationalen Psychoanalytischen Vereinigung sind enthalten in: Sigmund Freud / C. G. Jung-Briefwechsel, Hg. von William McGuire und Wolfgang Sauerländer. Frankfurt a. M. 1974, S. 640ff.

2 Oscar Mannoni: Sigmund Freud in Selbstzeugnissen und Bilddokumenten. Reinbek 1971.
Max Schur: Sigmund Freud, Leben und Sterben. Frankfurt a. M. 1973.
Hermann Glaser: Sigmund Freuds zwanzigstes Jahrhundert. Seelenbilder einer Epoche. Materialien und Analysen. München 1976; Frankfurt a. M. 1979.
Ronald W. Clark: Sigmund Freud, Frankfurt a. M. 1981.
Frank J. Sulloway: Freud. Biologe der Seele. Jenseits der psychoanalytischen Legende. Köln 1982.
Peter Gay: Freud. Eine Biographie für unsere Zeit. Frankfurt a. M. 1983.

3 Gerhard Wehr: C. G. Jung in Selbstzeugnissen und Bilddokumenten. Reinbek 1961 (Neuauflagen).
Marie-Louise von Franz: C. G. Jung. Sein Mythos in unserer Zeit. Frauenfeld (Schweiz) 1972.
Gerhard Wehr: Carl Gustav Jung. Leben, Werk, Wirkung. München 1985.
Ders.: C. G. Jung. Arzt, Tiefenpsychologe, Visionär. Eine Bildbiographie. Luzern – Zürich 1989.

4 Ernest Jones: Das Leben und Werk von Sigmund Freud, I/III. Bern 1960f.

5 Lou Andreas-Salomé: In der Schule bei Freud. Tagebuch eines Jahres, 1912/13. Zürich 1958; München 1965 (Geist und Psyche 2014).

6 Thomas Mann: Freud und die Zukunft, in: Sigmund Freud: Abriß der Psychoanalyse. Das Unbehagen in der Kultur. Frankfurt a. M. 1953, S. 221f.

7 So die Überschrift einer Titelgeschichte im Nachrichtenmagazin «Der Spiegel», Hamburg; 38. Jahrgang 1984, Nr. 52, S. 116ff.

8 Über die Zusammenhänge vgl. vor allem Henry F. Ellenberger: Die Entdeckung des Unbewußten (The Discovery of the Unconscious) Bern – Stuttgart – Wien 1973.

9 Romantische Naturphilosophie. Ausgewählt und eingeleitet von Christoph Bernoulli und Hans Kern. Jena 1926.
Ferner Ellenberger (wie Anm. 8), Band I, S. 286ff.

10 Ekkehard Meffert: Carl Gustav Carus. Sein Leben, seine Anschauung von der Erde, Stuttgart 1986.

11 C. G. Carus zit. bei Ellenberger (wie Anm. 8), Band I, S. 283.

12 Gotthilf Heinrich Schubert: Die Symbolik des Traumes. Bamberg 1814; Heidelberg 1968.

13 Gerhard Wehr: Saint-Martin. Der «Unbekannte Philosoph» im deutschen Geistesleben. Berlin 1995.

14 Jakob Böhme: Aurora oder Morgenröte im Aufgang (1612), herausgegeben und kommentiert von Gerhard Wehr. Frankfurt a. M. 1992 (Insel Taschenbuch 1411). Gerhard Wehr: Aspekte der Wirkungsgeschichte Jakob Böhmes, in: Gott, Natur und Mensch in der Sicht Jakob Böhmes und seiner Rezeption. Hg. Jan Garewicz und Alois Maria Haas. (Wolfenbütteler Arbeiten zur Barockforschung Band 24). Wiesbaden 1994, S. 175–196.

15 Alfons Rosenberg: Der Christ und die Erde. Oberlin und der Aufbruch zur Gemeinschaft der Liebe. Olten – Freiburg 1953, S. 44ff. – Ellenberger (wie Anm. 8) I, S. 35ff.; 89ff.

16 Ellenberger (wie Anm. 8) I, S. 95ff.; Liliane Frey: Die Anfänge der Tiefenpsychologie von Mesmer bis Freud (1780–1900), in: Studien zur Analytischen Psychologie C. G. Jungs. (Festschrift zum 80. Geburtstag von C. G. Jung). Zürich 1955, Bd. I, S. 1–79.

17 Josef Vliegen: Von Mesmer bis Breuer, in: Die Psychologie des

20. Jahrhunderts. Bd. I. Die europäische Tradition. Hg. von Heinrich Balmer. Zürich 1976, S. 687 ff.

18 Friedrich Nietzsche: «Du sollst der werden, der du bist». Psychologische Schriften. Ausgewählt und herausgegeben von Gerhard Wehr. München 1976.
Gerhard Wehr: Friedrich Nietzsche als Tiefenpsychologe. Oberwil (Zug) 1987.

19 S. Freud: Briefe 1873–1939. Frankfurt a. M. 1960, S. 47.

20 Peter Gay: Freud, S. 78ff.
Ronald W. Clark: Sigmund Freud, S. 120ff.

21 S. Freud: Briefe, S. 427f.

22 Peter Gay: Freud, S. 79.

23 S. Freud zit. bei Inge Stephan: Die Gründerinnen der Psychoanalyse. Eine Entmythologisierung Sigmund Freuds in zwölf Frauenporträts. Stuttgart 1992, S. 43.

24 S. Freud: «Selbstdarstellung». Schriften zur Geschichte der Psychoanalyse. Hg. und eingeleitet von Ilse Grubrich-Simitis. Frankfurt a. M. 1971, S. 50f.

25 S. Freud (1923) zit. nach «Das Vokabular der Psychoanalyse». Hg. von J. Laplanche und J. G. Pantalis. Frankfurt a. M. 1972, Bd. II, S. 411.

26 S. Freud a. a. O. 411f.

27 S. Freud / J. Breuer: Studien über Hysterie (1895). Frankfurt a. M. 1970, S. 10.

28 S. Freud a. a. O. 206.

29 Anna Freud, in Sigmund Freud: Werkausgabe in zwei Bänden. Hg. und mit Kommentaren versehen von Anna Freud und Ilse Grubrich-Simitis. Frankfurt a. M. 1978, Band I, S. 230f.

30 Henry F. Ellenberger: Die Entdeckung des Unbewußten, II, S. 615.

31 S. Freud zit. bei R. W. Clark: Freud, S. 204.

32 S. Freud: Die Traumdeutung (1900). Frankfurt a. M. 1961, S. 13.

33 Hans Blüher: Werke und Tage. Geschichte eines Denkers. München 1953, S. 253.

34 H. F. Ellenberger: Die Entdeckung des Unbewußten, II, S. 618.

35 S. Freud: Aus den Anfängen der Psychoanalyse, 1887–1902. Briefe an Wilhelm Fließ, Abhandlungen und Notizen. Frankfurt a. M. 1962.

36 Über die Episode der Herzbeschwerden und den Kampf gegen Freuds Nikotinsucht, vgl. Max Schur: Sigmund Freud. Leben und Sterben. Frankfurt a. M. 1973, S. 56ff.

37 Frank J. Sulloway: Freud. Biologie der Seele. Jenseits der psychoanalytischen Legende. Köln – Lövenich 1982, S. 199ff.

38 Zur Freud – Fließ- bzw. Swoboda – Weininger-Affäre vgl. die biographischen Darstellungen
Ronald W. Clark: S. Freud, S. 257ff.
Peter Gay: Freud, S. 177ff.
Frank J. Sulloway, S. 317ff.

39 Vincent Brome: Sigmund Freud und sein Kreis. Wege und Irrwege der Psychoanalyse. München 1969, S. 29f.

40 S. Freud: Zur Geschichte der psychoanalytischen Bewegung, in: «Selbstdarstellung». Schriften zur Geschichte der Psychoanalyse, S. 160.

41 Paul Roazen: Sigmund Freud und sein Kreis. Eine biographische Geschichte der Psychoanalyse. Bergisch-Gladbach 1976, S. 188.

42 Hanns Sachs: Freud. Master and Friend. London 1945, zit. bei P. Roazen a. a. O. 190.

43 Gerhard Wehr: Carl Gustav Jung. Leben, Werk, Wirkung. München 1985, S. 107ff.

44 S. Freud: Selbstdarstellung, S. 184.

45 S. Freud a. a. O. 186.

46 S. Freud/Oskar Pfister: Briefe 1909–1939. Frankfurt a.M. 1963, S. 47.

47 P. Roazen: Sigmund Freud und sein Kreis, S. 191f.

48 Henry F. Ellenberger: Die Entdeckung des Unbewußten, II, S. 765.

49 Alfred Adler / Carl Furtmüller: Heilen und Bilden. Ein Buch der Erziehungskunst für Ärzte und Pädagogen. München 1913, S. 24, zit. bei Josef Rattner: Alfred Adler in Selbstzeugnissen und Bilddokumenten. Reinbek 1972 (rm 189), S. 34.

50 Josef Rattner: Alfred Adler in Selbstzeugnissen und Bilddokumenten. S. 26f.

51 C.G. Jung: Psychologische Typen, 10. Auflage, in: Gesammelte Werke 6. Band. Zürich 1960, S. 62.

52 Josef Rattner: Neue Psychoanalyse und intensive Psychotherapie. Einführung in die Theorie und Praxis der Tiefenpsychologie in ihren Weiterentwicklungen seit Sigmund Freud. Frankfurt a.M. 1974, S. 40.

53 Gerhard Wehr: Friedrich Nietzsche als Tiefenpsychologe, in: Friedrich Nietzsche: Du sollst der werden, der du bist. Psychologische Schriften, ausgewählt und herausgegeben von Gerhard Wehr. München 1976, S. 18ff.

54 Alfred Adler: Über den nervösen Charakter (1912). Frankfurt a. M. 1972 (Fischerbücherei 6174), S. 32.

55 Manès Sperber: Alfred Adler oder das Elend der Psychologie (1970). Frankfurt a. M. 1971 (Fischerbücherei 6139), S. 78.

56 Alfred Adler / Carl Furtmüller: Heilen und Bilden, zit. bei Josef Rattner: Alfred Adler in Selbstzeugnissen und Bilddokumenten, S. 82.

57 Josef Rattner a. a. O. 124.

58 Manès Sperber: Alfred Adler oder das Elend der Psychologie, S. 75.

59 Ders. a. a. O. 154.

60 Peter Seidmann: Der Weg der Tiefenpsychologie in geistesgeschichtlicher Perspektive. Zürich 1959, S. 102.

61 Peter Seidmann a. a. O. 103.

62 S. Freud: Selbstdarstellung, S. 186ff.

63 S. Freud a. a. O. 187f.

64 C. G. Jung in der Einführung zu Wolfgang M. Kranefeldt: Therapeutische Psychologie. Ihr Weg durch die Psychoanalyse (1930), 3. Aufl. Berlin 1956 (Sammlung Göschen 1034), S. 11; jetzt in: C. G. Jung: Ges. Werke 4, S. 371ff.

65 S. Freud / O. Pfister: Briefe 1909–1939. Frankfurt a. M. 1963, S. 64.

66 Oskar Pfister an S. Freud, a. a. O.

67 S. Freud, zit. bei Max Schur: Sigmund Freud. Leben und Sterben. Frankfurt a. M. 1973, S. 36.

68 C. G. Jung: Erinnerungen, Träume, Gedanken. Zürich 1962.
Marie-Louise von Franz: C. G. Jung. Sein Mythos in unserer Zeit. Frauenfeld – Stuttgart 1972.
Barbara Hannah: C. G. Jung. Sein Leben und Werk. Fellbach – Oeffingen 1982.
Gerhard Wehr: Carl Gustav Jung. Leben, Werk, Wirkung. München Kösel 1985; Zürich 1988 (Diogenes Taschenbuch 21 588).
Ders.: C. G. Jung in Selbstzeugnissen und Bilddokumenten. Reinbek 1969; 16. Aufl. 1993 (Rowohlt Monographie 152).
Ders.: C. G. Jung. Arzt, Tiefenpsychologe, Visionär. Eine Bildbiographie. Luzern 1989.
Ders.: Selbsterfahrung durch C. G. Jung. Augsburg 1993; jetzt Freiburg: Herder-Spektrum 4376.

69 Martin Grotjahn: Freuds Briefwechsel, in: Die Psychologie des 20. Jahrhunderts, hg. von Dieter Eicke. Zürich 1976, Band II, S. 46.

70 Die folgenden Ausführungen sind im Zusammenhang dargestellt in Gerhard Wehr: Carl Gustav Jung. Leben, Werk, Wirkung (wie Anm. 68), S. 91–117; dort weitere Quellenhinweise.

71 C. G. Jung: Gesammelte Werke, Band III, S. 3f.

72 C. G. Jung: Erinnerungen, Träume, Gedanken, S. 153.

73 Sigmund Freud / C. G. Jung: Briefwechsel. Herausgegeben von William McGuire und Wolfgang Sauerländer. Frankfurt a. M. 1974.
Martin Grotjahn: Freuds Briefwechsel (wie Anm. 69), S. 48–54.
Aniela Jaffé: Jung in seinen Briefen, in: Die Psychologie des 20. Jahrhunderts. Zürich 1977, Band III, S. 681ff.

74 Vgl. die Darstellungen der Amerika-Reise u. a. bei Jones, Band II, S. 73ff.; Clark S. 292ff.; Wehr S. 111ff.; Jung: Erinnerungen, Träume, Gedanken S. 127, 160, 162, ferner Jungs Briefe an seine Frau Emma, a. a. O. Appendix II; S. Freud / C. G. Jung: Briefwechsel, S. 270f.

75 C. G. Jung: Erinnerungen, Träume, Gedanken, S. 154f.; vgl. ferner C. G. Jung: Gesammelte Werke, Bd. 2: Freud und die Psychoanalyse.

76 C. G. Jung: Symbole der Wandlung (1950) Vorrede zur 4. Auflage, in: Gesammelte Werke, Band 5, S. 12ff.

Ders.: Erinnerungen, Träume, Gedanken, S. 174–203.
Über die biographischen Zusammenhänge vgl. Gerhard Wehr: Carl Gustav Jung, S. 152–180: Nachtmeerfahrt – Die Auseinandersetzung mit dem Unbewußten.

77 C. G. Jung: Erinnerungen, Träume, Gedanken, S. 203.

78 Sigmund Freud / Karl Abraham: Briefe 1907–1926, hg. von Hilda C. Abraham und Ernst Freud. Frankfurt a. M. 1965, S. 180.
Vgl. Peter Gay: Freud, S. 274ff.

79 S. Freud: Zur Geschichte der psychoanalytischen Bewegung, in: Selbstdarstellung, S. 193ff.; 214ff.
Vgl. Gerhard Wehr: Carl Gustav Jung, S. 146.

80 H. F. Peters: Lou Andreas-Salomé. Das Leben einer außergewöhnlichen Frau (1962). München 1976, S. 233.

81 Poul Bjerre, zit. bei H. F. Peters, S. 239ff.

82 Lou Andreas-Salomé: In der Schule bei Freud. Tagebuch eines Jahres, 1912/13. Aus dem Nachlaß herausgegeben von Ernst Pfeiffer. München 1965 (Geist und Psyche 2014).

83 Dies.: Lebensrückblick. Grundriß einiger Lebenserinnerungen. Aus dem Nachlaß herausgegeben von Ernst Pfeiffer. Zürich – Wiesbaden 1951, S. 209.

84 Der Briefwechsel ist abgedruckt in Lou Andreas-Salomé: In der Schule bei Freud, S. 5.

85 Alfred Adler zit. a. a. O. 7.

86 Lou Andreas-Salomé: In der Schule bei Freud, S. 141ff. – Vgl. Donald A. Prater: Ein klingendes Glas. Das Leben Rainer Maria Rilkes. München – Wien 1986; Reinbek 1989, S. 450ff. – Ursula Welch / Michaela Wiesner: Lou Andreas-Salomé. Vom ‹Lebensurgrund› zur Psychoanalyse. Stuttgart [2]1990 – Lou Andreas-Salomé: Friedrich Nietzsche in seinen Werken. Frankfurt a. M. 1983.
Sigmund Freud / Lou Andreas-Salomé: Briefwechsel. Hg. von Ernst Pfeiffer (1966). Frankfurt a. M. 2. überarbeitete Auflage 1980.
Linde Salber: Lou Andreas-Salomé in Selbstzeugnissen und Bilddokumenten. Reinbek 1990 (rm 463).

Inge Stephan: Die Gründerinnen der Psychoanalyse. Eine Entmythologisierung Sigmund Freuds in zwölf Frauenporträts. Stuttgart 1992, S. 129–152.
Ulli Olvedi: Frauen um Freud. Die Pionierinnen der Psychoanalyse. Freiburg 1992 (Herder-Spektrum 4057), S. 38–64.

87 Cordula Koepcke: Lou Andreas-Salomé. Leben, Persönlichkeit, Werk. Eine Biographie. Frankfurt a. M. 1986 (it 905), S. 420f.

88 Lou Andreas-Salomé, zit. bei Cordula Koepcke, S. 410f.

89 Lou Andreas-Salomé im Brief an Alfred Adler, zit. bei Inge Stephan: Die Gründerinnen der Psychoanalyse, S. 147.

90 S. Freud im Brief an Lou, zit. bei Lou Andreas-Salomé: Lebensrückblick, S. 360; vgl. H. F. Peters, S. 366ff.

91 S. Freud, zit. in Lou Andreas-Salomé: In der Schule bei Freud, S. 204.

92 S. Freud: Die Traumdeutung, zit. bei Uwe Henrik Peters: Anna Freud. Ein Leben für das Kind. München 1979, S. 22f.

93 Sigmund Freud / Edoardo Weiß: Briefe zur psychoanalytischen Praxis, hg. von Martin und Etelka Grotjahn. Frankfurt a. M. 1973. S. 91.

94 Roland Besser: Leben und Werk von Anna Freud, in: Die Psychologie des 20. Jahrhunderts. Band III: Freud und seine Folgen (Teil 2), hg. von Dieter Eicke. Zürich 1977, S. 134.

95 Anna Freud: Schriften, Band I – X. München 1980.
Über Anna Freud vgl. Uwe Henrik Peters: Anna Freud (wie Anm. 92). – Inge Stephan: Die Gründerinnen der Psychoanalyse, S. 277ff. (wie Anm. 86). – Paul Roazen: Sigmund Freud und sein Kreis. Eine biographische Geschichte der Psychoanalyse. Bergisch-Gladbach 1976, S. 421–440. – Wilhelm Salber: Anna Freud in Selbstzeugnissen und Bilddokumenten. Reinbek 1985.

96 Helene Deutsch: Selbstkonfrontation. Die Autobiographie der großen Psychoanalytikerin. München 1975.

97 Über Hermine Hug-Hellmuth vgl. Inge Stephan: Die Gründerinnen der Psychoanalyse, S. 105ff.

98 Über Melanie Klein vgl. Inge Stephan a. a. O. 251ff. – Ruth Riesenberg: Das Werk von Melanie Klein, in: Die Psychologie des 20. Jahr-

hunderts, Bd. III, S. 210–249. – Jean-Baptiste Fage: Geschichte der Psychoanalyse nach Freud. Frankfurt a. M. – Berlin 1981, S. 110ff. – Paul Roazen: Sigmund Freud und sein Kreis. (Wie Anm. 95) S. 457ff.

99 Über Marie Bonaparte vgl. Inge Stephan: Die Gründerinnen der Psychoanalyse, S. 153ff.

100 Über Karen Horney vgl. Inge Stephan a. a. O. 229ff. – Jack L. Rubins: Karen Horney. Sanfte Rebellin der Psychoanalyse. München 1978.

101 Ulrike May: Psychoanalyse in den USA, in: Die Psychologie des 20. Jahrhunderts, Band II, S. 1219–1264.

102 Jack L. Rubins: Karen Horney, S. 11.

103 Peter Gay zitiert aus der Freud-Biographie von E. Jones, Bd. II, 169.

104 Peter Gay: Freud, S. 262.

105 Sigmund Freud / Karl Abraham: Briefe 1907–1926, hg. von Hilda C. Abraham und Ernst L. Freud. Frankfurt a. M. 1965.

106 Auch für die finanzielle Grundlage des Wiener Psychoanalytischen Verlags hatte Anton von Freund gesorgt.

107 Dieter Wyss. Die tiefenpsychologischen Schulen von den Anfängen bis zur Gegenwart. Entwicklung, Probleme, Krisen. 2. durchgesehene und erweiterte Auflage. Göttingen 1966, S. 99ff.
Johannes Cremerius: Karl Abraham. Sein Beitrag zur Psychoanalyse, in: Die Psychologie des 20. Jahrhunderts, Bd. II, S. 154–166.
Über Abrahams Stellung zwischen Freud und Jung vgl. Vincent Brome: Sigmund Freud und sein Kreis. Wege und Irrwege der Psychoanalyse. München 1969, S. 88ff.

108 Helmut Dahmer: Sandor Ferenczi. Sein Beitrag zur Psychoanalyse, in: Die Psychologie des 20. Jahrhunderts, Band II, S. 167–196.
Dieter Wyss: Die tiefenpsychologischen Schulen von den Anfängen bis zur Gegenwart (wie Anm. 107), S. 104–111.

109 S. Freud an S. Ferenczi, zit. bei Ronald W. Clark: Sigmund Freud, S. 516.

110 O. Pfister an S. Freud, in: Sigmund Freud / Oskar Pfister: Briefe 1909–1939, S. 151.

111 S. Freud an O. Pfister, a. a. O. 152.

112 Paul Roazen: Sigmund Freud und sein Kreis, S. 379–403.
Anton Zottl: Otto Rank. Das Lebenswerk eines Dissidenten der Psychoanalyse. München 1982 (Geist und Psyche 2229).
Vincent Brome: Sigmund Freud und sein Kreis, S. 170–191.
J. B. Fages: Geschichte der Psychoanalyse nach Freud, S. 90ff.

113 Dieter Wyss. Die tiefenpsychologischen Schulen (wie Anm. 108), S. 264ff.

114 Linde Salber: Anaïs Nin in Selbstzeugnissen und Bilddokumenten. Reinbek 1992 (rm 482); dies.: Tausendundeine Frau. Die Geschichte der Anaïs Nin. Reinbek 1995.

115 Anton Zottl: Otto Rank, S. 34ff.; eine Übersicht über sein Schrifttum a. a. O. 309.

116 Die Tagebücher der Anaïs Nin 1931–1934, herausgegeben von Gunther Stuhlmann. Hamburg 1966, S. 274–289; vgl. auch das Register, ferner die Fortsetzungsbände der Tagebücher. Vgl. Linde Salber: Tausendundeine Frau (wie Anm. 114), S. 177ff.

117 Otto Rank, zit. bei Anaïs Nin, S. 281f.

118 Dieter Wyss. Die tiefenpsychologischen Schulen von den Anfängen bis zur Gegenwart (wie Anm. 108).
Gion Condrau: Einführung in die Psychotherapie. Geschichte, Schulen und Methoden. Praktische Arbeit und konkrete Fälle. München 1974 (Geist und Psyche 2115).
Hilarion Petzold (Hg.): Wege zum Menschen. Methoden und Persönlichkeiten moderner Psychotherapie, I/II. Paderborn 1985.
Theodor Seifert / Angela Waiblinger (Hg.): Therapie und Selbsterfahrung. Einblick in die wichtigsten Methoden. Stuttgart 1986.
Rolf und Edith Zundel: Leitfiguren der Psychotherapie. Leben und Werk. München 1987.
Karlfried Graf Dürckheim: Das Tor zum Geheimen öffnen. Ausge-

wählt und eingeleitet von Gerhard Wehr. Freiburg 1991 (Herder-Spektrum 4027).

Gerhard Wehr: Karlfried Graf Dürckheim. Ein Leben im Zeichen der Wandlung. München: Kösel 1988; bearbeitete Neuausgabe Freiburg 1996 (Herder-Spektrum).

Besonderen Hinweis verdient das Werk von Ludwig Frambach: Identität und Befreiung in Gestalttherapie, Zen und christlicher Spiritualität. Petersberg: Nova Via 1994.

119 Ilse Ollendorf-Reich: Wilhelm Reich. Das Leben des großen Psychoanalytikers und Forschers, aufgezeichnet von seiner Frau und Mitarbeiterin. München 1969.

David Boadella: Wilhelm Reich: Leben und Werk des Mannes, der in der Sexualität das Problem der modernen Gesellschaft erkannte und der Psychologie neue Wege wies. München – Bern 1981.

Bernd A. Laska: Wilhelm Reich in Selbstzeugnissen und Bilddokumenten. Reinbek 1981 (rm 298).

Martin Grotjahn: Zum Briefwechsel Freuds mit Wilhelm Reich, in: Die Psychologie des 20. Jahrhunderts. Bd. II, S. 98f.

Ernst Federn: Marxismus und Psychoanalyse, a. a. O. 1037ff.

Wolf E. Büntig: Das Werk von Wilhelm Reich und seinen Nachfolgern, in: Die Psychologie des 20. Jahrhunderts. Band III, S. 382–425.

Peter Reich: Der Traumvater. Meine Erinnerungen an Wilhelm Reich. München 1973.

120 Wilhelm Reich: Sexualökonomische Grundprobleme der biologischen Energie. Frankfurt a. M. 1972, S. 26f.

121 Wilhelm Reich: Charakteranalyse (1933). Frankfurt a. M. 1973.

122 Wilhelm Reich: Die Massenpsychologie des Faschismus (1933). Frankfurt a. M. 1974, S. 11f; 14f.

Dieter Wyss. Marx und Freud. Ihr Verhältnis zur modernen Anthropologie. Göttingen 1969.

123 Wolf Eberhard Büntig: Bioenergetik, in: Theodor Seifert / Angela

Waiblinger (Hg.): Therapie und Selbsterfahrung. Einblick in die wichtigsten Methoden. Stuttgart 1986, S. 77ff.

Alexander Lowen: Der Verrat am Körper. Reinbek 1982.

Ders.: Angst vor dem Leben. Über den Ursprung seelischen Leidens und den Weg zu einem reicheren Dasein. München 1981.

Ders.: Bioenergetik für jeden. Das vollständige Übungshandbuch. Mainz ^{7}1984.

Waldemar Kufner: Bioenergetik, in: Hilarion Petzold (Hg.): Wege zum Menschen. Methoden und Persönlichkeiten moderner Psychotherapie. Paderborn ^{3}1985, Bd. II, S. 245–308.

124 Wilhelm Reich: Christusmord. (Geschrieben Juni–August 1951) Olten – Freiburg 1978.

125 Helmut Hark: Religiöse Neurosen. Ursachen und Heilung. Stuttgart 1978.

Adolf Köberle: Ursache und Heilung ekklesiogener Neurosen, in: Analytische Psychologie, Vol. 5, Nr, 1, S. 55–61.

126 Wilhelm Reich. Christusmord. S. 83f.

127 A. a. O. 390f.

128 Gerhard P. Knapp: Erich Fromm. Berlin 1982 (Köpfe des XX. Jahrhunderts, 97).

Rainer Funk: Erich Fromm in Selbstzeugnissen und Bilddokumenten. Reinbek 1983 (rm 322); ders.: Erich Fromms Denken und Werk, seine humanistische Religion und Ethik. Mit einem Nachwort von Erich Fromm. Stuttgart 1978.

Erich Fromm. Materialien zu seinem Werk. Hg. von Adelbert Reif. Wien – München 1978.

Gerard Chrzanowski: Das psychoanalytische Werk von Karen Horney, Harry Stack Sullivan und Erich Fromm, in: Die Psychologie des 20. Jahrhunderts, Band III, hg. von Dieter Eicke. Zürich 1977, S. 475–509.

129 Hermann Cohen (1842–1918) lehrte Philosophie an der Universität Marburg. Sein von Erich Fromm geschätztes postumes Werk «Religion der Vernunft aus den Quellen des Judentums» (1919) weist den

Autor als einen Wegbereiter des dialogischen Denkens (z. B. Martin Bubers) aus.

130 Erich Fromm: Ihr werdet sein wie Gott. Eine radikale Interpretation des Alten Testaments und seiner Tradition (1966), in: Gesamtausgabe, Band IV, Religion. Stuttgart 1980, S. 91.

131 Jack L. Rubins: Karen Horney. München 1980.

132 Gerhard Danzer: Der wilde Analytiker. Georg Groddeck und die Entdeckung der Psychosomatik. München 1992.

133 Erich Fromm: Die Furcht vor der Freiheit (1941), in: Gesamtausgabe, Band I, Analytische Sozialpsychologie. Stuttgart 1980, S. 386f.

134 Martin Jay: Dialektische Phantasie. Die Geschichte der Frankfurter Schule und des Instituts für Sozialforschung 1923–1950. Frankfurt a. M. 1981.

135 A. a. O. 113ff.

136 Fromms sozialpsychologische Schriften, insbesondere die aus den dreißiger Jahren sind enthalten in GA 1.

137 Rainer Funk: Erich Fromm in Selbstzeugnissen und Bilddokumenten, S. 78f.

138 Erich Fromm im Brief vom 14. Mai 1971 an Martin Jay: Dialektische Phantasie, S. 117.

139 Charlotte Bühler / Melanie Allen: Einführung in die Humanistische Psychologie. Stuttgart 1974.

Charles T. Tart (Hg.): Transpersonale Psychologie. Olten – Freiburg 1978.

Roberto Assagioli: Psychosynthese und transpersonale Entwicklung. Paderborn 1992.

Edith Zundel / Pieter Loomans (Hrg.): Psychotherapie und religiöse Erfahrung. Freiburg 1994.

140 Gerhard Wehr: Esoterisches Christentum: Von der Antike bis heute. Stuttgart: Klett-Cotta 1995.

141 Zen-Buddhismus und Psychoanalyse. Von Erich Fromm, Daisetz Teitaro Suzuki und Richard de Martin. Frankfurt a. M. 1972.

142 C. G. Jung: Zur Psychologie westlicher und östlicher Religionen. Gesammelte Werke, Band 11. Zürich 1963; vgl. Gerhard Wehr: Carl Gustav Jung. Leben, Werk, Wirkung. München: Kösel 1985, S. 251ff., jetzt auch Zürich: Diogenes Taschenbuch 21 588.

143 Erich Fromm: Religion und Religiosität (1972), in: Gesamtausgabe Band 6, S. 294. – Eine eingehendere Untersuchung des Zusammenhangs könnte ergeben, daß Fromm bemüht war, S. Freud als einen Denker auszuweisen, der zum Verständnis der negativen Theologie (etwa im Sinne von Dionysius Areopagita) wichtige Beiträge geliefert habe, «wenn auch in sehr indirekter Weise» (A. a. O. S. 295f).

144 Nyanaponika Mahathera ist 1901 in Hanau (Hessen) als Siegmund Feniger geboren.

145 Erich Fromm: Psychoanalyse und Zen-Buddhismus (1960), in: Gesamtausgabe, Band 6, S. 313.

146 Erich Fromm: Haben oder Sein. Die seelischen Grundlagen einer neuen Gesellschaft, in: Gesamtausgabe, Band 2, 269–414.

147 A. a. O. 368ff.; 378ff.; 389ff.

148 Rainer Funk: Erich Fromm. Das Wagnis aus sich selbst zu leben, in: Psychologie heute. Nr. 5/1980, S. 18.

149 Uwe Böschemeyer: Logotherapie und Religion, in: Die Psychologie des 20. Jahrhunderts, Band XV, hg. von Gion Condrau. Zürich 1979, S. 296ff.

150 Uwe Böschemeyer a. a. O. 297.

151 Viktor E. Frankl, in: Psychotherapie in Selbstdarstellungen. Hg. von Ludwig Pongratz. Bern – Stuttgart – Wien 1973, S. 177–204.
Nina Kindler: Viktor E. Frankl, in: Die Psychologie des 20. Jahrhunderts, Band III, S. 836f.

152 Viktor E. Frankl, in: Psychotherapie in Selbstdarstellungen, S. 193.

153 A. a. O. 195.

154 Viktor Frankl: Ärztliche Psychotherapie. Grundlagen der Logotherapie und Existenzanalyse. Wien ^{8}1971.

155 Viktor Frankl: Der Mensch auf der Suche nach dem Sinn. Zur Rehumanisierung der Psychotherapie (1959). Freiburg 1972, S. 22.

156 Ders. in: Psychotherapie in Selbstdarstellungen, S. 203.

157 Elisabeth Lukas: Von der Tiefen- zur Höhenpsychologie. Logotherapie in der Beratungspraxis. Freiburg 1983 (Herderbücherei 1020).

158 Viktor Frankl: Der Mensch auf der Suche nach dem Sinn, S. 120f.

159 Wilhelm Bitter: Psychotherapie in Selbstdarstellungen. Hg. von Ludwig Pongratz. Bern 1973, S. 34ff.

Gerhard Zacharias: Geleitwort zu: Dialog über den Menschen. Festschrift für Wilhelm Bitter zum 75. Geburtstag. Stuttgart 1968, S. 7ff.; Walter Uhsadel. Kaufmann und Wirtschaftspolitiker, Arzt und Seelsorger, in: Deutsches Pfarrerblatt 68. 1968, S. 200ff.

Johanna Läpple: Wilhelm Bitter (1893–1974), in: Analytische Psychologie. Vol. 5. 1974, Nr. 3, S. 155–160.

160 25 Jahre Internationale Gemeinschaft Arzt und Seelsorger Stuttgart. Hg. Wilhelm Bitter. Stuttgart 1974, S. 5.

161 Wilhelm Bitter: Die Angstneurose. Mit zwei Analysen nach Freud und Jung. Einführung in die synoptische Psychotherapie. München 1971 (Geist und Psyche 2073/73), S. 86.

162 C. G. Jung: Einführung zu: W. M. Kranefeldt ‹Die Psychoanalyse›, in: Gesammelte Werke Bd. 4, S. 377f; 386f.

163 Meditation in Religion und Psychotherapie. Hg. von Wilhelm Bitter. Stuttgart 1958.

Abendländische Therapie und östliche Weisheit. Hg. von Wilhelm Bitter. Stuttgart 1968.

164 Jean Gebser: Abendländisch-asiatische Polarität in: Abendländische Therapie..., S. 287.

Wie Psychoanalytiker übereinander urteilen

C. G. Jung über Sigmund Freud:

«Der Gegensatz zwischen Freud und mir beruht im wesentlichen auf Verschiedenheit der prinzipiellen Voraussetzungen. Voraussetzungen sind unvermeidlich, und weil sie unvermeidlich sind, sollte man sich nie den Anschein geben, als hätte man keine... Seine Psychologie ist die Psychologie eines neurotischen Zustandes von bestimmter Prägung, daher eine nur innerhalb des entsprechenden Zustandes gültige Wahrheit. Innerhalb dieser Grenzen ist Freud wahr und gültig, auch da, wo er eine Unwahrheit sagt. Denn auch dies gehört zum ganzen Bilde und ist deshalb als Bekenntnis wahr. Aber es ist keine gesunde Psychologie, überdies – und das ist Symptom der Krankhaftigkeit – auf eine nicht kritisierte, unbewußte Weltanschauung gegründet, welche geeignet ist, den Horizont des Erlebens und Schauens beträchtlich zu verengen.»

(Der Gegensatz Freud und Jung, 1929)

«Trotz der eklatanten Verkennung, die ich von seiten Freuds erfahren habe, kann ich seine Bedeutung als Kulturkritiker und Pionier auf dem Gebiete der Psychologie, auch angesichts meines Ressentiments, nicht verkennen. Eine richtige Bewertung des Freudschen Versuches reicht in Gebiete, die nicht nur den Juden, sondern den europäischen Menschen überhaupt angehen, Gebiete, die ich in meinen Arbeiten zu erhellen versucht habe. Ohne Freudsche ‹Psychoanalyse› hätte mir der Schlüssel überhaupt gefehlt.»

(Brief aus dem Jahre 1957)

Alfred Adler über Sigmund Freud:
«Wir wollen nicht jenen folgen, die der Individualpsychologie durch Totschweigen und Einschleichung den Wind aus den Segeln nehmen wollen. Deshalb wollen wir hier an Freud erinnern, der zuerst den Versuch unternommen hat, eine wissenschaftliche Traumlehre auszugestalten. Dies ist ein bleibendes Verdienst, das niemand schmälern kann, ebenso wenig wie gewisse Beobachtungen, die er als dem ‹Unbewußten› angehörig bezeichnet. Er scheint viel mehr gewußt zu haben, als er verstanden hat. Aber indem er sich zwang, alle seelischen Erscheinungen um die einzig herrschende Substanz, die er anerkennt, um die Sexuallibido zu gruppieren, mußte er fehlgehen, was noch dadurch verschlechtert wurde, daß er nur die bösen Triebe ins Auge faßte, die, wie ich gezeigt habe, aus dem Minderwertigkeitskomplex verwöhnter Kinder stammen, Kunstprodukte verfehlter Erziehung und verfehlter Eigenschöpfung des Kindes sind und niemals die seelische Struktur in ihrer wirklichen evolutionären Ausgestaltung verstehen lassen können.»

(Der Sinn des Lebens, 1933)

Lou Andreas-Salomé über Sigmund Freud:
«Freuds Werk, Freuds Funde beruhen darauf, daß er sich ihrer Durchforschung so restlos menschlich hinhielt; sein ursprüngliches Augenmerk galt nur dem forscherischen Wege und hielt ebenso eisern-zäh an dessen Richtung fest, wie er sich zugleich willig, ohne Abstrich dem erschloß, was an des Weges Ende sich als dessen letztes Ziel darstellte und dem Erwarteten durchaus zuwiderlief. Beides in eins zu fassen, enthielt eben jene innere Drangabe, die über das allein erkennerisch Gerichtete allein hinausreicht. Für die Schöpfung der Psychoanalyse

mußte deren Schöpfer diese zwiefache Erfahrung in sich selbst zu *einer* Leistung bringen –, nicht zu zweierlei Analytik, sondern zu persönlichster Synthese.»

(Lebensrückblick, 1951)

Wilhelm Reich über Sigmund Freud:

«Den entschieden stärksten und dauerhaftesten Eindruck machte Freuds Persönlichkeit... Freud war anders, vor allem einfach im Auftreten. Die anderen spielten im Gehabe irgendeine Rolle: den Professor, den großen Menschenkenner, den distinguierten Wissenschaftler. Freud sprach mit mir wie ein ganz gewöhnlicher Mensch... ich war ängstlich gekommen und ging glücklich weg.»

(Die Funktion des Orgasmus, 1927/1969)

Erich Fromm über Sigmund Freud:

«Freud hat als erster die unbewußten Strebungen empirisch und bis ins einzelne untersucht. Er schuf damit die Grundlagen für eine Theorie der menschlichen Motivationen... Trotz vieler Möglichkeiten, welche die Psychoanalyse für die wissenschaftliche Beschäftigung mit den Werten bietet, haben Freud und seine Schule diese Methode für die Erforschung ethischer Probleme nicht genutzt; vielmehr trugen sie noch wesentlich zur Verwirrung in ethischen Fragen bei. Diese Verwirrung hat ihren Ursprung in Freuds relativistischer Einstellung, derzufolge uns die Psychologie zwar helfen könne, die Motivation für Werturteile zu begreifen, doch sei sie außerstande, die Gültigkeit der Werturteile selbst zu begründen.»

(Psychoanalyse und Ethik, 1982)

Fritz Wittels über Sigmund Freud:
«Er ist ein Despot geworden, der kein Abweichen von seiner Lehre duldet, seine Konzilien hinter verschlossenen Türen abhält und durch eine Art pragmatischer Sanktion durchsetzen will, daß die Lehren der Psychoanalyse ein unteilbares Ganzes bleiben.»

(S. Freud, der Mann..., 1924)

Sigmund Freud über C. G. Jung:
«Ich hätte Lust, Ihnen mehreres in der Schrift zu wiederholen, was ich Ihnen mündlich gestanden habe, vor allem, daß Ihre Person mich mit Vertrauen in die Zukunft erfüllt hat, daß ich nun weiß, ich sei entbehrlich wie jeder andere, und daß ich keinen anderen und besseren Fortsetzer und Vollender meiner Arbeit wünsche als Sie, wie ich Sie kennengelernt habe. Ich bin sicher, Sie werden die Arbeit nicht im Stiche lassen, denn Sie haben zu tief hineingeschaut und selbst gefunden, wie packend, wie weittragend, ja wie schön unsere Dinge sind.»

(Brief vom 7. 4. 1907 an C. G. Jung)

«Die Jungsche Modifikation (der Psychoanalyse) hat den Zusammenhang der Phänomene mit dem Triebleben gelockert; sie ist übrigens, wie ihre Kritiker (Abraham, Ferenczi, Jones) hervorgehoben, so unklar, undurchsichtig und verworren, daß es nicht leicht ist, Stellung zu ihr zu nehmen... Unter dem Eindruck der Unstimmigkeiten zwischen den einzelnen privaten und öffentlichen Äußerungen der Jungschen Richtung wird man sich fragen müssen, wie groß daran der Anteil der eigenen Unklarheit und der Unaufrichtigkeit sei.»

(Zur Geschichte der psychoanalytischen Bewegung, 1914)

C. G. Jung über sich selbst:
«Meine Ansicht und meine Schule sind ebenfalls psychologisch und unterliegen deshalb derselben Beschränkung und Kritik, die ich den andern Psychologen angedeihen lasse. Soweit ich meine eigene Ansicht selber zu beurteilen vermag, unterscheidet sie sich von den oben besprochenen Psychologien, indem sie nicht monistisch, sondern mindestens dualistisch (insofern sie sich auf das Gegensatzproblem gründet), wenn nicht gar pluralistisch ist (insofern sie eine Vielheit relativ autonomer seelischer Komplexe anerkennt).

Wie man sieht, habe ich aus der Tatsache der Möglichkeit widersprechender und doch zureichender Erklärungen eine Lehre gezogen. Im Gegensatz zu Freud und Adler, deren Erklärungsprinzip wesentlich reduktiver Natur und darum stets der infantilen Bedingtheit des Menschen zugekehrt ist, lege ich auf die konstruktive oder synthetische Erklärung ein etwas größeres Gewicht, in Anerkennung der Tatsache, daß das Morgen praktisch wichtiger ist als das Gestern, und das Woher unwesentlicher als das Wohin. Bei aller Würdigung der Historie erscheint mir der zu schaffende Sinn von größerer Lebensbedeutung, und ich bin der Überzeugung, daß keine Einsicht in das Vergangene und kein noch so starkes Wiedererleben pathogener (krankmachender) Reminiszenzen den Menschen von der Macht der Vergangenheit so befreit wie der Aufbau des Neuen. Ich bin mir dabei sehr wohl bewußt, daß ohne Einsicht ins Vergangene und ohne Integration verlorengegangener wichtiger Erinnerungen etwas Neues oder Lebensfähiges gar nicht geschaffen werden kann. Aber ich betrachte das Wühlen in der Vergangenheit nach angeblichen spezifischen Krankheitsursachen als einen Zeitverlust wie auch als ein irreführendes Präjudiz.»

(Vorwort zu W. M. Kranefeld: Die Psychoanalyse, 1930)

Viktor von Weizsäcker über C. G. Jung:
«Jung hat Außerordentliches für die Psychotherapie getan, indem er sie humanisiert und von ihrem psychoanalytischen Wissenschaftshochmut befreit hat. Durch ihn wurde klar, um was es eigentlich in der Kulturkrise ging.»
(Natur und Geist, 1955)

Alexander Mitscherlich über C. G. Jung:
«Jungs Analytische Psychologie ist der Essenz nach so etwas wie eine Weisheitslehre und keine Wissenschaft, was ausdrücklich nicht als Vorwurf gedacht ist; im Gegenteil, sie ist eine der spärlichen Alternativen zu einem Positivismus, der in der Welt längst die Qualitäten eines Einparteiensystems übernommen hat.»
(Frankfurter Allgemeine Zeitung, 25. 5. 1974)

Henry F. Ellenberger vergleicht Freud mit Jung:
«Es besteht eine fundamentale Ähnlichkeit zwischen dem System von Freud und Jung; beide sind aus einer ‹schöpferischen Krankheit› hervorgegangen, die in die Bahnen einer psychotherapeutischen Methode gelenkt wurde. Beide bieten die Möglichkeit einer Reise ins Unbewußte in Form einer Lehr- oder Heilanalyse. Aber die Reisen sind sehr verschieden: Wer sich einer freudianischen Analyse unterzieht, wird bald eine intensive Übertragungsneurose entwickeln, freudianische Träume träumen, den Ödipuskomplex entdecken, seine kindliche Sexualität und seine Kastrationsangst wiederleben. Wer eine Jungsche Analyse unternimmt, wird jungianische Träume haben, seinem Schatten gegenübertreten, seiner Anima (bzw.

Animus) und seinen Archetypen begegnen und seine Individuation anstreben.

Ein freudianischer Psychoanalytiker, der sich einer jungianischen Analyse unterzöge, wird sich so desorientiert fühlen wie Mephisto im zweiten Teil des Faust, als er zur klassischen Walpurgisnacht kommt und zu seinem Erstaunen entdeckt, daß es eine andere Hölle mit ihren eigenen Gesetzen gibt... Das ist auch der Grund, warum viele Menschen auf Freud und Jung mehr gemäß ihren eigenen Tendenzen reagieren als nach einer objektiven Prüfung der Tatsachen.»

(Die Entdeckung des Unbewußten, Band II, 994)

Viktor E. Frankl über Freud, Adler, Jung:

«Am allerwenigsten ist es den drei Klassikern psychotherapeutischer Systematik: Freud – Adler – Jung gelungen, sich von allem Psychologismus frei zu halten oder auch nur frei zu machen...

Darüber daß Sigmund Freud schlechterdings ‹der› Pionier ist, was die Sache der Psychotherapie selbst anlangt, und, was seine eigene Person betrifft, ‹das› Genie, sind wir uns doch im klaren. Würde man von mir verlangen, daß ich die Lehre von Freud ‹auf einem Fuße stehend› wiedergebe, so müßte ich sagen, daß Freud das Verdienst zukommt, die Sinnfrage gestellt zu haben, mag er auch noch so wenig in unserem Sinne gefragt oder gar die Sinnfrage beantwortet haben...

Kommen wir auf C. G. Jung und dessen Analytische Psychologie zu sprechen, so kann nicht genug hervorgehoben werden, welches Verdienst darin allein gelegen ist, daß er zu seiner Zeit die Neurose zu definieren gewagt hat als ‹das Leiden der Seele, die nicht ihren Sinn gefunden hat›...»

(Der Mensch auf der Suche nach Sinn, 1959)

Sigmund Freud über Alfred Adler:
«Ich hatte viele Jahre hindurch Gelegenheit, Dr. Adler zu studieren, und habe ihm das Zeugnis eines bedeutenden, insbesondere spekulativ veranlagten Kopfes nie versagt... Die ‹Individualpsychologie› Adlers ist jetzt eine der vielen psychologischen Richtungen, welche der Psychoanalyse gegnerisch sind und deren weitere Entwicklung außerhalb ihres Interesses fällt... Die Adlersche Lehre ist denn auch weniger durch das charakterisiert, was sie behauptet, als durch das, was sie verleugnet.»

(1914)

«Leider ist es ein großes Gesindel [die Wiener Kollegen mit A. Adler], und ich werde weder erschrecken noch bedauern, wenn der Krempel in Wien nächstens zusammenkracht...»

(Brief vom 30. 3. 1911 an C. G. Jung)

«Etwas müde von Kampf und Sieg teile ich Ihnen [C. G. Jung] mit, daß ich gestern die ganze Adler-Bande – 6 Stück – zum Austritt aus dem Verein genötigt habe. Ich war scharf, aber kaum ungerecht.»

(Brief vom 12. 10. 1911 an C. G. Jung)

C. G. *Jung über Alfred Adler:*
«Keiner, der sich für Psychoanalyse interessiert und der danach trachtet, einen einigermaßen genügenden Überblick über das Gesamtgebiet der modernen ärztlichen Seelenkunde zu erhalten, sollte es versäumen, die Adlerschen Schriften zu studieren. Er wird daraus die wertvollsten Anregungen schöpfen und dabei erst noch die unschätzbare Entdeckung machen, daß man einen und denselben Fall von Neurose mit ebensoviel Über-

zeugungskraft nach Freud wie nach Adler erklären kann, obschon sich die beiden Erklärungsweisen scheinbar diametral gegenüberstehen. Was in der Theorie hoffnungslos auseinanderfällt, liegt aber in der paradoxen Menschenseele nebeneinander, ohne sich zu widersprechen; der Mensch hat einen Geltungstrieb so gut wie einen Sexualtrieb. Er hat infolgedessen auch beide Psychologien, und jede seelische Regung in ihm hat subtile Tönungen sowohl von der einen wie von der andern Seite.»

(Vorwort zu W. M. Kranefeld: Die Psychoanalyse, 1930; GW 4)

Manès Sperber über Alfred Adler:

«Indem ich mich an all das [Adlers Wirksamkeit in Wien] zeitlich und räumlich Ferne erinnere, bedrängt mich die Frage, ob man nicht Adlers Werk und seine Verdienste am besten zur Geltung brächte, wenn man statt von seiner Psychologie und Neurosenlehre auszugehen, von vornherein die Erziehung zum Hauptgegenstand wählte. An ihr könnte man gewiß am besten erweisen, welch ungewöhnliche Möglichkeiten die Individualpsychologie eröffnet hat und wie man dank ihr die Familien- und Gemeinschaftserziehung gemäß den Forderungen einer sozialen Charakterologie und einer neuen Zeit umgestalten könnte.»

(Alfred Adler oder das Elend der Psychologie, 1970)

Charlotte Bühler über Viktor Frankl:

«Viktor Frankl gebührt das Verdienst, das Interesse an der Idee von der Sinnhaftigkeit des Lebens neu erweckt zu haben. Obgleich diese Idee eine lange Geschichte hat, hat ihr die moderne

Psychologie bis vor kurzem wenig Beachtung geschenkt, hauptsächlich deshalb, weil sie wissenschaftlich nicht zugänglich schien. Es ist wahr, daß man mit einem strengen wissenschaftlichen Modell die Komplexität und das Auf-und-Ab des inneren menschlichen Erlebens nicht erfassen kann. Frankl gesteht das zu...»

(Einführung in die Humanistische Psychologie, 1974)

Zeittafel

Sigmund Freud

1856 6. Mai: Sigismund Freud – ab 1878 änderte er seinen Vornamen in Sigmund – wird als Sohn des jüdischen Stoffhändlers Jakob Freud und seiner Ehefrau Amalia im mährischen Freiberg (heute: Příbor) geboren.

1860 Die Familie übersiedelt nach Wien, nachdem das Geschäft des Vaters durch eine Wirtschaftskrise schweren Schaden erlitten hatte.

1865 Sigmund besucht das Gymnasium in der Leopoldstadt.

1873 Abitur (Matura) mit Auszeichnung bestanden; Medizinstudium.

1876 Nach einem Studienaufenthalt in Triest physiologische Studien im Labor von Ernst W. von Brücke.

1878 Beginn der Freundschaft mit dem Arzt Josef Breuer.

1879 Er hört psychiatrische Vorlesungen bei dem berühmten Gehirnanatomen Theodor Meynert, jedoch ohne sonderliches Interesse.

1880 Einjähriger Militärdienst. – Josef Breuer beginnt die Behandlung von Berta Pappenheim; der Fall «Anna O.»

1881 Medizinisches Doktordiplom.

1882 Begegnung mit Martha Bernays, mit der er sich verlobt; Dienstantritt im Wiener Allgemeinen Krankenhaus.

1885 Ernennung zum Privatdozenten; Studien an der psychiatrischen Anstalt Salpêtrière in Paris bei Jean-Martin Charcot.

1886 Nach Wien zurückgekehrt; am 13. September Ehe mit Martha Bernays.

1887 Beginn der Freundschaft mit dem Berliner Arzt Wilhelm Fließ.

1889 Reise nach Nancy, um bei Bernheim und Liébault seine Kenntnisse in der therapeutischen Anwendung der Hypnose zu erweitern.

1891ff. Erste Veröffentlichungen u. a. über Formen hypnotischer Behandlung.

1895 Gemeinsam mit Josef Breuer werden die «Studien über Hysterie» veröffentlicht, nachdem die beiden Freunde bereits getrennte Wege eingeschlagen haben.

1896 Als er in der Vorlesung für die Annahme sexueller Ursachen bei der Hysterie eintritt, erzeugt er große Aufregung im Auditorium und im Kollegenkreis; spürbar wird Freuds Isolierung an der Universität; erstmalige Verwendung des Terminus «Psychoanalyse».

1899 November: «Die Traumdeutung» erscheint und wird vom Herausgeber auf 1900 datiert.

1901 «Die Psychopathologie des Alltagslebens».

1902 Ernennung zum außerordentlichen Professor; im Oktober Beginn der Zusammenkünfte der sogenannten Mittwoch-Gesellschaft; Prof. Eugen Bleuler, Leiter der psychiatrischen Klinik «Burghölzli» in Zürich, wendet psychoanalytische Methoden an und wird dabei durch seine Mitarbeiter unterstützt, unter ihnen C. G. Jung.

1905 «Drei Abhandlungen zur Sexualtherapie»; «Der Witz und seine Beziehung zum Unbewußten».

1907 Mehrere jüngere Ärzte schließen sich Freud an; Arbeitsgemeinschaften und freundschaftliche Beziehungen entstehen.

1908 Erster psychoanalytischer Kongreß in Salzburg.

1909 Freud begründet das «Jahrbuch der Psychoanalyse»; im September: auf Einladung der amerikanischen Clark University in Worcester (Mass.) gemeinsam mit C. G. Jung zu Vorträgen in den USA.

1910 Zweiter Kongreß in Nürnberg, wo die «Internationale Psychoanalytische Vereinigung» begründet und Jung zu deren Präsident gewählt wird.

1911 Dritter Kongreß in Weimar; zuvor Ausscheiden Alfred Adlers und einiger Wiener Analytiker aus der Vereinigung.

1913 Vierter Kongreß in München, bei dem der sich anbahnende Bruch mit Jung offenkundig wird; «Totem und Tabu» erscheint.

1914 Demission von Jung; Freud faßt in «Zur Geschichte der psychoanalytischen Bewegung» deren bisherige Entwicklung zusammen. Juli/August: Ausbruch des 1. Weltkriegs.

1917 «Vorlesungen zur Einführung in die Psychoanalyse» erscheinen.

1923 Diagnose der Krebserkrankung und erste Kieferoperation; «Das Ich und das Es».

1927 «Die Zukunft einer Illusion».

1930 Verleihung des Goethe-Preises in Frankfurt, entgegengenommen von Anna Freud.

1932 «Neue Folge der Vorlesungen zur Einführung in die Psychoanalyse».

1933 Mit der Machtübernahme der Nationalsozialisten ist die Psychoanalyse in Deutschland gefährdet, Freuds Bücher werden öffentlich verbrannt; viele Psychoanalytiker sind gezwungen, Deutschland zu verlassen.

1938 März: Österreich wird von den Nazis «ins Reich» geführt; damit ist auch Freud gefährdet; im Juni verläßt er Wien, um nach London zu emigrieren.

1939 «Der Mann Moses und die monotheistische Religion»; 23. September: Tod in London; der Zweite Weltkrieg hat begonnen.

Alfred Adler

1870 7. Februar: Alfred Adler wird als Sohn des jüdischen Getreidehändlers Leopold Adler und seiner Ehefrau Pauline in Rudolfsheim, einem Vorort von Wien, geboren und wächst in kleinbürgerlichen Verhältnissen auf; die Familie zieht mehrmals um.

1888 Nach Besuch des Gymnasiums Abitur und Medizinstudium an der Universität Wien.

1895 Promotion zum Dr. med.; Ausbildung zum Augenarzt, dann zum Internisten und Neurologen.

1897 Eheschließung mit der russischen Studentin Raissa T. Epstein, Tochter eines Moskauer Kaufmanns.

1898 Erstveröffentlichung der sozialmedizinischen Schrift «Gesundheitsbuch für das Schneidergewerbe».

1899 Niederlassung als Allgemeinarzt mit einer vornehmlich aus der Unterschicht zusammengesetzten Klientel; Adler wird auf Freud aufmerksam und macht sich mit dessen Forschungen näher vertraut.

1902 Zusammen mit seinem Kollegen Wilhelm Stekel entspricht er der Einladung Freuds und schließt sich der sogenannten Mittwoch-Gesellschaft an, die zunächst in Freuds Wohnung, Berggasse 19, zusammenkommt.

1904 «Der Arzt als Erzieher»; Einbezug pädagogischer Gesichtspunkte in die ärztliche Praxis; Konversion vom Judentum zum Protestantismus.

1907 «Studie über die Minderwertigheit von Organen»; es ist die Schrift, in der er Grundlagen seiner eigenen Psychologie zusammenstellt.

1908 «Der Aggressionstrieb im Leben der Neurose»; damit stellt er Freuds ausschließlich sexuell getönte Libido-Theorie in Frage, in den Mittelpunkt der Betrachtung rückt das Gemeinschaftsgefühl.

1910 Im Rahmen der auf dem Nürnberger Kongreß begründeten «Internationalen Psychoanalytischen Vereinigung» wird Adler Präsident der Wiener Vereinigung; er erhält die Schriftleitung des von Freud herausgegebenen «Zentralblattes für Psychoanalyse».

1911 Freud veranlaßt ihn zum Austritt aus der Vereinigung, nachdem er in einigen Vorträgen seine in wichtigen Punkten von der herkömmlichen Psychoanalyse abweichenden Anschauungen dargelegt hatte; mit einigen Kollegen gründet er die «Gesellschaft für Freie Psychoanalyse», aus der die «Gesellschaft für Individualpsychologie» hervorgegangen ist.

1912 «Über den nervösen Charakter. Grundzüge einer vergleichenden Individualpsychologie und Psychotherapie».

1914 «Heilen und Bilden», ein Sammelband mit Aufsätzen, die sich der Neurosen-Vermeidung widmen.

1915 Der Versuch, sich als Privatdozent an der Wiener Universität zu habilitieren, scheitert; seine Arbeiten werden als unwissenschaftlich abgetan.

1916–18 Als Militärarzt tätig.

1920 «Praxis und Theorie der Individualpsychologie».

1922 Erster Internationaler Kongreß für Individualpsychologie in München.

1924 Adler wird Professor am Pädagogischen Institut der Stadt Wien.

1928 «Technik der Individualpsychologie»; zwei Teile des dreiteiligen Werks sind erschienen.

1932 Man zählt 33 individualpsychologische Vereinigungen in 16 Ländern.

1933 «Der Sinn des Lebens».

1934 Adler, dessen Wirksamkeit durch Auslandsprofessuren internationale Dimensionen angenommen hat, übersiedelt in die USA.

1937 28. Mai: Adler bricht in Aberdeen (Schottland), wo er zu Vorträgen weilt, auf der Straße zusammen und stirbt.

C. G. *Jung*

1875 26. Juli: Carl Gustav Jung wird in der schweizerischen Ortschaft Kesswil, Kanton Thurgau, als Sohn des evangelisch-reformierten Pfarrers Johann Paul Achilles Jung und seiner Ehefrau Emilie Preiswerk geboren.

1879 Die Familie zieht nach Kleinhüningen bei Basel.

1895 Nach dem Abitur am Gymnasium in Basel Studienbeginn an der Basler Universität, zunächst Naturwissenschaften, dann Medizin.

1900 Studienabschluß mit Staatsexamen.

1902 Psychiatrische Doktorarbeit mit dem Thema «Zur Psychologie und Pathologie sogenannter okkulter Phänomene», Universität Basel.

1903 14. Februar: Eheschließung mit Emma Rauschenbach aus Schaffhausen; Assistent, dann Oberarzt der von Professor Eugen Bleuler geleiteten psychiatrischen Klinik Burghölzli in Zürich. Zu diesem Zeitpunkt steht die Klinik bereits im Kontakt mit Freud, dessen psychoanalytische Einsichten klinisch erprobt werden; Jung führt u. a. das Assoziationsexperiment zur Auffindung psychischer Störungen durch.

1905 Als Privatdozent an der medizinischen Fakultät der Universität Zürich, bis 1913.

1906 Öffentliches Eintreten für die Psychoanalyse; Beginn des Briefwechsels mit Freud, bis 1914.

1909 Weggang von der Klinik Burghölzli; Beginn der Privatpraxis in Küsnacht am Zürichsee; im September zusammen mit Sigmund Freud zu Gastvorlesungen an der Clark University in Worcester (USA); dort Ehrenpromotion zum Dr. jur.

1910 Auf dem zweiten Kongreß der «Internationalen Psychoanalytischen Vereinigung» in Nürnberg wird Jung zu deren Präsident gewählt, bis zur Demission 1914.

1912 «Wandlungen und Symbole der Libido»; das Buch markiert die wesentlichen theoretischen Abweichungen von der Freudschen Psychoanalyse.

1914 Zusammen mit Zürcher Kollegen Austritt aus der «Internationalen Psychoanalytischen Vereinigung», verbunden mit der Niederlegung aller Ämter.

1916/18 Während des 1. Weltkriegs als Sanitätsarzt eines englischen Internierungslagers im waadtländischen Château-d'Œux.

1920 Studienreise nach Nordafrika.

1921 «Psychologische Typen», Jungs Typenlehre, die sich in je vier Einstellungs- und Funktionstypen gliedert.

1923 Beginn des von Jung in eigener Handarbeit errichteten Turmbaus am Zürcher Obersee bei Bollingen, als seine besondere Möglichkeit, zur geistig-seelischen Sammlung zu gelangen.

1924 Studienreise zu den Pueblo-Indianern nach Nordamerika.

1925 Studienreise zu den Elgonyis am Mount Elgon (Ostafrika).

1928 «Beziehungen zwischen dem Ich und dem Unbewußten».

1930 Vizepräsident der «Allgemeinen Ärztlichen Gesellschaft für Psychotherapie», unter Ernst Kretschmer als deren Präsident.

1933 Nachdem Kretschmer den Vorsitz niedergelegt hat, rückt Jung satzungsgemäß als Präsident nach; Vorlesungen an der Eidgenössischen Technischen Hochschule (ETH) Zürich; Beginn der Eranos-Tagungen in Ascona (Lago Maggiore), an deren Gestaltung Jung mehrere Jahre hindurch beteiligt ist.

1934 Begründung und Präsidentschaft der «Internationalen Gesellschaft für Ärztliche Psychotherapie»; Jung nutzt seine Stellung, um während der Zeit der Nazi-Herrschaft ausgeschalteten (jüdischen) Analytikern die individuelle Mitgliedschaft zu ermöglichen; dennoch wurde ihm Kollaboration mit den NS-Machthabern vorgeworfen.

1935 Ernennung zum Titularprofessor an der ETH Zürich.

1937 Terry-Lectures an der Yale-Universität in New Haven (Conn.) über «Psychologie und Religion»; auf Einladung der britisch-indischen Regierung in Indien; dort Ehrendoktorate der Universitäten Kalkutta, Benares und Allahabad.

1940 «Psychologie und Religion», Buchausgabe der Terry-Lectures.

1942 «Paracelsica»; Rücktritt als Titularprofessor in Zürich.

1943 Ernennung zum ordentlichen Professor für Psychologie der Universität Basel.

1944 Rückgabe des Lehrauftrags infolge eines Herzinfarkts; «Psychologie und Alchemie».

1946 «Psychologie und Erziehung»; «Die Psychologie der Übertragung».

1948 Gründung des C. G. Jung-Instituts in Zürich. «Symbolik des Geistes».

1948 «Gestaltungen des Unbewußten».

1951 «Aion», Untersuchungen zur Symbolgeschichte.

1952 «Symbole der Wandlung», Neufassung des Werks von 1912. «Antwort auf Hiob».

1954 «Von den Wurzeln des Bewußtseins».

1955 Ehrendoktorat der ETH anläßlich des 80. Geburtstags; 27. November: Tod von Emma Jung.

1955/56 «Mysterium Coniunctionis» I/II.

1957 Beginn der Arbeit an «Erinnerungen, Träume, Gedanken».

1958 «Ein moderner Mythos»; die Gesammelten Werke beginnen zu erscheinen.

1961 6. Juni: Jung stirbt in seinem Haus in Küsnacht; er wird am 9. Juni auf dem Küsnachter Friedhof beigesetzt.

Personenregister

Bildnachweis

Bildarchiv Preußischer Kulturbesitz, Berlin: S. 12, 29, 34, 40, 168.
Verlagsarchiv: S. 25, 45, 54, 63, 68, 89, 90, 131, 138.
Bildarchiv der Österreichischen Nationalbibliothek, Wien: S. 51, 62, 75, 93, 137, 157, 159.
Aus: Neue Schweizer Biographie, Basel 1938: S. 77, 103, 105.
Culver Pictures: S. 122.
Archiv für Kunst und Geschichte, Berlin: S. 142.
Helene Deutsch: S. 163.
Melanie Klein-Trust: S. 165.
Aus: Ilse Ollendorf-Reich, Wilhelm Reich, London 1969: S. 186.
Erich-Fromm-Archiv, Tübingen, © Werner Funk: S. 195.
Aus: Ludwig J. Pongratz (Hg.), Psychotherapie in Selbstdarstellungen, Bern 1973: S. 207, 214.

Es war nicht in allen Fällen möglich, die Rechteinhaber der Bilder schlüssig zu ermitteln. Inhaber allenfalls verletzter Urheberrechte werden gebeten, sich mit dem Verlag in Verbindung zu setzen.